近現代 韓國知性史大系 叢書 3

한국 근대 민족주의와 변혁이념, 민주공화주의

전상숙 지음

이 저서는 2013년 대한민국 교육부와 한국학중앙연구원(한국학진흥사업단)의 한국학 분야 토대연구지원사업의 지원을 받아 수행된 연구임(AKS-2013-KFR-1230002).

■ 전 상 숙(田上俶)

이화여자대학교 정치외교학과 졸업
이화여자대학교 대학원 박사(한국정치전공)
현재 광운대학교 동아시아연구소 연구교수

· 주요 저서
『일제시기 한국 사회주의 지식인 연구』, 서울: 지식산업사, 2004
『조선총독정치연구: 조선총독의 '상대적 자율성'과 일본의 한국지배정책 특질』, 파주: 지식산업사, 2012
『한국인의 근대 국가관 '민주공화국' 재고: 식민지시기 국가의 이중성과 민족문제의 상관관계를 중심으로』,
　　서울: 선인, 2017

近現代 韓國知性史大系 叢書 3
한국 근대 민족주의와 변혁이념, 민주공화주의

2018년 8월 27일 초판 1쇄 인쇄
2018년 8월 30일 초판 1쇄 발행

지은이 ■ 전상숙
펴낸이 ■ 정용국
펴낸곳 ■ (주)신서원
주소 : 서울시 서대문구 냉천동 260 동부센트레빌 아파트 상가동 202호
전화 : (02)739-0222 · 3 팩스 : (02)739-0224
신서원 블로그 : http://blog.naver.com/sinseowon
등록 : 제300-2011-123호(2011.7.4)
ISBN 978-89-7940-292-6 94910
ISBN 978-89-7940-289-6 94910(세트)
값 24,000원

신서원은 부모의 서가에서 자녀의 책꽂이로
'대물림'할 수 있기를 바라며 책을 만들고 있습니다.
잘못된 책은 연락주세요.

近現代 韓國知性史大系 叢書 3

한국 근대 민족주의와 변혁이념, 민주공화주의

전상숙 지음

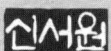

『근현대 한국지성사대계 총서』를 출간하며

　총 8권으로 구성된『근현대 한국지성사대계 총서』는 한국학중앙연구원의 지원을 받아 2013년 9월 1일부터 3년에 걸쳐 수행된 한국학분야 토대연구지원사업의 성과로서 출간된 것이다. ≪근현대 한국지성사대계: 자주적 근대화의 사상과 행동≫이라는 주제에 따라 진행된 본 연구사업은 개항 후 20세기 후반에 이르기까지 전개된 한국사회의 자주적 근대화가 급변하는 역사적 환경의 압력에 대응해 국가적·민족적 정체성을 확보할 수 있는 방안을 모색하기 위한 지적 성찰에 힘입은 바 크다는 전제 하에, 이러한 성찰을 주도한 정치지성들의 이념적·실천적 시각과 현실인식을 추적한 연구결과를 총서의 형태로 발간하려는 목표를 상정하였다. 그리고 이와 같은 목표를 달성하기 위해 ① 민주주의와 민주화, ② 민족주의와 변혁이념, ③ 사회주의, ④ 근대 지식사와 실학 담론, ⑤ 동양과 아시아, ⑥ 사대와 자주 ⑦ 비극의 서사 등 총 7개 영역으로 구획된 대주제(大主題)를 설정하고, 개화기, 일제 강점기, 현대 한국으로 구획된 역사적 단계에 따라 각 대주제에 상응하는 세부주제들을 선택해 연구를 진행하였다. 연구방법으로는 고유한 역사사회적 지형 위에서 형성된 정치지성들의 시각과 견해를 다양한 측면에서 규명하기 위해 중층적 담론분석·경험과학적 내용분석·역사정치학적 맥락분석·이야기 기법 등, 각 연구자가 전공분야에 따라 견지하고 있는 분석구도를 복합적으로 동원한 다중방법론적 접근방식(multimethodological approach)을 채택했다. 연구결과로서 출간된 여덟 권의 책은 아래와 같다.

- 총서 1. 『민주주의와 민주화 I: 자주적 근대화와 저항의 담론』
- 총서 2. 『민주주의와 민주화 II: 민주주의 담론의 경험과학적 내용분석』
- 총서 3. 『한국 근대 민족주의와 변혁이념, 민주공화주의』
- 총서 4. 『사회주의와 맑스주의 원전 번역』
- 총서 5. 『다산(茶山)의 초상: 한국 근대 실학 담론의 형성과 전개』
- 총서 6. 『함께 움직이는 거울, '아시아': 근현대 한국의 '아시아' 인식 궤적』
- 총서 7. 『한국근현대사에서 민족자주론과 사대주의: 19세기 말~1950년대』
- 총서 8. 『비극의 서사: 근현대 한국 지성의 삶과 사상』

본 『근현대 한국지성사대계 총서』가 비단 위에서 밝힌 7개 주제에 관한 한국지성사 연구뿐만 아니라, 근현대 한국의 정치적·사회문화적 변동 양상에 관한 역사학·정치학·사회학·국문학 등 광범위한 인문사회과학 연구의 기반자료로 널리 활용될 수 있기를 기대한다. 이와 더불어 여덟 권의 책 모두 대학 및 대학원을 포함한 교육기관의 한국학 관련강좌의 교재로서, 혹은 국내외 한국학 연구의 활성화에 일조할 수 있는 학술자료로서의 역할을 제대로 수행할 수 있기를 간절히 바란다.

  한국학 발전에 있어서 지극히 중요한 주제를 지정해 주시고 연구의 전 과정에 걸쳐 적극적 지원을 아끼지 않으신 한국학중앙연구원과 연구주관기관 한국외국어대학교 연구산학협력단에 깊은 사의를 표한다. 또한 3년이라는 비교적 긴 시간 동안 결코 쉽지 않은 연구와 원고작성에 매진해 주신 공동연구원 선생님들, 연구사업의 조정·관리업무를 담당해 주신 전임연구인력 선생님들, 그리고 연구보조원 모두에게 감사의 말씀을 전하지 않을 수 없다.

2018년 6월
연구책임자
한국외국어대학교 정치외교학과 교수 김웅진

차 례

『근현대 한국지성사대계 총서』를 출간하며   5

서론   13

제1장 근대 민족주의의 등장과 민족주의 연구 ················ 15
제2장 근대 민족주의의 추동력: 인민주권과 평등사상 ············ 29

제1부

한국인의 근대적 민족의식 각성과 근대 민족주의 형성의 역사적 조건   37

제1장 일본에 의한 간접적 서양 근대 수용 ················ 39
제2장 한말 '민족(民族)' 개념의 등장과 민족의식의 각성 ············ 54
제3장 한말 국권상실의 위기의식 속에 유보된 인민주권과
　　　민주정(民主政) 논의 ················ 74

제 2 부

'병합(併合)' 이후 일본 제국주의의 지배와 항일 민족주의의 발현   101

제1장 일본 제국주의의 '병합(併合)'과 한국 근대 민족주의 ············ 103
제2장 '병합(併合)'과 일시동인(一視同仁)의 동화주의(同化主義) ·· 111
제3장 민족적 저항의식의 현재화와 3·1운동을 통한 민족주의의 발현 ·· 143

제 3 부

민주공화주의 민족주의 항일 변혁이념의 분화   165

제1장 대한민국임시정부를 통해서 정립된 민주공화주의 민족주의
       이념과 분화 ··· 167
제2장 자본주의적 실력양성을 통한 근대 국가 건설 지향의
       민주공화주의 ··· 193
제3장 반제국주의(反帝國主義) 반봉건(反封建) 근대 국가 건설 지향의
       민주공화주의 ··· 235

제 4 부

민족 '해방(解放)'과 민족분단 그리고 대한민국의 민족주의   263

제1장 주어진 '해방(解放)'과 분출한 '민족(民族)담론' ···················· 265
제2장 해방정국시기 한국 민족주의의 지향과 혼돈 ·························· 275

제3장 분단체제와 한국 민족주의 ·· 294

| 결 론 |

해방 전후의 연속성 속에서 본 한국 민족주의 재고　　　313

참고문헌　333

색인　343

서론

제 1 장

근대 민족주의의 등장과 민족주의 연구

민족주의(내셔널리즘 Nationalism)가 프랑스혁명과 나폴레옹전쟁을 통해서 그리고 20세기 반제국주의운동을 통해서 세계사적인 보편적 현상으로 추동된 것은 잘 알려진 역사적 사실이다.[1] '민족주의'라는 용어는 1789년 독일의 법학자 아담 바이스하우프트(Adam Weishaubt)가 사회과학적인 용어로 사용한 이래 프랑스혁명 이후 법률적·정치적 이데올로기를 칭하는 말로 널리 사용되었다.[2]

계몽사상의 토양 속에서 발발한 프랑스혁명은 특히 루소의 인민주권론에 기초하여 자유·평등·박애라는 보편적 가치를 주창하며 절대주의 체제에 항거한 시민혁명이었다. 안소니 스미스(Anthony D. Smith)가 민족적 이념의 시기라고 칭했던 당시,[3] 주권은 오직 민족이라는 실체에게만 귀속되는 것이고, 민족은 모든 민족 성원이 충성을 맹세하고 헌신을 약속

---

1) David L. Sills and Robert K. Merton., eds. 1968. *Encyclopedia of the Social Sciences*. New York: The Macmillan Company and The Free Press, 8.
2) Boyd C. Shafer. 1972. *Nationalism: Myth and Reality*. Harcourt, Brace & World, Inc.
3) Anthony D. Smith. 1978. *Nationalism in the Twentieth Century*. London: Martin Robertson, 1.

할 수 있는 대상이라고 믿어졌다. 민족만이 인간을 다스리는 법을 제정할 수 있고 그 법을 집행할 수 있다는 것이었다. 이와 함께 처음으로 '조국(祖國)'이라는 말과 조국을 위해 무기를 들고 싸울 것을 주장하는 내용들이 민족이라는 말과 같은 의미로 사용되기 시작하였다. 또한 이때부터 '시민(Citizen, 市民)'이라는 용어가 민족 구성체를 의미하는 호칭으로 사용되기 시작하였다. '시민'들은 역사적으로나 운명적으로 현실 세계를 구성하고 있는 다른 민족, 다른 공동체에 대한 대자적인 구별을 뜻하는 공동체 구성원을 의미하는 것이었다. 시민은 나름의 독자적인 정당한 몫과 권리를 가져야 하고 그와 동시에 의무도 다해야 한다고 생각되었다. 민족을 상징하는 국기와 애국가 등 다양한 상징이 활용되며 시민의 동원이 촉구되고 시민과 민족의 동질감이 형성되어 갔다.[4] 이 모든 행위는 프랑스 민족 자신들을 위한 것이었고, 자유·평등·박애라는 혁명의 구호는 프랑스의 가치, 프랑스 민족의 보편적 가치가 되었다.

민족이라는 용어를 통해서 공동체 구성원들은 심리적인 일체성을 확립할 수 있었다. 그것은 구성원들이 공통된 역사와 문화를 공유하고, 그들이 속해있고 또 인정하지 않을 수 없는 하나의 국가 곧 조국에 귀속되고, 따라서 조국의 독립과 자족과 번영을 위해서는 민족 성원으로서의 시민의 기여가 전제된다는 신념이었다.[5] 이와 같이 프랑스혁명을 통해서 '내셔널리즘'이 탄생하였다. 그리고 프랑스혁명에 대한 방위 전쟁의 성격을 갖고 시작된 나폴레옹전쟁을 통해서 유럽 각지에서 전개된 반(反)나폴레옹적 애국주의 운동이 이어져 뜻밖의 중대한 결과 곧 '민족주의'가 추동되는 현

---

[4] Lynn Hunt. 2004. *Politics, Culture, and Class in The French Revolution.* Berkeley: University of California Press.
[5] 진덕규. 1983. 『현대민족주의의 이론구조』. 지식산업사, 147-148.

상이 초래되었다.

　이와 같이 민족주의 곧 '내셔널리즘(Nationalism)'이 추동된 것은 '민족(Nation)'을 단위로 한 근대 국민국가체제가 구축되는 과정이었다. 그 과정에서 내셔널리즘은, 프랑스혁명을 통해서 전근대적인 국가로부터 프랑스혁명을 이끌어낸 시민을 주요 구성원으로 한 근대적인 국민국가체제를 구축하는 중심 이데올로기가 되었다. 내셔널리즘은 각각의 네이션(국민, 민족)이 근대적인 국민국가(Nation-state)체제를 구축하고 각 국민국가가 주체가 되어 상호 경쟁하는 근대 국민국가체제가 수립되는 기본적인 이념체계로 정립되었다.

　그리고 그러한 '내셔널리즘'은, 서양 열강과 조우하여 서양 열강과 같은 근대적인 힘의 원천을 획득하고자 추구한 동양 일본의 근대적인 전환을 통해서 동양으로 이식되고 전이되기 시작하였다. 일본은 아편전쟁을 통해서 전통적으로 동양의 맹주를 자처하던 중국을 필두로 동양의 문호를 열게 한 서양 근대 국가의 근대적인 힘을 자각하였다. 그리고 그 힘을 지향하여, 근대적 전환을 꾀하며 메이지유신[明治維新]을 일으키고 일본적인 근대 국가 체제를 정립하기 위한 방법을 모색하였다. 이 과정에서 네이션(Nation)이라는 서양의 외래어가 처음에는 국가(國家)라는 한자어로, 그리고 정세변화에 따라서 네이션의 고유한 에스니시티(Ethnicity)를 강조하는 '민족(民族)'이라는 한자어로 순차적으로 번역되어 사용되었다. 서양 열강의 동진으로 인한 동양 제국(諸國)의 불가피했던 개국과 개국의 시기에 메이지유신을 통해서 자발적인 서양적 근대화를 추진하며 전통적인 동양의 중화체제(中華體制)를 균열시킨 일본의 영향 등으로 인하여 동양에서 내셔널리즘이란 용어는 서양에 대한 동양 고유의 에스니시티 또는 동양 각국 국민의 에스니시티를 강조하는 의미를 강하게 내포한 '민족주의(民族主義)'라는 한자어로 통용되기 시작해 동아시아에서 전파되었다. 그러므로 제국주의로 전개된 서양의 내셔널리즘(이하 민족주의)의 시기였던 20세기 초에 동아시아 사회에서는 아직 서양에서와 같이 민족주의 개념도 이념체계도 정립되어 있지 않았다.

그렇지만 다른 한편으로 동진한 서양 제국주의 국가와 조우하게 될 때까지 동아시아에는 유럽 제국주의의 식민지가 된 기타 지역들과는 달리 오랜 역사와 전통을 통해서 나름의 문화와 역사를 이루고 있던 전통적인 국가체제가 정립되어 있었다. 또한 사대교린(事大交隣)이라는 동아시아 특유의 국제질서를 구축하고 있었다. 그러므로 동아시아에서 근대 민족주의는 서양 각국의 근대 민족주의가 상호 대등한 경쟁관계 속에서 동시기의 공통된 역사적 경험을 배경으로 유사한 형태로 형성되었던 것과 같은 방식으로 이루어질 수는 없었다.

동양의 근대 민족주의는, 서양 제국주의 국가들과의 조우를 통해서 무력을 앞세운 서양 근대 문물의 위력을 직·간접적으로 체험하면서 갖게 된 위협에 대응하여, 그 힘의 원천이라고 여긴 서양식 근대화를 추진하며 전통적인 국가체제 또한 서양식 근대적 국가체제로 변혁해가는 과정에서 형성되게 되었다. 동아시아 각국은 서양 제국주의와의 조우로 인해서 느끼게 된 서양 열강의 근대 문물의 위협에 대항하기 위하여 서양식 근대화를 추진하였다. 그러면서 전개된 동아시아 각 국의 근대적인 국가체제로의 변혁은 각 국이 처한 상황에 따라서 각기 다양하게 이루어졌다. 그러므로 근대적인 민족의식이나 근대 국민국가체제를 형성하기 위한 민족주의 또한 각기 다양하게 각국의 사정에 따라서 상이하게 전개되었다.

한국사회의 경우, 사실상 근대화를 직접적으로 촉구하게 된 '개국(開國)'으로부터 일본에 의한 '병합(倂合)'에 이르기까지 일본의 영향 아래서 일본에서 번역된 한자어 민족이라는 말이 유통되기 시작하면서 민족주의라는 용어도, 근대적인 민족의식이나 민족주의도 형성되어 갔다.

한국 근대 민족주의를 주제로 한 이 글에서는, 이러한 역사적 배경과 비서양사회의 근대화와 내셔널리즘의 형성에 서양 열강의 식민지·반식민지 경험이 가장 큰 영향을 미쳤다는 역사적 사실을 기초로 하여, 내셔널리즘을 네이션의 고유한 에스니시티의 의미를 강조하는 '민족주의'라는 용어로 사용한다. 또한, 근대 국민국가의 '국민'은 민중이 시민혁명을 통해서 근대 시민사회로 나아가는 최소한의 시민의식 다시 말해서 대중민주주의 이전 단계의 시민민주주의의 주체가 될 수 있게 된 근대적인 시민의식의 형성을 전제로 한다. 이에 반해서, 사회경제적 조건이 서양 근대 사회의 형성과정과는 달랐던 동아시아의 식민지·반식민지 사회에서 민족주의의 형성은 반외세·반제국주의 저항적 동족 의식의 각성으로부터 민족의식의 각성으로 형성되기 시작하였다. 이러한 점에서 동아시아 국가들에서 민족주의와 시민민주주의의 형성과 전개과정은 서양 열강에서 근대 민족주의와 시민민주주의가 역사적으로 형성된 과정과는 구별된다. 이 글에서는, 이러한 동·서양의 역사적 차이점을 고려하면서 한국사회에 초점을 두어, 네이션을 민족(民族)으로, 내셔널리즘은 민족주의(民族主義), 네이션스테이트는 민족국가(民族國家)라고 하였다.

한편, 결과적으로 민족주의의 추동을 초래한 나폴레옹전쟁은, 그와 동시에, 민족주의가 조국과 국민의 영광이라는 것을 명분으로 하여 어떻게 대외적으로 변질되어 전개될 수 있는지도 잘 보여주었다. 그리하여 변질된 민족주의가 대내적으로 민족주의와 시민의 권리와 의무를 추동했던 '혁명의 정치원리'를 뒤엎고 군사독재를 강화하는 정치적 모순을 은폐하기도 한다는 사실을 분명하게 드러내었다.

프랑스혁명과 나폴레옹전쟁을 통해서 내셔널리즘 곧 민족주의가 추동된 것은, '민족'이라는 새로운 개념이, 특권적인 전근대적 기성 질서에 대하여 근대적인 시대적 요구였던 일반 대중의 인민 주권을 실현할 수 있는 '정치적 평등권'을 내용으로 한 '시민적 요구'를 대변했기 때문이다. 바로 이 점에서 민족주의는 전근대적인 기성 질서에 대하여 근대적인 변혁을 요구하는 '혁명의 정치원리'이자 '변혁의 이념'이었다고 할 수 있다.

그런데, 대내적인 변혁을 통한 시민적 혁명의 정치원리였던 민족주의는, 바로 그 '민족'과 '민족주의'에 의해서 '조국'과 '국민'으로 규정된 특정 인간 집단과 그들의 주거지를 보호하고 번영하게하기 위한 이른바 조국과 국민의 영광이라는 것을 명분으로 하여, 대외적인 침략과 전쟁을 합리화하는 명분으로 변질되어 힘을 발휘할 수 있다는 것도 잘 보여주었다. 나폴레옹전쟁을 통해서 증명된 민족주의의 대외적인 변질이 갖는 실질적인 위력은, 민족주의가 세계적으로 추동되는 결과와 직결되어 전파되고 현재화되었다. 그리하여 대내적인 평등의 확립을 위한 주권 실현을 의미하는 민족주의는, 그 주권의 실체인 민족의 안전과 풍요를 명분으로 하여, 민족의 이름으로 다른 민족의 주권과 평등권은 물론이고 안전을 위협하는 대외적인 침략과 전쟁의 명분이 되어서 대내적으로 대외적인 결속력을 발휘하는 정치이데올로기가 되어 그 위력을 발휘하였다.

그와 같이 변질된 민족주의는, 대내적 평등과 주권 실현의 지향을 의미한 민족주의가 침략과 전쟁을 통해서 대외적으로는 다른 민족의 평등과 주권을 억압함으로써 자 민족의 위세를 떨치고 확대하며 민족의 안전과 영광 나아가 풍요를 누리고 향유하는 아이러니한 정치적 이데올로기가 되었다. 그런데 또다시 역설적이게도, 변질된 민족주의의 위세와 대외적으로 거둔 성과는, 민족주의를 추동하게 한 시민적 요구를 충족시키는 데는 더 이상 작동되지 않는 정치이데올로기의 역설을 보여주었다. 대외적인 팽창을 위한 대내적인 통합의 정치이데올로기로 변질된 민족주의는, 민족과 조국의 이름으로 대외적인 팽창을 주창하며 대내적인 정치를 통해서 민족주의의 변질을 주도한 지배세력이, 대내적인 정치적 역학관계를 재조정하며 일반 민중(시민)의 인권과 평등권을 억압하는데 이용되었다.

그리하여, 변질된 민족주의는, 대내적으로 고양된 민족주의의 분위기 속에서 대외적인 민족의 영광과 번영이라는 슬로건 아래 당초에 민족주의가 이룬 '혁명의 정치원리'를 뒤엎고, 군사독재를 강화하며 그 정치적 모순을 은폐하는 조작적 정치이데올로기로서 기능하였다. 이렇게 시발부터 민족주의는 대내외 정치와 불가분의 관계 속에서 정치적으로 저항과 도전, 통합과 분열이라는 대립적인 양날의 칼로 활용되는 상호 모순적인 역사적 과정 속에서 형성되었다.

시민혁명을 통해서 공통의 역사와 풍습, 언어 등 문화를 공유하는 집단 곧 '우리'라는 공동체 의식과 의미를 갖게 된 민족은 경제적 생산단위로 발전하게 된 객관적인 상황과 결부되어서 민족주의를 명분으로 정치조직화가 이루어지는 중요한 동인이 되었다. 그리하여 15-16세기에 등장하여 17세기 절대주의에서 그 모습을 분명히 드러낸 근대 국가는, 시민혁명을 통해서 국가이성사상이 국민화 된 민족주의, 민족주의로 표출된 민족국가로 귀결되었다. 그리고 일단 민족주의를 명분으로 조직된 정치권력체는 자신의 명분적 기반을 공고히 하기 위하여 민족주의의 명분을 더욱 체계적으로 배양시켜 나갔다.6) 이렇게 민족주의는 18세기 이후 유럽 근대사 속에서 역사적 현실의 개념으로 자리하게 되었다.

한편, 개별 국가의 작동원리로 원리화된 "국가와 시민사회의 분리"라는 명제는 국제정치 속에도 반영되어 국가 간의 "정치적" 경쟁과 개별 국가의 자본주의적 대외확장정책이 별도의 일인 것처럼 인식될 수 있게 하였다. 곧 영국은 유럽 내에서는 "세력균형(Balance of Power)" 원칙을 내세우면서 권력질서를 안정화하고 동시에 자본주의 경제의 확장을 위한 노력을 유럽 밖에서 경주하였다. 이 점은 영국을 뒤따른 프랑스나 프러시아 등에 의해서도 그대로 추구되었다. 이러한 국제정치상의 "정치와 경제의 분리" 관념은 유럽만이 근대화된 지역이었고 기타 지역은 식민지 경략의 대상 곧 "무주지"로서 선점의 대상으로 남아있는 한 작동될 수 있었다.7) 이른바 통칭 근대적 사고의 '서구 중심주의'라고 할 것이었다.

그러나 자본주의의 국제적 팽창은 선점의 대상으로 여겨진 지역의 확장과 함께 경쟁적으로 이루어져서 유럽 국가들 간의 전쟁으로 전개되었다. 그 결과 제1차 세계대전은 전쟁에의 동원과정에서 종속적인 여러 지역에서 자본주의적 발전과 그에 따른 근대화를 촉진하는 조건으로 작용하였다. 그와 함께 식민지 종속국에서 움트고 있던 자본주의 선진국의 제국주의에 대한 대자적인 인종적·민족적 자각과 민족의식이 배양되어 싹이 트며 다양한 정치·사회 운동이 형성되고 조직화되어 갔다. 그리하여 제1차 세계대전은 '민족자결(民族自決)'이 세계 각지로 보편화되는 사회적 기

---

6) 박상섭. 1985. "민족의식 정립을 위한 이론적 모색: 민족주의와 국제 커뮤니케이션의 살들을 중심으로." 『세계정치』 9:1, 22-27.

7) 박상섭(1985), 27.

반을 만들어 냈다.[8]

또한 전쟁 중에 성공적으로 이루어진 러시아혁명의 성공은 근대 자유주의의 일원적 세계화에 제동을 거는 중요한 그야말로 혁명적인 세계사적 사건이자 근대 세계사의 혁명적인 전환점이 되었다. 공산주의(共産主義, Communism) 이념에 기초하여 혁명에 성공한 러시아 혁명정부는 약소민족의 민족자결권을 약속하는 '평화에 관한 포고'와 '러시아 인민의 권리선언'을 선포하였다. 그것은 대내외적으로 모두 민족주의의 본래적 의미를 변질시킨 자유주의 제국주의 열강에 대응하여 공산주의를 기치로 대내외적으로 모든 국민 및 민족 집단의 자결권을 천명하고 약속하였다. 식민지 종속민족을 동원하며 세계적인 대(大) 전쟁을 치르고 있던 자유주의 열강은 뜻밖의 사태에 직면했지만 그에 준비할 여력이 없었다. 결과적으로 자유주의 국가를 대표한 미국 대통령 윌슨(Thomas Woodrow Wilson, 1856-1924)이 러시아 혁명정부의 민족자결 선언에 대응하는 의미의 민족자결을 선언하였다.

러시아혁명의 성공은 제1차 세계대전의 종전을 촉진했고 민족자결권을 포함한 윌슨의 14개조 평화원칙(Fourteen Points)은 제1차 세계대전의 전후 처리를 위한 베르사이유 강화조약의 규범이 되었다. 이렇게 제1차 세계대전과 러시아혁명의 성공 및 공산·자유주의 양 진영에서 선언된 민족자결의 원칙(Principle of National Self-Determination)은 비서구 식민지 사회의 민족 독립의 의지를 자극하여 근대적 민족주의의 세계화를 추동하였다. 그리고 결국 러시아 혁명정부가 솔선해서 구 짜르체제 하에 종속되었던 민족들을 독립시킨데 반해서 파리강화회의 결과 자유주의 진영의 민

---

8) 野澤豊 외·박영민 역. 1988. 『아시아 민족운동사』. 서울: 백산서당, 19-20.

족자결선언이 승자를 위해서만 작용하는 것으로 드러났다. 그리하여 고양된 식민지 약소민족과 피압박 제국(諸國)의 민족운동의 흐름 속에서 러시아 혁명정부가 전파하는 공산주의와 공산주의 반제국주의 민족독립운동이 받아들여지거나 습합되는 결과를 낳았다.9)

그러므로 20세기 식민지 제국의 반제국주의운동은, 근대의 시대적 변화를 배경으로 하여, 칼턴 헤이스(Carlton J.H. Hayes)가 명시한 바와 같이 민족이 보여주는 역사적인 전개이자 정치적인 운동이자 민족성원의 감정 상태로서의 민족주의10)가 세계사적으로 전개되기 시작한 것이었다. 그렇지만 그 민족주의의 전개 양상과 성격은 각 사회의 사회적 경제적 배경의 차이가 각기 다양하고 달랐던 만큼 유럽의 그것과 같을 수도, 같지도 않았다.

이와 같이, 프랑스혁명과 나폴레옹전쟁을 통해서 근대 민족국가 체제의 기본 이념이 된 민족주의는, 자본주의의 국제적 팽창이 마찰을 일으켜서 발발한 제1차 세계대전을 통해서 20세기 식민지 제국의 반제국주의운동으로도 전개되며, 세계사적인 보편적 현상으로 추동되었다. 유럽 사회에서 자유·평등·자결, 그리고 다원적 개성의 인정을 본질적인 속성으로 하여 형성된 민족주의는, 19세기부터는 단순히 억압받는 민족의 복음이 아니라 억압하는 자의 자기변명으로 탈바꿈하였다. 그리하여 마침내 국수주의적이고 호전주의적이고 제국주의적인 양상으로 전락하여 비서구 사회 아시아·아프리카에 민족적 억압을 강요하였다.

나폴레옹전쟁을 통해서 시발부터 그 변질의 효과와 기능을 보여주었던

---

9) 전상숙. 2004. 『일제시기 한국 사회주의 지식인 연구』. 서울: 지식산업사, 55-57.
10) Carlton J. H. Hayes. 1926. *Essays on Nationalism*. New York: The Macmillan Co..

민족주의는 민족국가를 단위로 하여 자본주의가 국제적으로 팽창하는데 활용되었다. 변질된 민족주의는 '제국주의'와 결합되었다. 그런데 '민족주의의 역설'은 여기서도 힘을 발휘하였다. 아이러니하게도 유럽 민족주의의 변질이었던 제국주의적 침탈을 당한 아시아·아프리카 지역에서 민족운동이 고양되는 계기를 가져다주어 민족주의가 세계화되는 역사적 현상을 낳았기11) 때문이다. 억압하는 국가의 민족주의가 제국주의로 전개되며 억압받는 민족과 국가의 민족주의를 일깨웠다.

이러한 역사적인 민족주의의 세계화 현상은, 프랑스혁명을 통해서 탄생한 내셔널리즘이 동시기에 성장해 온 자본주의체제의 등장과 기능적으로 결부되어 나폴레옹전쟁을 통해서 유럽 각지로 전파되며 무주지로 여겨졌던 비서구사회로까지 전파된 '민족주의의 아이러니', '민족주의의 역설'이라고 할 수 있다. 민족주의는 시발부터 시민혁명을 통해서 민족·시민·인민 주권을 확보하기 위한 도전과 저항의 이데올로기로 탄생하였다. 그런데 대외적인 전쟁을 통해서 대내적인 통합의 이데올로기로 활용되는 동시에 피침략국의 저항적 민족의식과 민족주의를 촉진하며 피침략국의 대내적 통합의 원리로도 정립되어갔다. 이렇게 민족주의는 시발부터 정치적 이데올로기로서 기능하며 그 정치적 기능으로서의 양면성이 대내외적으로 함양되어왔다. 그 시발부터 형성, 표출된 민족주의의 역설은 곧 민족주의가 갖는 정치이데올로기적 성격과 정치적 기능의 양면성이자 민족주의의 양날의 칼이다.

이러한 민족주의에 대한 연구는, 민족주의가 세계를 변혁시킨 현상이자

---

11) 진덕규. 1976. "민족주의의 전개와 한계." 진덕규 편. 『한국의 민족주의』. 서울: 현대사상사, 58.

이데올로기로서 현재까지도 영향을 미치고 있다는 역사적, 실재적인 사실을 인정하는 가운데 바로 그 역사적인 동시에 현재적인 당대의 사실을 분석하는 것이다. 그러나 프랑스혁명 직후부터 관심을 갖고 민족주의에 대한 연구가 다양하게 지속되고 있음에도 불구하고, 마키아벨리, 홉스, 헤겔, 마르크스, 베버의 분석력에 비견할 정도로 보편적으로 인정되는 민족주의 이론의 이론가가 지금까지 없다는 것이 주지의 사실이다.[12] 이러한 사실은 민족주의를 체계화하고자 했던 헤이스가 토로했던 바와 같이 "민족주의는 이론화하기 힘든 속성을 갖고 있다"[13]는 것을 반증하는 것이기도 하다.

그러므로 민족주의에 대한 연구는 먼저 민족주의가 하나의 고착된 평면적인 사상이 아니라는 사실이 전제되어야 할 것이다. 또한 민족주의는 그 자체 속에 이데올로기적인 성격이 들어있다는 사실도 전제되어야 할 것이다.[14] 이와 함께 1980년대 이후 민족주의 연구에 가장 많은 자극을 준 논의의 하나인 어니스트 겔너의 주장을 나름대로 발전시킨 스미스(A.D. Smith)가 민족주의의 형성과 전개에 가장 중요한 기능적인 변수로 여긴 지식인(사상가)의 역할도 중요하게 고려되어야 할 것이다.

이러한 관점에서 한국 근대 민족주의를 고찰하는 이 글에서는, 종래 한국 민족주의에 대한 연구가 일본 제국주의의 식민지시기 항일 저항적 민족주의의 출현에 초점을 맞추어 민족의 독립과 자결에 집중했다는 점에 주목하였다. 그리하여 한말 이래 실력양성운동론과 독립우선론, 1920년대 자치론과 절대독립론 등으로 분화되어 현재까지 논쟁적으로 전개되고

---

12) 한스 울리히 벨러·이용일 역. 2007.『허구의 민족주의』. 서울: 푸른역사, 35.
13) Hayes(1926), 94.
14) 진덕규. 1983.『현대 민족주의의 이론구조』. 서울: 지식산업사, 36-47.

있음을 적시하였다. 식민지시기 항일 민족의식의 각성과 민족주의의 고양은 역사적 사실이자 중요한 항일 독립운동의 한 부분이다. 그렇지만 한국 민족주의 연구가 일본 제국주의에 대항한 저항적 민족주의를 중심으로 논의된 결과, 앞에서 언급한 바와 같이, 근대 민족국가 체제를 구축한 민족주의의 핵심 내용인 대내적인 인민주권과 평등의 실재에 대한 고찰이 우리 민족주의 연구에서 상대적으로 간과되는 경향이 있었다는 사실을 직시하고자 한다.

다시 말해서, '근대(近代, Modern times)'라고 하는 역사적인 시간의 전개과정 속에서 이른바 근대 '민족주의'가 생성 확산되며 보편적으로 현재화된 추동력이 '인민주권'과 '평등사상'이라는 점에 주목하고자 한다. 또한 바로 이 점에서 앞에서 언급한 바와 같이 근대 민족주의가 전근대적인 사회를 근대 국민국가의 시민사회로 변혁하는 혁명의 정치원리이자 변혁의 이념이었다는 점에도 주목하고자 한다. 민족주의의 세계사적인 추동은, 사회경제적인 변화를 배경으로 하여 전통적인 위계적 신분제사회에 대하여 누적된 반감과 저항의식이 시민혁명을 통해서 인민주권과 평등사상으로 폭발했거나, 침략국의 민족에 대하여 피침략 민족의 근대적 주권과 평등 의식이 저항적으로 분출하며 동등한 민족적 시민권을 요구한 것이었다.

그러므로 이 글에서는 근대 민족주의가 현재화된 추동력을 인민주권과 평등사상을 통해서 고찰하고, 그에 비추어서 근대 민족국가 체제를 구축하고 근대적인 무기로 무장한 서양 열강의 위력에 직면하여 개국하게 된 이후 한국 사회에서 근대적인 민족의식이 각성되고 그것이 한민족, 한국인의 민족주의로 형성되어간 과정을 역사정치적, 정치사회적으로 고찰하고자 한다. 이를 통해서 한국 근대 민족주의 논의와 형성의 특성을 재고하고 한국 민족주의의 성격 또한 재고해 정립하는데 일조하고자 한다.

또한 이 글에서는, 일본 제국주의의 식민 지배와 직접 연관되는 부분이나 병합 이전 조선 왕조를 가르치는 경우에 한해서 조선이라는 용어를 사용하고 그 밖의 경우에는 한국이라는 용어를 사용하였다. 일본은 1910년 개항 이후 한국인의 자주적 근대 국가 건설의 지향 속에서 선포된 '대한제국'을 병합하며 한국인의 자주적 근대화의 의지를 말살하고 한반도를 영구히 일본의 한 지역으로 귀속시키고자 하였다. 그러한 의도에서 일본은 기존의 조선 왕조를 형해화시키는 동시에 비하하는 의미에서 전근대적이었던 조선이라는 국가 이름을 일본에 귀속된 한 지역으로써 한반도를 지칭하는 지역이름으로 공식화하여 사용하였다. 전통적인 조선사회와 한반도의 조선인, 대한제국의 한국인을 폄하하고자 한 것이었다. 이러한 의미에서, 이 글에서는, 일본 제국주의 식민 지배와 직접 관련된 부분이나 병합 이전 조선 왕조를 언급하는 경우 이외에는, 개항 이후 느리게나마 점진적으로 추진된 자주적 근대화의 흐름 속에서 보호국화를 전후하여 대자적으로 각성되기 시작한 근대적인 민족의식과 함께 본격적으로 사용되기 시작해 현재에 이르고 있는 한국이라는 용어를 사용하였다.

제 2 장
근대 민족주의의 추동력: 인민주권과 평등사상

　민족주의는 시발부터 압제 하에 있던 민중의 의지를, 공통된 역사와 문화를 토대로 하여 '민족'으로 응결해 냄으로써, 민중(민족)의 의지가 민족의 해방과 해방된 민족의 미래로 외연되는 정치적인 이데올로기로 기능하였다. 바로 그 이데올로기적인 활용성과 기능으로 인해서, 민족주의는 출현 직후부터 억압받는 민족(민중)의 복음이 될 수 있었다. 또한 동시에 억압하는 자의 정치적인 명분으로 정치적으로 왜곡되고 변질되어 활용될 수 있었다. 이러한 민족주의가 프랑스혁명을 통해서 추동되어 서유럽의 근대 민족국가의 형성과 근대 국제체제를 이루게 되었다고 보는 것이 민족주의 연구의 고전적 근대주의(classical modernism) 접근방법이다.
　이 고전적 근대주의 접근방법은 근대를 이끌어낸 서양 근대의 특성을 고찰하며 전개된 민족주의 연구가 자연스럽게 가질 수밖에 없었던 '서구중심주의'라고 할 수 있다. 그러나 제2차 세계대전 이후 근대화의 세계화가 본격적으로 촉진되며 전개된 제3세계의 약진과 제3세계 연구의 활성화를 배경으로 1980년대 이래 기존의 민족주의에 대한 논의구조가 변화되기 시작하였다. 서유럽의 근대사에 기초하여 형성된 서양 중심적인 민족주의의 논의구조가 비판되기 시작하였다. 또한 민족주의에 대한 연구가 각 민족과 그 민족주의의 특수한 문제들에 관심을 갖기 시작하였다. 그에 따라서 다양한 분석적인 설명들이 이루어져왔다. 그러나 아직 고전적인 근대주의를 대체할만한 민족주의 접근방법이 출현했다고는 할 수 없다.[1]

그렇지만 그간 이루어진 다양한 민족주의에 대한 접근방법과 논의를 통해서 민족주의에 대한 이해가 심화되어온 것은 주지의 사실이다. 서양 사회에서 시작되어 세계화된 근대화를 공통분모로 하여 형성된 근대의 시기에, 그러나 이미 선험적으로 근대화된 민족국가와 민족주의의 영향력 아래에서 근대화하여 세계의 일원으로 살아남아야 했던 후발 민족국가의 민족주의는 서양 민족국가들과는 달리 대내외적으로 복합적인 요인들로부터 강한 영향을 받으며 더욱 복합적으로 전개될 수밖에 없었다. 그렇기 때문에 상대적으로 사회경제적으로 유사하게 발전한 서유럽을 중심으로 전개된 민족주의와 그에 대한 민족주의 연구의 고전적 근대주의와는 달리, 비서구 사회의 민족주의는 그 사회의 근대화와 민족국가 형성을 포함해서 논해야하고 또한 서양의 그것과는 다르고 그래서 다양하고 복합적일 수밖에 없다는 사실을 인정하며 고찰되어야 한다.

비서구 사회와 민족국가들은 대부분 서양 근대 민족국가와의 조우를 통해서 서양적 근대화를 추진하게 되었다. 서양 열강과 조우 당시 각 기존 사회의 사회적 경제적 조건이 달랐다. 그에 따라서 서양 민족국가에 대한 대응 양식이나 국제관계를 맺는 방식 또한 대내외적으로 모두 달랐다. 때문에 근대화에 대한 접근 방식과 근대화의 방식 또한 대내적으로 갈등적

---

[1] Anthony D. Smith, 1998. *Nationalism and Modernism*, London: Routledge, 145.

이었다. 또한 그 갈등 양상에 따라서 대외적으로 재현되는 국가적 공동체의 대응방식이 각각 다를 수밖에 없었고 갈등적일 수밖에 없었다. 그러므로 그러한 비서구사회의 민족주의를 상대적으로 단일한 경로를 거친 서유럽 국가의 고전적 근대주의 방식으로 논하는 것은 민족주의 연구의 서구 중심주의이자 서구 중심주의 그 자체라고 할 수 있다. 각기 다른 사회경제적 배경에서 근대화를 추진하며 근대의 한 축을 이룬 비서구 사회와 민족국가를 포함해서 민족주의를 논하는 것은 서양과의 단선적인 우열 또는 선후의 비교를 통해서 이루어져서는 안 된다. 서양과는 다른 사회경제적 조건의 차이를 전제로 하여 다각적인 관점에서 근대 시기로의 이행과 함께 상대적으로 이루어져야 한다. 따라서 다양해져야 하고 다양해질 수밖에 없다.

  민족주의의 다양한 논의들은 그야말로 헤이스가 토로한 바와 같이 이론화하기 힘든 민족주의의 속성을 반증한다. 그럼에도 불구하고 민족주의가 18세기 후반 서유럽에서 등장하여 근대 민족국가 체제를 이루고 근대화의 세계화를 통해서 양대 세계대전기에 절정에 달했다가 지금에 이르고 있다는 역사적 사실과 본질에 대해서는 일반적으로 동의되는 바이다. 민족주의에 대한 논의 구조가 바뀌고 다양한 분석과 설명이 이루어지고 있어도 민족주의가 근대 산업사회로 이행하던 역사적 시대 곧 근대의 산물이라는 것은 부정될 수 없는 역사적 사실이기 때문이다.

  근대화의 전개과정에서 억눌린 민중의 의지를 응결시켜서 민족이 탄생한 것은, 곧 민족의 탄생은, 전근대적인 신분제 사회의 위계질서 아래서 억눌려있던 일반 민중의 근대적인 인민 주권과 평등권을 인정함으로써 그것을 토대로 한 근대 정치공동체 논의가 현재화된 것이었음을 의미한다.

14세기 르네상스 시기의 등장과 함께 한 고전적 근대 과학의 발전에 힘입어 자각되게 된 '인간의 발견'으로부터 비롯된 민권(民權, Civil Right) 인식과 민권의식의 확장은 시민혁명을 통해서 민권이 더 이상 단지 기득권층의 특권을 반향하는 데 국한될 수 없는 환경을 조성하였다. 특정 신분이나 계층에게 집중된 권리와 힘만으로는 더 이상 그 동력을 발휘할 수 없는 사회경제적 변화를 배경으로 하여 지속적이고 안정적인 정치공동체를 구축하는 동시에 그 정치공동체를 발전시킬 수 있는 동력을 확충할 필요가 새로운 정치공동체의 원리를 모색하게 하였다.

그것은 시민혁명을 통해서 확장된 일반 대중, 민중의 권리와 요구를 정치공동체를 구축하는 원리로 포섭하여 체계화하는 것이었다. 그리하여 일반 민중을 총체적으로 포괄하는 대상으로 한 통합(統合)의 원리와 우애(友愛)의 원리가 동시에 정치공동체를 구축하는데 적용되기 시작하였다. 특정 신분이나 계층을 중심으로 지배와 피지배 관계가 고착되어 지속되는 한 근대적 발전을 통한 성장이 더 이상 불가능하게 된 상황에서 불가피하게 된 근대적 발전을 지속하고자 한 인간 공동체의 정치적인 욕구가 그 동력이 되었다. 이 인간 공동체의 정치적인 욕구와 필요는 발전과 성장의 성과를 재분배하는 문제와 직결되어서 정치공동체를 구성하는 원리에 변화를 가져왔다. 지배와 복종, 지배와 착취, 자산가와 노동자 간의 분화와 갈등을 정치공동체 단위에서 대내적으로 통합하여 대외적으로 성장하기 위한 공동체 의식과 그것을 이루기 위한 새로운 개념이 강구되었다. 그것이 곧 민족의식이고 민족이었으며 나아가 민족주의였다.

민족을 이루는 구성원들 사이에 상호 우애 없이는 진정한 통합이 불가능하고 공동체로서 통합되지 못하면 정치공동체 구성원 곧 민족의 안전과 발전을 이루지 못한다는 것이 역설되었다. 따라서 정치공동체 구성원들의 우애와 우애로 엮어진 통합체인 민족은 전제주의와 특권의 부정인 동시에 구성원 개개인 인민의 주권과 자치의 구현체가 되었다. 혈통과 신분적 질서, 그리고 왕권신수설과 같은 정치적 정당성의 낡은 근거가 인민 주권과 자치의 통합체인 민족이라는 새로운 원리로 대체되었다.[2] 민족은 그것이 대변하는 사회와 민중의 열망과 의지를 응결해 담아낸 그릇과도 같은 것이 되었다.

이와 같은 민족의 기원은, 민족주의를 역사적 현상으로서 현재 진행형으로 보는 리아 그린펠드(Liah Greenfeld)에 의하면, 16세기 초 영국의 신흥귀족들로 거슬러 올라간다.[3] 전통적인 신분제 사회에서 평민출신이었던 신흥귀족들은, 신흥귀족의 변칙적인 신분 상승자로서의 이미지가 신분사회에 적합하지 않다는 것을 자각하였다. 그리하여 그것을 일정한 자격을 갖춘 사람들을 전제로 한 개념으로 대체하였다. 일정한 지격을 갖춘 전체 인민을 '민족'으로 간주하는 비계서적이고 동질적인 엘리트 인민을 의미하는 민족이 바로 그 개념이었다.

일정한 사람들 전체를 민족으로 간주하는 민족주의는, 민족의 일원이 되면 '국적'의 원칙에 따라서 그 민족 내에서 올라가고 내려갈 수는 있어도, 신분의 차별을 해소시키고, 최하층민으로 지위가 하락될지언정, 민족 밖으로 내쫓기는 일은 없게 하는 것이었다. 이 근대적인 의미의 민족적 정체성(national identity)은 그 인민의 일원이 되는 조건으로부터 도출되는

---

[2] 최갑수. 1995. "서구에서 근대 국민국가의 형성과 민족주의." 한국사연구회 편. 『근대 국민국가와 민족문제』. 지식산업사, 27-28.
[3] Liah Greenfeld. 1992. *Nationalism: Five Roads to Modernity*. Boston: Harvard University Press, 491.

것이었다. 그 근본적인 특징은 하나의 인민이 하나의 민족으로 정의되었다. 그러한 민족 다시 말해서 민족으로 정의된 인민 구성원은 모두 그 상층 엘리트적 특성을 공유하게 되고 그 결과 민족 국가의 주민은 본질적으로 동질적인 존재로 인식되었다. 이러한 원칙이 민족주의의 토대가 되어 민족주의를 보편적인 것으로 보는 것을 정당화하였다. 이렇게, 민족은 최초의 민족국가인 영국에서 집단 충성의 중심이자 정치적 연대의 토대이고 주권의 소지자로 격상된 인민을 의미하였다. 그리고 이 민족은 프랑스혁명을 통해서 특정 주민의 종족적 문화적 특징과 결합되었다. 그리하여 인민의 단일성 곧 인민을 구성하는 개인들의 실질적인 주권을 뜻하는 인민주권을 의미하는 것으로 재해석되었다.[4] 그렇게 재해석된 민족 개념이 민족주의를 세계사적인 보편적 현상으로 추동케 하였다. 주권이 인민에게 있다는 것, 인민 여러 계층 간의 근본적인 평등을 인정하는 것, 이는 근대 민족 개념의 본질이며 민주주의의 기본원리이다. 이런 의미에서 민족주의는 민주주의가 세상에 나타났을 때 취한 형태였고 민주주의는 민족의 개념 속에 들어있으며 본래 민족주의가 민주주의로서 발달하였다고 그린펠드는 역설하였다.[5] 이러한 그린펠드의 민족주의에 대한 분석은 프랑스혁명 이래 민족주의가 세계사적인 보편적 현상으로 생명력을 유지할 수 있었던 추동력을 설득력 있게 해명해 준다.

민족주의는, 각 민족은 그만의 특수성이 있고 따라서 최대의 가치로 추구하는 민족의 목표와 이념이 민족마다 차이가 있으므로 민족을 단위로 하는 민족자결의 정치체제가 가장 정당성을 가진 정치[6]라는 것을 전제로

---

[4] Greenfeld(1992), 3-26.
[5] Greenfeld(1992), 10.
[6] Elie Kedourie. 1978. *Nationalism*. London: Hutchinson, 9.

한다. 이러한 민족 중심의 정치와 개개인의 인간주의적 가치의 실현을 논했던 사상가들에게 공통적인 것은 억압받는 자들에게 해방을 부여해주고 자유와 평등을 실현시켜줄 수 있는 인간주의의 정치질서는 곧 민족을 단위로 하는 민족주의 정치의 실현이라는 것이었다. 민족주의가 세계사적으로 추동될 수 있었던 것은 모든 정치구성원들 특히 압제 하에 놓여있던 대다수의 민족 구성원들이 자각하고 의식하기 시작한 인간으로서의 존재의식과 주권 의식을 민족 감정으로 응결함으로서였다.

그러나 영국, 프랑스, 독일, 미국 등 각국의 정치·경제적 조건과 그에 대항한 민중의 자주적 의지가 각기 달랐으므로 민족 감정을 응결해나가는 방식 또한 각각 달랐다. 더욱이 서양 열강과의 조우를 통해서 대자적인 근대적 자의식과 공동체적 의식을 각성하기 시작한 비서구 국가와 공동체에 있어서 각 공동체가 처한 정치적 경제적 조건과 민중의 의식은 전통과 근대화, 쇄국과 개국, 대내적 정치체제의 고수와 개혁 등을 놓고 더욱 복합적으로 갈등하였다. 따라서 그 민족 감정을 응결해나가는 방식 또한 각기 복합적이고 다양할 수밖에 없었다.

그러므로 어느 특정 사상가의 사상이 탁월한 창조적 의지의 절대성으로 인식될 수도 없었다. 설사 어느 사상가의 이념이나 사상체계가 그 시대의 진실된 민중의 의지를 초월하여 그 당시보다 미래에 가치를 둔 것이라고 할지라도 그것은 여전히 민중 의지가 미래로 외연된 것으로 인식되어야 할 것이었다. 이러한 의미에서 민족주의는 바로 18세기라는 시대의 영향과 18세기 이전부터 축적되어온 역사의 가치, 그리고 18세기 이후의 미래에까지 계속 펼쳐질 수밖에 없는, 즉 통시대적이면서도 보편성을 가질 수 있는 사상으로 정립된 것이었다.[7]

그 통시대적이면서도 역사성과 보편성을 가질 수 있는 억압적 정치·경제적 조건에 대항하는 민중(민족)의 자주적 의지와 그 의지를 외연케 하는 주체는 바로 인간 공동체로서의 민중(민족)이고, 그 민족(민중)은 그만의 특성과 목표를 달리한다. 때문에 민족주의는 이론화하기 힘든 속성을 갖는다. 그러나 민족주의가 19세기 중반 이후 새로운 현상으로 당대의 비평가들에 의해서 주목받기 시작한 이래 지금까지 다양한 관점의 분석이 이루어지고 있는 것은, 민족주의가 세계를 근대적으로 변혁시킨 현상이자 이데올로기로서 탈근대를 논하는 현재에도 여전히 진행형이기 때문이다. 역사적 시대의 형성물인 민족주의가 현재 우리의 삶을 규정하는 이데올로기로서 통시대적이고 세계사적인 보편성을 갖는 것은, 근대적인 민족 개념이 인민 개개인의 주권과 평등사상을 토대로 하여 발아될 때 이미 예정된 것이었다고 하겠다. 이러한 관점에서 이 글에서는 한국 민족주의에 대하여 역사적, 정치적으로 재고하여 한국 민족주의의 특성에 대해서 살펴보고자 한다.

---

7) 진덕규. 1983. 『현대 민족주의의 이론구조』. 서울: 지식산업사, 120-121.

제 1 부

한국인의 근대적 민족의식 각성과 근대 민족주의 형성의 역사적 조건

제 1 장
일본에 의한 간접적 서양 근대 수용

　시민혁명을 통해서 근대적 개념으로 정립된 민족은 동 시기의 자본주의 경제의 성장과 결부되어 경제적 생산단위로 성장하며 정치조직화가 이루어진 근대 민족국가의 형성으로 귀결되었다. 민족주의는 나폴레옹전쟁으로 알 수 있는 바와 같이 탄생 직후부터 대외적인 민족들 간의 관계와 국가들 간의 관계 차원에서 추동되었다. 자본주의 경제체제와 기능적으로 연관된 근대 민족국가들은 서유럽 국가들 간의 '세력균형'의 원칙을 정립하고 권력질서를 안정화하였다. 동시에 이들 서유럽 근대 민족국가들은 비유럽의 근대화되지 않은 지역을 대상으로 자본주의 경제의 확장을 경주하였다. 이른바 서세동진(西勢東進), 서세동점(西稅東漸)이었다.
　서양 열강의 동진은 아편전쟁을 전환점으로 하여 동아시아를 '개국(開國)'시키며 동아시아가 서양 '근대'와 조우하여 근대적으로 변환하지 않을 수 없게 하였다. 동아시아 각국은 근대적인 선진 기술로 무장한 서양 열강의 위력에 압도되어 개국하게 되었다. 그러므로 동아시아 각국은 국가적 생존의 문제로서 적극적으로 서양과 같은 근대적인 전환을 모색하며 근대화를 추구하게 되었다. 중국이 아편전쟁에서 패한 것이 결정적인 계기가 되었다. 이후 본격적으로 시작된 동아시아의 근대화는 개국할 수밖에 없었던 서양 근대의 힘과 그것을 움직이는 근대적인 서양적 정치체제를 모방하여 국가 주권을 보존하고 서양 열강과 같이 부강한 근대 국가가 되는 것을 목적으로 하였다.

때문에 서양 열강 간의 세력균형을 전제로 한 국제법을 앞세워 문호 개방을 강제한 서양 열강의 국제법체제와 그 주체인 서양 근대 민족국가 체제에 관심이 집중되었다. 동양 국가들에게 서양의 근대적인 민족국가라고 하는 정치공동체는 근대 기술로 무장하고 동진해 온 서양의 힘과 부를 반영하는 것이었다. 따라서 근대적 개혁의 상징이자 서양과 같은 근대화를 이루기 위해서 우선되어야 할 개혁의 대상이자 목적과 같이 되었다. 서양 근대 민족국가체제를 견인한 것은 자본주의적 산업화와 그와 함께 확장된 민권의식을 배경으로 발발한 시민혁명을 통해서 정립되게 된 민중의 시민주권인식이었다. 그렇지만, 동진해온 서양 열강과 조우한 동양 각국이 대면한 것은 서양 열강의 이익을 대변하는 근대적인 민족국가였고 그 정치체제였다.

그러므로 서양적 근대화의 시도와 함께 서양 국가와 같은 근대적인 정치체제, 정치공동체 개혁에 대한 논의가 분분해졌다. 그 논의는 각국이 처한 대내외적인 상황에 따라서 근대화의 방법이나 대외관을 둘러싼 정치세력들 간의 이견, 그리고 그로 인한 갈등을 야기하였다. 그러한 상황에서 근대 민족국가의 기본 이념이 되는 민족주의나 민족주의의 기본 원리에 대한 사회적인 인식이 확산되고 전개되기에는 역부족이었다. 전통적인 아직 전근대적인 재래의 정치경제적 조건이 지배적이었으므로 그에 따른 민중의 대자적인 의식의 각성 또한 아직 이루어지고 있지 않은 상태였다.

다른 한편으로, 국제관계의 측면에서 볼 때, 근대적인 서양 민족국가들의 위력에 의해서 강제된 동아시아의 개국은 만국공법(萬國公法)이라고 불린 서양 근대 국제법 질서에 편입되는 것이었다. 베스트팔렌조약 이후 서양 민족국가 체제의 세력균형을 반영한 국제법은 선진 서유럽 국가들을 위한 법이자 정치적인 무기였다.[1] 국제법은 서유럽 각국들 간의 관계를 규정한 것으로 당시 제국주의적 팽창을 경주하던 서유럽 민족국가들 간의 세력균형을 유지하는 기본 틀이었다. 다른 한편으로 국제법은 근대화된 서유럽의 '문명국가'들이 기타 비근대화된 '비문명' 지역에 근대적인 문명을 전파해 계몽시킨다는 것을 명분으로 하여 식민지를 경략하는 준거로 활용되기도 하는 것이었다.

그런데, 서양 근대 국제법 체제에 편입된 동아시아는 서유럽과 같이 근대화된 곳은 아니었지만 '비문명(非文明)'의 주인없는 '무주지(無主地)'가 아니었다. 오히려 오랜 역사와 전통을 통해서 고유한 국가체제를 갖추고 '중화문명(中華文明)'이라는 서유럽과는 다른 문명과 국제질서를 이루고 있는 곳이었다. 그러나 중국이 아편전쟁에서 패한 것은 서양 근대 문명의 존재와 상대적인 힘의 우위를 자각하게 했을 뿐만 아니라 그 상대적인 위력에 압도당하게 하였다.

그리하여 동아시아 각국은 개국할 수밖에 없었던 서양 근대의 힘과 지적 원천을 배워서 국가 주권을 보존하고자 경주하기 시작하였다. 무엇보다도 국제법을 앞세워 문호를 개방하게 한 서양 열강의 국제법체제와 그

---

[1] 전상숙. 2013. "근대 전환기 한국 '사회과학' 수용의 특징과 유산: 근대 국가 지향과 일본을 통한 간접 수용."『아시아연구』16-2, 132.

주체인 서유럽 근대 민족국가와 정치체제에 관심이 집중되었다. 서유럽의 근대 민족 국가 체제는 근대적인 기술로 무장하고 동진해 온 서양의 부를 반영하는 것이었다. 따라서 근대적 개혁의 상징이자 서양과 같은 근대화를 이루기 위해서 가장 우선되어야 할 것으로 여겨졌다.[2] 한국의 경우도 마찬가지였다.

주지하듯이, 한국은 서양 근대 국가들의 친교 요구를 두 차례에 걸친 양요(洋擾, 1866 병인년과 1871 신미년)를 통해서 물리치고 쇄국하여 전통적인 중화체제 속에서 온존하고 있었다. 그렇지만 결국 서양 열강의 동진에 의한 제국주의적 세계화에 한국도 국제법 체제에 의거하여 개국할 수밖에 없었다. 그런데, 한국의 개국은 서양 열강의 근대 민족국가가 아니라 중국의 패전을 타산지석(他山之石)으로 삼은 일본에 의해서 이루어졌다.

중국의 아편전쟁 패전을 본 일본은 자국에 통상을 요구하는 미국 함선의 위력을 고려하여 동아시아 삼국 중 유일하게 스스로 문호를 개방하고 자발적으로 근대화를 시작하였다. 메이지유신을 통해서 근대적인 체계를 정립해가는 한편으로 섬나라 일본의 지속적인 근대적 발전을 가능하게 할 수 있는 대외적 팽창의 첫 대상으로 인근 반도 한국에 주목하였다. 일본은 한국의 문호를 개방시키기 위하여 미국 함선의 위력에 굴복했던 자국의 문호개방 경험을 그대로 투사하였다. 상대적으로 근대화된 함선을 이끌고 강화도사건을 도발하여 한국의 문호 개방을 무력적으로 강제하였다. 그리고 강화도조약으로 그러한 한국의 개국을 완수하였다. 강화도조약은 일본이 서양 근대 국제법에 의거하여 한·일 간의 전통적인 교린(交隣)관계를

---

[2] 전상숙, 노상균. 2013. "병합 이전 한국 정부의 근대적 교육체계 개혁과 관학." 『동양정치사상사』 12-1, 88.

청산하고 근대적인 국제관계를 맺은 것이었다. 이것이 한국이 맺은 최초의 근대적인 조약이었다. 한국은 최초의 근대적인 조약을 일본과 일본식으로 맺었다. 그리고 이를 전환점으로 하여 일본을 매개로 서양 자본주의 세계에 문호를 개방하게 되고 서양 국제법질서에 편입되게 되었다.

강화도사건을 일으켜 한국의 문호를 개방시킨 일본에서는 동양 중화체제의 종주국이었던 중국이 서양 국가 영국과의 아편전쟁에서 패한 것을 충격적으로 받아들였다. 그것은 서양에 대한 동양, 서양의 문물과 동양 문물의 차이라고 하는 대자적인 관점에서 서양의 힘을 자각하게 하였다. 나아가 서양에 비하여 상대적으로 열세인 동양과 일본의 힘을 어떻게 배양해야 할 것인가 하는 자기 인식으로 전개되었다. 아편전쟁을 보면서도 중국에 문안사(問安使)를 보내서 위로하고 쇄국을 고수하며 중화질서 속에 안주하고 있던 한국의 국제정세 인식과는[3] 대조적이었다. 그리하여 일본에서는 동아시아 국가 중에서 일찍이 병학(兵學)적인 관심이 사회적으로 널리 고양되며 지적 분위기가 현실적으로 전환되었다.

일본이 선진 근대 기술로 무장한 서양 열강과 직·간접적으로 접하며 느낀 것은 무엇보다도 국가 주권 상실의 위기의식이었다. 일본은 중화질서의 종주국이었던 중국을 패배케 한 근대적인 서양 열강과 대결해서는 승산이 없다고 현실적으로 사고하였다. 그리하여 자주적으로 문호를 개방하고 서양 근대 국제법 체제에 순응하면서 자발적으로 근대적인 개혁을 적극 모색해갔다.[4] 베스트팔렌체제를 구성하는 서양 민족국가의 주권 개념은 국가는 통일적인 주체성을 갖는 행위자라는 것을 전제로 하여 대내

---

3) 전상숙. 2012. "유교 지식인의 '근대' 인식과 서구 '사회과학'의 이해." 『사회이론』 42, 288.
4) 전상숙(2013), 132.

적인 최고성과 대외적인 독립성을 갖는 것이었다. 그것은 유럽 내에서는 상호성의 원칙을 갖는 것이었다. 동시에 유럽 이외의 지역에 대해서는 각 국이 주권을 확장하는 대상에 지나지 않게 여기는 것이었다. 여기서 조국과 민족의 번영 및 영광을 위한 민족주의의 대내적인 우애와 통합의 원리가 대외적으로는 조국과 민족의 번영 및 영광을 위한 침략과 정벌의 정치이데올로기로 변질되어 타민족의 인권과 평등권을 억압하고 말살하는 것으로 변질되어 외연 되는 것이었다.

일본은 그와 같은 서양 근대 민족국가의 주권 개념과 그에 기초한 서양 각국의 관계를 규정한 국제법 체제를 아편전쟁 이래 대자적인 관점에서 현실적으로 자각하고 자주적으로 서양적 근대화를 모색하였다. 일본은 메이지유신 이래 서양 민족국가의 국제법체제를 구축하고 있는 국가주권 개념을 메이지 일본 국가 위기의 원천으로 여겼다. 역설적으로 그것은 서양 민족국가의 국가 주권 개념을 국가적 존립의 위기 극복의 주체라고 하는 의미에서 실현해야 할 목표이자 이상으로[5] 삼게 된 것이었다. 그러므로 막부 말의 변동기 일본에서는 이문화(異文化)를 수용할 때 어떠한 주체성을 가져야 할지 그 주체성의 근거가 일본의 사상과제로 등장하게 되었다. 동시에 다른 한편으로는 국가적 위기를 극복하기 위한 부국강병론으로부터 막부를 상대화하며 외압에 대항하는 보다 강력한 통일 국가를 창출하는 구상이 출현하여 국가 주권을 확립하는 것이 국가적 목표로 설정되었다.[6]

---

[5] 이마이 히로미찌(今井弘子)・김창록 역. 2003. "긴급권국가로서의 '메이지 국가'의 법구조."『법사학연구』27, 151-152.
[6] 武藤秀太郎. 2009.『近代日本の社會科學と東アジア』. 東京: 藤原書店 7; 전상숙. 2012a. "한말 '민권'인식을 통해 본 한국 사회의 '개인'과 '사회'에 대한 원형적 고찰: 한말 사회와

서양 근대 민족국가와의 조우를 통해서 일본은 근대적인 일본 국가 주권의 확립이라고 하는 국가적 목표를 설정하였다. 그리고 그 국가목표는 섬나라의 지리적인 한계를 극복하지 않으면 안 된다는 오랜 문제의식과 착종되어서 현재화되었다. 1861년 러시아의 쓰시마[對馬島] 점거는 그러한 문제의식과 목표를 현재화는 계기가 되었다. 일본에서는 러시아의 쓰시마 점거를 계기로 하여 이른바 "조선문제"라는 것이 정치 외교적으로 표출되었다. 그것은 서양 열강이 동아시아로 진출하여 영향력을 행사하는 것에 대하여 갖고 있던 일본의 국가적인 위기의식이 러시아의 남하를 직접적인 동기로 하여 정치적으로 표출된 것이었다. 일본이 평소 섬나라의 한계 극복을 위하여 호시탐탐 노리고 있던 반도 조선에 대한 이권 욕구를 러시아의 쓰시마 점거를 계기로 국내·외에 정치적으로 현재화시킨 것이었다. 일본 및 조선에 인접한 쓰시마를 러시아가 점거한 것을 빌미로 일본은 서양에 대하여 조선을 위시한 동아시아의 질서 유지 책무를 자처하고 나섰다.

당시 러시아는 군함 수리를 이유로 쓰시마에 정박했지만 정박은 장기화되고 점령화되었다. 러시아는 "조선을 탈취"할 것이고, "대마도를 지키고 조선과 부산도 지키겠다"는 의사를 여러 차례 밝히기에 이르렀다.[7] 러시아의 반복된 조선 공략 발언은 조-러관계의 문제보다 오히려 일본 막부가 러시아의 조선 침입 가능성을 우려하며 러시아에 대하여 '일본의 방위'라고 하는 문제를 인식하게 되는 계기가 되었다. 일본은 러시아의 조선 반도 진출 발언을 일본 국가가 맞이하게 될 현실적인 위기로 인식하였다.

학적 언설에 나타난 '인민'관과 민권 인식을 중심으로." 『한국정치외교사논총』 33-2, 186-187.

7) 釜山府. 1937. 『釜山府使原稿』 6, 181-185.

한반도는 섬나라 일본이 대륙과 연결될 수 있는 교두보와 같은 존재로 일본과 직접 맞닿아 있는 것과 마찬가지로 인식되었다. 그러한 조선에 대한 러시아의 점령 발언은, 열강이 조선으로 진출하게 될 경우 일본에게 미치게 될 영향을 '실질적'으로 인식하는 계기가 되었다. 그리고 그것은 일본이 이미 구미 열강에 의해서 강압적으로 문호를 개방하며 경험한 '일본 국가의 위기' 의식과 직결되었다.

이는 두 가지 의미를 갖는다. 하나는 섬나라 일본과 한반도의 지리적인 관계에서 갖게 되는 국가 방위상의 위기의식이었다. 다른 하나는 일본이 한반도에 대해서 전통적으로 고려하고 있던 실질적인 국가적 이익에 대한 위기의식이었다. 이 두 가지 의미를 모두 내포한 일본 국가의 위기의식을 일본은 '조선문제'라고 칭하였다. 소위 조선문제라고 한 것은, 일본이 동점하는 서양 열강에 대하여 동아시아의 질서 유지를 명분으로 '조선의 문제'를 해결해야 한다는 것이었다. 서양 열강의 한반도 진출을 목전에 두고 일본이 서양 열강과의 대결적인 관점에서 실질적인 국가적 이익을 수호하기 위한 대책을 준비하기 시작한 것이었다.

일본은 러시아의 쓰시마 점거에 직면하여 서양 열강보다 먼저 반도 조선을 복속해야 한다는 대내적인 외교적 대의명분을 정치적으로 제기하고 그것을 현재화시켰다. 쓰시마사건 이후 정한론(征韓論)이 주창된 것도 같은 맥락에서였다. 이렇게 하여 러시아의 반도 조선 점령 발언은 곧 '일본 국가의 문제'가 되었다. 그리고 일본은 그것을 '조선문제'라고 하여 마치 조선의 위기를 일본이 해결해 주는 것처럼 치환시켰다.

일본의 이른바 '조선문제' 주창은 아편전쟁에서 증명된 바와 같이 이미 그 힘을 잃은 중국을 대신하여 일본이 동아시아 국제질서의 수호자가 될 것을 자처한 것이었다. 그리하여 조선문제 곧 동아시아의 질서를 수호하기 위하여 조선의 대외적인 국가적 독립을 지켜야 한다는 것이었다. 일본의 명분은, 실질적으로는, 일본이 서양 열강에 대하여 조선이 중국의 속국이 아니라 주권을 가진 독립국이고 일본과 긴밀한 유대관계를 갖고 있다고 선언적으로 공시하는 것이 되었다. 조선 반도에 대한 일본의 영향력을 분명히 한 것이었다.

그러한 일본의 조선문제 해결은, 아편전쟁 이후 동아시아 각국이 서양 열강과 국제법에 의거하여 전근대적인 동아시아 국제관계로부터 서양 근대적인 국제관계로 이행하는 것과 궤를 같이하며 추진되었다. 일본이 자국의 경험을 그대로 조선의 개국에 활용하여 맺은 강화도조약은 전통적인 사대교린(事大交隣)관계에 있던 동아시아의 중화질서를 형해화시키고 조선을 국제법체제로 전환시키는 의미를 갖는 것이었다. 일본은 조선의 문호개방이 "대마도가 조선과 교류하면서 거의 '藩屬의 禮'를 취하기도 하고 무역상의 불합리한 정체 등도 있었던"[8] 전근대적인 교린(交隣)관계를 청산하기 위해서라는 사실을 분명히 하였다. 그 실제 의미는 사실상 한반도에 대한 국가적 이권의 선점과 '근대적' 국제관계 정립이라는 명분을 통해서 일본의 한반도에 대한 영향력을 서양 열강에 대하여 분명하게 인지시키는 것이었다. 일본이, 동아시아로 세력을 확장하고 있는 서양 열강을 견제하면서 한반도를 통해서 대륙으로 국가적 발전을 꾀할 수 있는 초석을 마련한다는 의미를 내포하는 것이었다.

그러므로 일본의 개국을 모방한 강화도조약의 체결은 일본이 한반도를

---

8) 심기재. 2000. 『朝鮮事務書』 卷 12, 13.("막말명치초기에 있어서의 일본의 대조선 대응.") 『동양학』 30. 재인용.

거점으로 하여 대륙으로 국가적 이익을 확대해 나갈 것임을 천명한 것과 같은 의미였다. 서양 열강의 동아시아 진출에 대하여 '조선문제'의 해결이라는 외교적인 명분 아래 정한론으로 연계되었던 일본의 반도 조선에 대한 팽창욕은 결국 서양 근대 국제법에 의거한 강화도조약을 통해서 조선을 개방시키고 일본의 영향권으로 확보함으로써 일단락되었다.9)

일본은 메이지유신을 통해서 공고해진 근대적인 자주 국가를 확립해야 한다는 명확한 국가적 목적 아래 조선을 개국시켰다. 이후 일본은 조선에 대한 영향력을 다각적으로 확대해가면서 조선 정부에게 일본의 근대화된 시설을 둘러보고 근대화를 촉진할 수 있도록 수신사의 파견을 주선하였다. 김기수, 김홍집 등으로 구성된 수신사가 두 차례에 걸쳐서 일본의 근대화된 시설을 둘러보고 왔다. 그리고 1881년에 파견된 신사유람단(紳士遊覽團) 가운데 유길준, 유정수, 윤치호 세 명은 동경에 도착한 후 일본 학교에 입학하였다. 이들이 최초의 한국인 일본유학생이었다. 이후 관비 내지 사비로 일본에 유학하는 사람들이 증가하였다. 1881년에서 1884년 사이에 67명 이상 일본으로 유학을 갔다. 최초의 한국 유학생들은 대부분 1년 정도 근대적인 기술을 습득하는데 주력하였다.10) 메이지유신을 통해서 근대적인 체제를 갖추고 있던 일본은 당시 동양 국가도 서양과 같이 근대화될 수 있다는 본보기와 같이 여겨졌다.

한편 메이지헌법의 반포와 제국의회 개최 등 근대적인 국내 정치체제를 구축한 1890년대 일본은 국가이익·국력의 관점에서 대외적으로 국가

---

9) 전상숙. 2011. "식민지시기 전후의 연속성 속에서 본 한·일 독도문제의 역사성과 정치적 함의."『영토해양연구』1, 3-5.
10) 정옥자. 1965. "紳士遊覽團考."『역사학보』27, 534-535; 김영모. 1981.『조선지배층연구』. 서울: 일조각, 418-419; 이광린. 1986.『한국개화사의 제문제』. 서울: 일조각, 40-63.

발전에 박차를 가하고 있었다. 그러면서 청일전쟁에서 승리하자 조선 정부가 비용을 부담하는 조선인 관비 일본유학생을 파견하게 하였다. 일본이 조선에 관비 일본유학생의 파견을 주선한 것은 수신사와 신사유람단 등을 통해서 이미 조성되고 있던 동양 국가의 근대화에 대한 선망을 더욱 심화시켜서 일본에 우호적인 근대적인 조선 지식인을 본격적으로 양성하려는 것이었다. 일본의 관비 일본 유학생 주선 등이 친일 관료와 같은 친일파를 양성하는 특정한 목표를 갖는 것이었음은 추론하기 어렵지 않은 사실이다.11) 일본의 청일전쟁 승리는 한국 사회에서 잔존하던 중화사상을 비롯한 실질적인 중국의 영향력 감소와 반비례하여 일본의 영향력 강화를 촉진하여 사비 일본 유학생 수도 급증하였다. 이들 가운데서 잘 알려진 바와 같이 갑신정변과 갑오개혁의 주역이 출현하였다.

이와 같이, 한국 사회는 강화도조약 이후 개국의 현실을 받아들이지 않을 수 없게 되었다. 그리고 한국에서는 강화도조약의 세칙을 협의하며 서양 근대 국제법이 본격적으로 도입되기 시작하였다.12) 그리하여 1880년대에 들어서는 서양의 신문물을 수용하기 위한 적극적인 대책이 강구되었다. 통리기무아문의 설치 등 제도개혁이 단행되고 중국으로도 유학생을 파견하기 위한 교섭이 추진되고, 중국과 일본에 영선사와 신사유람단을 파견하는 등 주변 국가에서 이루어진 근대적인 제도 개혁의 실상과 성과를 시찰하였다. 이러한 변화는 뒤늦게나마 안이했던 국제정세 인식이 변하기 시작했음을 의미하는 것이었다.

---

11) 김영모. 1982.『한국사회계층연구』. 일조각, 420-424; 이태진. 1997. "서양 근대 정치제도 수용의 역사적 성찰."『진단학보』81, 92.
12) 이한기. 1980. "한국 및 일본의 개국과 국제법."『학술원논문집 인문사회과학 편』19, 220-226; 이광린. 1986.『한국 개화사의 제문제』. 일조각, 148-153.

그러나 그러한 근대화의 시도들은 한국의 개국이 서양 열강에 대하여 쇄국을 고수한 가운데 동질적인 동양 일본에 의해서 문호를 개방하며 추진된 것과 같은 맥락에서 여전히 전통적인 동아시아 삼국 간의 국제질서와 체제 속에서 이루어지고 있었다는 사실을 상기할 필요가 있다. 서양 열강의 동점에 대항하여 추진된 서양적 근대화를 향한 모색이 서양 근대 민족국가의 실상을 접하고 파악하는 것을 통해서 이루어진 것이 아니었다는 사실이다. 한국사회에서 추진된 최초의 근대화의 시도는 서양적 근대화를 자주적으로 진행하고 있던 동양의 일본과 서양 열강의 반식민지 상태에서 근대화의 내정 주권을 놓고 내부적으로 투쟁하던 중국을 통해서 이루어졌다. 한국 국가와 사회는, 일본화 된 서양적 근대와 중국적・중국화 된 서양적 근대를 통해서 서양과 같은 근대 국가가 되기 위한 방안을 모색하기 시작하였다. 비록 문호를 개방하고 서양 근대의 국제법체제에 편입되기는 했지만 여전히 전통적인 동아시아적 국제관계 속에서 움직이고 있었다고 할 수 있다. 이는 한국 초기 근대화가 역설적이게도 전통적인 쇄국의 사고 범위를 벗어나지 못한 채 시작되었다는 사실을 드러낸다.

그러나 한편으로는 국제법을 통해서 일본 일변도의 대외관계를 개선해야 할 필요가 자각되고 있었다. 대외적인 균세(均勢), 대외적인 세력균형 정책이 정치적으로 모색되며 서양 국가들과 수교해야 할 필요가 자각되었다. 1880년대 대외적인 근대화가 적극적으로 모색되면서 당시 당면했던 미국과의 교섭에서는 국제법의 자주적인 활용과 주체적인 국제교섭이 시도되기 시작하였다. 이후 영국, 독일 등 서양 국가들과 문호 개방을 위한 교섭은 세력균형의 관점에서 교섭되었다. 대외적으로 '균세'의 개념을 처음으로 활용한 조미통상조약을 전환점으로 하여 국제법을 통한 열강 간의

세력균형정책이 활용되기 시작하였다. 그리하여 전통적인 중화체제와 근대적인 국제법 체제가 착종된 이른바 양절(兩截)체제를 극복하고 국권과 군권의 자주와 자립을 달성해야 한다는 인식이 제고되어갔다.[13]

그렇지만 여전히, 국제정세의 변화를 현실적으로 인식하여 자주적으로 개국하고 근대화를 단행한 동양의 섬나라 일본에 의해서 문호를 개방하고 그 영향 아래서 추진된 근대화의 한계를 벗어나서 주체적이고 자주적으로 서양 열강을 배우고 알기에는 현실적으로 어려웠다. 일본의 조직적인 정치, 경제, 사회적인 침투만이 문제가 아니었다. 일본에 의한 개국은 자발적으로 이루어진 것은 아니었지만 아편전쟁 이후 유례가 없는 동아시아의 구조적 변동을 야기한 서양 근대 국가들에 대한 위기감 속에서 이루어졌다. 한국을 개국시킨 당사자인 일본은, 처음 접하는, 동아시아의 전통적인 질서를 파괴한 이질적인 서양국가가 아니었다. 이질적인 서양에 비해서 상대적으로 친숙하고 또한 상대적으로 선진화된 근대적인 동양의 인근 국가였다.

전통적인 동양의 질서를 위협하고 혼란을 야기한 이질적인 서양 국가에 비하여 동질적이고 익숙한 같은 동양의 일본에 의한 개국은, 직면한 개국의 현실을 받아들이는 순간 동양 질서의 파열을 야기한 서양 근대 국가들에 대한 저항감에 비해서 상대적으로 저항감이 적은 것이었다. 다시 말해서, 동아시아 각국에서 전반적으로 공유되고 있던 서양 근대 국가들로 인한 동아시아 각국의 국가적 위기의식이 전제되어서 받아들이게 되는 것이었다. 따라서 개국의 상황을 야기한 서양 근대 국가에 대항하여 개국의

---

13) 김경태. 1975. "불평등조약 개정교섭의 전개: 1880년대 전후의 대일 '민족문제'." 『한국사연구』 11, 201; 전상숙(2012b), 288.

상황을 극복하여 국권을 수호해야 한다는 동양 국가 공통의 목적과 동질적인 동류의식이 전제될 수 있는 것이었다.

이러한 상황에서 일본은 강화도조약을 통해서 서양의 국제법에 의거하면서도 한국과 중국 사이에 존재하던 전통적인 조공책봉(朝貢册封)의 위계질서를 부정하고 한국이 자주독립국임을 대외에 천명해 주었다. 사실상 일본이 동아시아의 전통적인 중화질서체제를 와해시키고 일본 중심의 이른바 근대적인 동아시아 국제체제를 구축하기 시작한 것이었다. 일본의 강화도조약 체결은, 서양 열강의 위협 앞에서 문호개방을 놓고 혼란하던 한국 사회의 갈등구조를, 이른바 '조선문제'의 해결 곧 개국과 근대 국제법에 의한 독립국가 주권의 천명을 통해서 전환시킨 것이었다고 할 수 있다. 먼저 근대화를 단행한 일본이 근대적인 방식으로 국가 주권을 확인해주며 문호를 개방하게 한 것은, 개국을 강제한 일본에 대한 거부감을 전통적인 동양의 질서와 국가의 위기를 야기한 이질적인 서양 국가에 대한 위기의식과 대비되어 상대적으로 약화시키고 또한 상대적으로 우호적으로 전환시켰다고 할 수 있다.

그러므로 일본에 의한 개국은, 강제로 문호를 연 일본에 대한 민족적인 저항 의식에 앞서서, 근본적으로 동양 각국에 개국의 상황을 야기한 서양 근대의 힘을 동질적인 동양의 선진 일본을 통해 배워서 서양 국가들로부터 국권을 보호해야 한다는 서양적 근대 개혁의 필요를 자각하는 것으로 이어졌다. 그리하여, 청일전쟁에서 승리한 이후 중화사상이 급격하게 와해되면서 주도면밀하게 한반도에 대한 영향력을 확보하기 위한 일본의 정치적인 노력을 배경으로 일본의 영향력이 중화사상의 빈자리를 대체해가는 경향이 사회적으로 확산되었다. 그러므로 1880년대 이래 전사회적으로 전개된 근대적 개혁은14) 중국을 대체한 일본을 필두로 한 동아시아 국제정치의 변화 속에서 일본의 정치적 영향력이 확대 강화되는 것과 병행하여 이루어졌다.

    국제정치의 변화를 현실적으로 자각하고 국제법을 앞세워 접근해온 일본에 의한 한국의 개국은 일본을 통한 간접적인 서양 근대 문물과 제도의 수용으로 이어졌다. 한국은 강화도조약 이후 일본을 통해서 직·간접적으로 근대 국제정치의 현실을 경험하며 국제법체제의 현실과 그 활용법을 습득해갔다. 체험을 통한 국제법체제에 대한 자주적인 인식은 미국을 필두로 한 서양 국가들과의 직접 교섭과정에서 균세정책으로 현재화되고 활용되기 시작하였다. 그러나 그것이 영향력을 강화해가고 있던 일본에 대해서도 적용되어 일본을 대자적으로 인식하고 그 대응책을 모색하기에는 더 많은 시간을 필요로 하였다. 그 시작은 강화도조약으로부터 보호국화에 이르는 일본의 영향력 증대를 한국에 대한 직접적인 국권상실의 위기라고 자각하게 되기까지 걸린 시간이기도 하였다. 또한 그 시간은 한말 한국인들이 근대적인 의미에서 대자적으로 '민족' 의식을 자각하게 되는데까지 소요된 시간이기도 하였다.

---

14) 전상숙. 2012e. "한말 신문 잡지 언설을 통해 본 고대 서양 '사회과학' 수용의 역사정치적 성격: 한국 초기 '사회과학' 형성의 문제의식과 특성."『담론201』15-2, 53.

제 2 장
한말 '민족(民族)' 개념의 등장과 민족의식의 각성

 우리가 사용하는 '민족'이라는 용어가 영어 네이션(nation)의 번역어라는 사실은 잘 알려져있다. 또한 네이션이 민족(民族)뿐만 아니라 국민(國民)을 의미하기도 한다는 것도 잘 알고 있다. 네이션이 민족의 의미로 사용된 것은 역사적인 연원을 갖는다. 민족과 국민 두 의미를 갖는 네이션이 번역어인 한자어로 민족이라고 사용되기 시작해서 국민으로도 쓰인 것은 일본에서였다. 일본 '국가학(國家學)의 개조(開祖)'라고 일컬어지는 가토 히로유키[加藤弘之, 1836-1916]가 문부성에서 블룬칠리(J. C. Bluntschli, 1808-1881)의 *Allgemeines Staatsrecht* 제4판(1868)을 번역하여 출판한 『국법범론(國法汎論)』을 통해서 민족과 국민이라는 개념에 주목하게 되면서였다.[1]

 일본에서 처음 수용될 때 네이션은, 메이지유신을 통해서 근대 국가체제를 건설해가기 시작한 일본이 당면한 역사적 과제에 부합하는 '국민'의 측면이 먼저 주목되었다. 그래서 국민이라는 한자 번역어로 사용되었다.

---

1) 전상숙. 2012c. "근대 '사회과학'의 동아시아 수용과 메이지 일본 '사회과학'의 특질: 블룬칠리 국가학 수용을 중심으로." 『이화사학연구』 44, 13-14.

이어서 국민 통합을 위하여 '민족'의 측면이 주목되었다. 시기적으로 조금 뒤인 1880년대 후반 서양 열강과 개국 당시 맺었던 불평등조약의 개정을 앞두면서 민족의 측면이 주목되기 시작하였다. 일본은 개국하며 맺은 서양 열강과의 불평등조약을 국제법에 의거하여 주권 국가 간의 평등한 조약으로 개정하고자 하였다. 일본은 서양 근대 민족국가에 대한 타자성을 인식하며 자신을 대자적으로 역사문화공동체로 인식하기 시작하였다. 그리하여 일본의 역사적, 사회적 문맥에 따라서 네이션의 양의적인 성격이 순차적으로 주목된 것이다. 그와 함께 네이션은 국민으로부터 민족으로 그리고 역사문화공동체로서의 민족 개념이 일본 근대 사상과 언어 체계 속에 자리하게 되었다.[2]

한자어로 번역된 네이션의 민족과 국민 개념은, 또한 무술정변에 실패하여 일본으로 망명했던 양계초에 의해서 중국 사회에서도 사용되기 시작하였다. 양계초는 일본에서 가토가 번역한 『국법범론』을 통해서 중국의 국가와 사회에 대한 인식을 제고하였다. 그리고 일본의 민족과 국민의 개념을 다시 중국의 상황에서 긴요한 정치과제에 응하는 자신의 논리를 재정립하는데 활용하였다. 그 결과 일본어 번역어인 '민족(民族)'이 중국에서도 사용되기 시작하였다.[3] 양계초는 당시 일본에서는 중요하게 간주하지 않았던 블룬칠리의 국민과 민족에 대한 논의를 중심으로 하여 중국이

---

[2] 山田央子. 1992. "ブルンチュリと近代日本政治思想-'國民'觀念の成立とその受容 (下)." 『東京都立大学法学会雜誌』 33:1, 232-235; 安田浩. 1992. "近代日本における'民族'觀念の 形成-國民・臣民・民族." 白石書店 編. 『思想と現代』 31; 박양신. 2008. "근대 일본에서의 '국민' '민족' 개념의 형성과 전개-nation 개념의 수용사." 『동양사학연구』 104, 236-237.
[3] 1899년 양계초의 「東籍月旦」에서 처음으로 네이션의 일본어 번역인 民族이 도입되어 1903년경에는 정치적으로 자주 사용되었다고 한다. (백영서. 1995. 『근대 국민국가와 민족문제』. 서울: 지식산업사, 86).

당면한 반(半)식민지 상태로부터 벗어나기 위한 근대적인 신국가(新國家)를 건설하고 그에 걸맞은 근대적인 국민(國民)을 만들기 위한 입론을 정립하였다.

그리고 그렇게 재정립된 양계초의 사상은, 을사늑약 이후 반식민지 중국과 같은 처지에 놓여있던 한국 지식인들의 공명을 이끌어내어 애국계몽운동 계열의 지식인들에게 큰 영향을 주었다. 한국 지식인들은 양계초를 통해서 재편된 블룬칠리의 국가학을 통해서 위기에 처한 국권을 확립하고 독립국가로서 위상을 굳건히 하는데 필요한 한국인의 근대적인 국가의식을 고취하는데 민족 개념을 활용해갔다.[4] 이와 같이, 서양의 네이션이라는 용어의 사회적인 수용과 유통, 그리고 개념의 정립은 개국 이후 근대화를 추진하는 동아시아 각 국의 상황과 직결되어 다양하게 이루어졌다.

한국사회에서 네이션이 민족이라는 용어로 사용되며 근대적인 민족 개념으로 사용되는 데는 무엇보다도 먼저 중국 중심의 중화체제 특히 화이관(華夷觀)으로부터 벗어나면서 가능해졌다. 민족 개념의 수용은 서양 근대 민족국가체제로 이루어진 국제 질서에 대한 이해와 수용을 통해서 이루어질 수 있었던 것이다. 주지하듯이, 개국 이전 한국인들은 중국 중심의 화이관에 입각하여 소중화(小中華)로서 정체성을 정립하고 있었다. 한국인의 화이관은 본격적인 서세동점의 시작이라고 할 수 있는 아편전쟁에서 중국이 패하여 개항하는 것을 보면서도 변하지 않았다. 중국과 일본을 개국시킨 서양 열강의 한반도 접근을 두 차례의 양요를 통해서 막아낸 것도, 개국이 불가피해진 상황에서도 국제법 도서를 사서(私書)로 규정해 불살

---

[4] 전상숙. 2012a. "한말 '민권' 인식을 통해 본 한국 사회의 '개인'과 '사회' 인식에 대한 원형적 고찰: 한말 사회과학적 언설에 나타난 '인민'관과 '민권' 인식을 중심으로." 『한국정치외교사논총』 33:2, 4장 참조.

라야 한다는 극언이 나왔던 것도 모두 화이관에 입각해서였다.5)

그러나 개국은 현실이었다. 국제법을 앞세운 일본의 개국은 서양의 근대 국제법 질서와 체제, 그리고 그것을 뒷받침하는 서양적 근대 국가체제의 수용을 강제하는 것이었다. 개국과 함께 국제법 서적이 공식적으로 들어오게 되었다. 이는 개국을 강제한 명분과 규율이 되었던 국제법에 대한 관심 속에서 보급되어 '개화(開化)'에 대한 관심으로 확산되었다. 1880년대 들어서면서 한국 사회의 신문물 수용이 일반화되고 국가적 차원에서 적극적인 근대적 개혁이 강구되었다. 1881년 1월 통리기무아문의 설치는 국가적 차원에서 단행된 근대적인 제도개혁의 시작이자 근대 국제법적 질서로 전환하는 제도적인 작업을 단행한 것이었다.6)

1880년대 한국은 서양 열강과 수교하면서 국제법을 활용한 주권국가로서 위상을 정립해가며 중국과 사대관계로부터 벗어나고 있었다. 그런데 중국은 임오군란 이후 서울을 점령하고 원세개(袁世凱)를 필두로 갑신정변을 무력으로 진압하고 속국(屬國)화 정책을 강화하며 전통적인 조중관계를 강화하고자 하였다. 중국의 태도는 이미 근대적인 사회 변화의 흐름을 인지하고 받아들이기 시작한 한국인의 민족적 감정을 자극하였다. 그 결과 오히려 반(反)중국 자주의식이 고취되는데 크게 작용하였다. 화이질서의 정점에서 명분을 통한 자발적인 지배질서를 구축했던 중국은 19세기 말 서양 열강의 제국주의적 팽창정책을 모방하다가 뜻하지 않게 한국인들의 독립의식과 자아의식을 촉발·고취시키는 촉매제 역할을 하였다.7)

---

5) 전상숙(2012c), 281-284.
6) 이광린. 1999. 『한국개화사연구』. 일조각, 26-28; 김현숙. 2006. "한말 '민족'의 탄생과 민족주의 담론의 창출." 『한국동양정치사상사연구』 5:1, 120-121.
7) 김현숙(2006), 121.

한국인의 반중국 민중적 감정의 고양을 배경으로 한국은 근대적인 국가 개혁과 함께 국제관계 또한 근대적으로 개혁하고자 하였다. 중국의 반대에도 한국은 독자적으로 한러수호조약 및 한영통상조약, 한불조약 등을 체결하며 자주적인 대외관계의 정립과 국제법의 활용을 시도하였다. 이러한 한국의 주권국가로서의 권리 행사는 중화체제의 화이관으로부터 탈피하는 상징적 의미를 갖는다. 동시에 근대적 독립 국가로서의 정체성을 확립하려는 의지를 반영한다. 화이질서로부터 벗어난 근대적인 주권 행사와 국가적 정체성을 확립하려는 의지는 주미상주공사관의 설치와 고종이 중국에 대하여 사실상 직접적으로 국가 주권을 주창한『청한론(淸韓論, China and Korea)』의 간행으로 절정에 달하였다. 전자는 독립국가가 향유하는 권리이자 의무를 실행한 것이었다. 그리고 후자는 중국의 속국 주장에 대하여 법률적인 반격을 가한 것이었다. 한국이 주권국가라는 사실을 중국에 대하여 직접적으로 역설한 것이었다.[8]

『청한론』은 1888년 고종의 외교 고문이었던 데니(O.N. Denny)가 한국 정부의 입장을 대변하여 저술하였다. 당대의 유명한 공법학자인 휘튼(H. Wheaton), 오스틴(J. Austin), 블룬칠리(J.K. Bluntschli) 등 중국에도 널리 알려진 국제법학자들의 국제법 개념과 논리를 활용하여 한국이 독립국이라는 것을 역설한 것이었다.[9] 그러므로 청한론은 한국이 전통적인 화이질서로부터 벗어났음을 증명하는 것이라고 할 수 있다. 이러한 주권국가로서 정체성을 확립하려는 의지와 화이질서로부터의 독립은, 일본이 청일전쟁에서 승리함으로써 일차적으로 공고해졌다. 일본은 시모노세키 조약

---

8) 김현숙(2006), 121-122.
9) 김현숙. 1997. "구한말 고문과 데니의『청한론』분석."『이화사학연구』23·24 합호.

제1조에서 중국이 한국의 자주독립국을 천명하게 하는 결실을 맺었다.

갑오개혁을 통해서 본격적으로 근대적인 개혁을 단행한 한국은 자주독립을 천명하였다. "개국 기원절"과 "독립경일"을 제정하고 자축하였다. 국호를 "대조선제국"으로 바꾸고 1896년부터는 중국으로부터 독자적인 연호(건양)를 쓰기 시작하였다. 관공서에는 국기가 게양되었다.[10] 그리고 1897년 10월 25일 고종은 국호를 '대한제국'이라고 선언하고 황제로 즉위하였다. 대한제국은 1899년 8월 한국 최초의 근대적 헌법인 대한제국국제를 선포하였다. 이렇게 한국은 화이질서와 중화사상으로부터 벗어나 근대 국제법체제에 걸맞은 근대적인 국가체제의 개혁을 추진하며 근대 주권 국가로 거듭나기 위한 노력을 경주하였다.

그런데 시모노세키조약으로부터 획득된 명실상부한 중국으로부터의 독립은, 강화도조약의 연장선상에서 일본에 의해서 이루어진 것이었다. 또한 개국의 불가피함을 자각하며 근대 국제법체제에 걸맞은 국가 주권을 확립하려는 노력 또한 일본에 의한 국제법체제로의 편입과 영향력 아래에서 이루어졌다. 전통적인 교린관계에서 일본에 대하여 문화적인 우월감이 강했던 한국은 "비아항일책(非亞抗日策)"의 일환으로 미국과 수교에 임할 정도로 일본에 대한 반감이 컸지만 앞에서 본 바와 같이 일본으로부터 벗어나기는 어려웠다.

특히 갑신정변과 갑오개혁의 주역들 대부분이 일본 유학 출신이었던 것처럼, 한국의 근대적 제도 개혁과 이를 위한 서양 학문, 국제법체제의 수용은 일본의 광범위한 영향 속에서 이루어졌다. 전근대적인 화이관으로부터 벗어나게 되었지만 그 대외적인 독립은 획득한 것이라기보다는 무력

---

10) 유영익. 2000. "갑오경장." 『한국사』 40, 270-271.

으로 문호를 열게 한 일본에 의해서 주어진 것이었다. 화이관으로부터의 독립과 국가주권의 행사는 가능했으나 실질적으로는 중국을 대신한 일본의 영향력이 강하게 작용하는 것이었다. 외세가 제공한 독립은 결코 완전한 주권국가로 가는 길이 아니었다.[11]

이와 같은 시대적 배경 속에서 처음으로 한국 사회에 등장한 민족이라는 용어는 일반적인 인간 집단을 가리키는 것이었다. 또한 1900년 『황성신문』에 나타난 민족은 인종을 말하는 것이었다. "동방민족"이라고 해서 서양의 백인종을 의미하는 "백인민족"에 대하여 상대적인 의미를 갖는 인종을 지칭한 것이었다.[12]

> "亞細亞之東에 三國이 有하니 韓國日本支那가 維是라. 往昔元太祖時에 東方民族이 沙漠을 橫하며 山河를 涉하야 萬里의 虫沙를 跨하야 歐洲를 蹂躪하였더니 其遠征의 雄圖가 如今에 數坏荒墳과 一片敗垣만 惟存할뿐이라. 往日所謂征服하던 白人民族의 勸力을 飜看컨대 數十年間에 長江大河와 恰如하야 東方에 滾滾流入하니 時局市勢의 所趣는 不可測이로다 … 西曆千八百四十年來로 東方民族이 白人民族에게 所被한 損害를 左에 槪擧하건대 … 噫라 東亞地界가 白人民族의 範圍에 漸入함이 如彼駸駸하거늘 長夜乾坤에 昏睡를 未惺호 哀此黃人이여."

여기서 민족은, 아편전쟁 이래 동점해 온 백인민족 곧 백인종에 의해서 유린된 동방민족을 말하는 것이었다. 한·중·일 3국의 황인종을 일컫는 것이었다. 백인종의 동방 곧 동양 침략에 대한 위기의식을 인종 간의 대결이라는 측면에서 고찰하고 그에 대한 각성을 촉구하는 맥락에서 사용된

---

11) 앙드레 슈미드·정여울 옮김. 2007. 『제국 그 사이의 한국』. 서울: 휴머니스트, 98.
12) "奇書: 西勢東漸의 起因." 『황성신문』(1900. 1. 12).

것이다. 그러한 인식은 중국의 의화단사건을 "現今北淸戰雲이 ... 東洋興亡之 機關也 오 三則人種競爭之樞紐也라" 하여 인종경쟁으로도 본 것과 같은 것이었다.13) 이러한 인종론적인 인식의 기저에는 백인종에 대한 적대감, 위기의식이 있었다. 황인종인 동양이 문화적으로도 다른 지역, 백인종에게 압도당하게 된 연유를 고찰하며 위기의식을 내포하고 있었다.14)

이렇게 민족을 인종론적으로 인식하는 것이 러일전쟁 이전까지 한국사회에서는 보편적이었다. 서양 열강의 동점으로 인한 국권 상실의 위기가 민족을 하나의 국가 차원이 아니라 서양 대 동양이라는 이질적인 인종 간의 침략과 대응이라는 차원에서 인식하게 한 것이었다. 그러나 그러한 인식의 저변에는 일본 국가학의 영향이 컸다. 그것은 메이지천황의 스승이자 일본 국가학의 시조로 불리는 가토히로유키가 블룬칠리의 국가론을 『국법범론』으로 처음 번역하면서 시작되어 메이지 관료들에 의해서 제고되며 정비된 메이지 일본 국가학15)이었다. 더불어서 1893년 다루이[樽井藤吉]가 간행하여 동아시아 삼국에 큰 영향을 미친 『대동합방론(大東合邦論)』의 영향 또한 컸다. 다루이의 『대동합방론』은 서양과의 대결적 관점에 선 아시아연대, 아시아주의를 보급하며 큰 영향을 미쳤다.

아시아연대론은 구미열강의 아시아 침략에 저항하기 위하여, 아시아의 모든 민족이 일본을 맹주로 하여 단결해야 한다는 주장이었다. 이러한 주장은 일본의 대외적인 독립문제와 관련해서 메이지 초기부터 제창된 것이

---

13) "今之强弱與古不月." 『황성신문』(1900. 8. 16).
14) "論說: 問並洲不及他洲의 琟由." 『황성신문』(1900. 5. 2).
15) 전상숙(2012a); 박양신(2008); 박근갑 해제 번역. 2011. "요한 카스파 블룬칠리, Allgemeines Staatsrecht; 가토 히로유키, 『국법범론』." 한림과학원 엮음. 『개념과 소통』 7; 강중기 해제 번역. 2011. "량치차오, 정치학 대가 블룬칠리의 학설." 한림과학원 엮음. 『개념과 소통』 8 참조.

었지만 다루이의 대동합방론 이후 더욱 유력하게 유포되었다. 그 요지는 서양 열강에 대항하기 위하여 아시아의 여러 민족들이 다양한 '국내 민주화'(근대화)를 추진하면서 서로 연합할 필요가 있다는 것이었다. 그런데 일본이 민주화라는 점에서 일보 더 나아가 있으므로 기타 아시아 국가들의 민주화를 위하여 원조의 손을 내밀어야 한다는 것이었다. 그것이 곧 선진 근대화된 일본의 민족적 사명이라고 강조하며 아시아 각국의 연대를 주창한 것이었다.

그러한 아시아주의는 메이지 20년대 일본사회에서 자유민권운동이 후퇴하고 천황제 국가기구가 확립되며 중국에 대한 군비가 확장되는 등 정치사회적으로 변화되고 있던 시대적 배경 속에서 대아시아주의로 전개되었다. 처음에 대아시아주의는 일본도 다른 동아시아 국가들과 같이 서양 제국주의 열강에 대하여 피압박 민족인 듯이 주창하였다. 그러다가 일본이 맹주가 되어 아시아 민족들의 연대를 이루어 나가는 것으로 전개되었다. 그 실상은 메이지정부의 대륙으로의 팽창의도와 정책을 은폐하는 것이었다. 메이지유신 이후 기획된 팽창주의가 낳은 국권론과 민권론의 대립, 그리고 서구화와 국수가 대립하는 상황에서 탄생한 것이었다.[16] 대아시아주의는 일본이 황인종 아시아를 대표한다는 아시아 인종 개념을 확산시켰다. 그러면서 아시아 인종 개념이 대아시아주의의 사상적 배경인 듯이 논조를 전개해갔다.[17]

대아시아주의는 이데올로기적인 인종주의[18]와 결합되어 동점한 서양 곧 침략자 서양에 대한 피침략자 동양 곧 서양 백인종에 대한 동양 황인종

---

16) 竹內好. 1963. 『アジア主義』. 東京: 筑摩書房, 9-16.
17) 山室信一. 2001. 『思想としてのアジア』. 東京: 岩波書店, 58-59.
18) 전복희. 1996. 『사회진화론과 국가사상: 구한말을 중심으로』. 서울: 한울, 30.

이라는 이항 대결구도를 구축하였다. 그리고 서양과 맞설만한 근대화 곧 문명화를 이룬 일본을 중추로 하여 서양에 맞서서 동양의 독립과 자주권을 지켜야 한다고 주창하였다. 이 때 황인종 동양은 백인종 서양에 대하여 하나의 공동체라고 역설되었다.

그러한 아시아연대론은, 1880년 3월 동경에서 일본인들이 설립한 홍아회(興亞會)에 수신사 김홍집 일행이 8월에 참석한 이래 한국인들에게도 전해지며 영향을 미치게 되었다. 아시아주의의 아시아연대론 수용과 그에 대한 기대는 화이관으로부터 벗어나 근대적 개혁을 이루려는 한국인들의 새로운 지향을 반영하는 것이었다고도 할 수 있다. 아직 약세인 한국이 상대적으로 강대국이고 또한 동질적인 일본 및 중국과 연대함으로써 도움을 받아 독립을 유지할 수 있다는 희망을 주는 것이었다.

그런데 일본에서 현양사가 국권주의로 전향을 표명한 것이 1887년이었다. 또한 대표적인 우익단체인 흑룡회가 출현한 것이 1900년이었다. 이 시아연대는 이미 대아시아주의로 전개되어 일본의 대륙침략정책에 봉사하고 있었던 것이다. 그러나 그러한 실상을 자각하지 못했던 한국인들의 인종주의적 아시아연대 의식은 중국의 의화단사건을 보며 더욱 강화되었다. 의화단사건은, "청국은 삼국 중에 제일 큰 나라 즉 청국의 사변이 저렇게 크게 되었으니 어찌 한국이 무사하기를 바라며 또한 이 일은 동양 삼국만 상관이 아니라 세계 만국이 통동하여 상관이 되었으니 대풍 부는 날 큰 동리에 큰 집이 실화하였는데 어찌 그 곁의 적은 초가집이 성하기를 바라리오"[19]라고 하는 국제정치 인식을 갖게 하였다.

중국의 아편전쟁을 반면교사로 여겨 개국을 단행하고 메이지유신으로

---

19) "논설." 『제국신문』(1900. 6. 25).

나아갔던 일본에 비해서 중국에 문안사를 보내며 중화체제에 안주했던 한국의 지배층은 청일전쟁과 의화단사건을 보면서도 변화되지 않았다. 중국을 반면교사로 하여 자주적인 국제정치의 현실을 인식하지 못했던 것이다. 그러니 동양 삼국의 연대를 통해서 도움을 받을 수 있다는 기대를 갖게 되었던 것이다. 중화체제로부터의 독립을 쥐어 준 일본에 대한, 동아시아 국제관계에 대한 대자적인 인식은 여전히 각성되기 어려웠다고 할 수 있다. 이 점에서 한국 지배층의 국제정치 인식은 변한 것이 없었다고 할 수 있다. 의화단사건은 오히려 삼국 연대의 필요를 입증하는 기능을 했을 뿐이었다.

의화단사건으로 만주를 점령한 러시아는 남하의 수순으로 압록강 하류의 용암포를 점령하고 군사기지를 설치하기 위한 조차지를 요구하였다. 이에 위기의식이 높아진 한국인들은 백인종의 위협에 대응하여 일본이 황인종을 위하여 러시아와 개전하는 것이 불가피하다고 역설하였다.[20] 러일전쟁을 기대하는 정황이 있었던 것이다.[21] 그리고 러일전쟁이 발발하자 "日淸兩國으로 聯合同盟하고 倂力齊雇에 鼓勇하야 打破西比利亞之鐵道하고 驅逐烏拉領之以外然後에 可以保全我東洋之大局矣어날"이라 하여 삼국동맹을 통한 동양의 보전을 더욱 강력하게 역설하였다.[22] 러일전쟁은 백인종과 황인종의 인종주의 전쟁으로 인식되었다.[23] 일본이 앞장서서 황인종의 독립을 지켜줄 것을 바라는 것이 정치엘리트들을 비롯한 한국인들의 일반적인 경향이었다.

---

20) "論說: 日不得不不戰." 『황성신문』(1903. 10. 1).
21) "論說." 『황성신문』(1903. 10. 24).
22) "논설." 『황성신문』(1904. 2. 12).
23) 김도형. 1986. "한말 애국운동의 정치론 연구." 『한국사연구』 54, 79.

그런데, 일본은 러일전쟁을 도발하고 전황이 유리하게 전개되자 1904년 2월 23일 한국 정부에 공수동맹의 성격을 갖는 '한일의정서'의 체결을 강제하였다. 이는 종래 일본이 주창해 역설했던 아시아연대, 아시아주의와는 다른 행위였다. 인종주의적 아시아연대는 한국인들이 일본에 대하여 국가적 독립과 주권을 수호할 수 있는 친일 우애 의식을 갖는 기반이었다. 그러한 심정적 동조감 속에서 한국인들은 러일전쟁을 도발한 일본을 응원하고 승전을 기원하였다. 그런데 이제 그 일본이 한반도에 대한 제국주의의 침략욕을 드러내고 현재화시켰다. 이는 한국인들이 아시아주의의 실상을 자각하게 하였다.

한일의정서의 체결은 한국이 국가적 독립에 대하여 대자적, 독자적으로 생각하게 되는 전환점이 되었다. 한일의정서의 체결은 풍문으로 나돌던 일본의 한국 보호국화를 실제로 분명히 자각하게 하였다.[24] 한국인들은 딩징은 일본이 '보호' 운운하지만 결국 속국화하고 말 것이라는 사실을 인지하게 되었다.[25]

그러므로 러일전쟁은 한국인들이 일본이 주창한 아시아연대, 아시아주의의 실상을 자각하고 한국과 한국인에 대하여 일본의 영향으로부터 벗어나서 독자적으로 인식하기 시작하는 전환점이 되었다. 그리하여 러일전쟁을 거치면서 민족이라는 말도 인종을 의미하는 것이 아니라 한반도 주민을 지칭하는 용어로 변화되어 사용되기 시작하였다. 일본의 침략성을 깨닫게 되면서 민족이라는 용어의 용례와 의미가 변화된 것이다.

'민족'은 역사적 공동체로서의 한반도의 한인(韓人)을 지칭하는 의미를

---

24) "論 韓日協條約." 『황성신문』(1904. 3. 1).
25) "又警告." 『황성신문』(1904. 10. 3).

갖기 시작하였다. 한반도 인민 공동체에 대한 대자적인 인식이 각성되기 시작한 것이다. 황인종 동양으로부터 분리되어 종족적 차별성을 분명하게 드러내는 "한인종족"이라는 용어가 사용되었다. 한국 인종을 보존하자는 보종론이26) 등장하고 '민족'이라는 용어가 한반도의 역사적 공동체로서의 한인을 지칭하기 시작하였다.27)

"我韓도 雖其萎靡衰敗나 其地勢之衛要와 人種之類는 亦非蠻種劣等 之可此者니 一朝에 能悔悟自奮이면 亦豈印度安南琉球臺灣之與歸歟아 四千餘年傳守之民族의 其精神血脈이 決無消磨漸減之理니 幸而賴先覺 者之誘掖培植之力하야 奮發而興起之면 豈有忘恩背義하야 自趨於亡滅 之道者耶아"28)

여기서 민족은 역사적 운명공동체를 의미하는 것이었다. 민족은 같은 지역에서 태어나 성장하고 또 사망하면서 수백 년에 걸쳐서 살아온 집단 곧 역사적 공동 운명체라고 정의되었다. 근대 민족 개념과 같은 용례로 민족이라는 용어가 사용되고 정의되어갔다.29)

"嗟我二千萬同胞여 ... 今吾韓國者는 卽吾二千萬人民之韓國也라 此 疆土는 吾祖宗之 疆土也오 此宗社난 吾祖宗之宗社야니 吾父吾祖-受吾 祖宗之化育하야 ... 十世百世로 傳至吾身하니 ... 自吾以後로 將又傳至 雲仍하야 未知閱幾千幾萬年於斯土하니 則斯土야-豈非吾身資養之元素

---

26) "保種策."『대한매일신보』(1907. 7. 31).
27) 백동현. 2001. "러일전쟁 전후 '민족' 용어의 등장과 민족의식."『한국사학보』10, 170-172.
28) 『황성신문』(1904. 10. 7).
29) 백동현(2001), 166-167; 권보드래. 2007. "근대 초기 '민족' 개념의 변화: 1905-1910년대 『대한매일신보』를 중심으로."『민족문화사연구』33, 53-54.

며 豈非吾身生存之基礎歟아 ... 今吾韓國은 艱危岌業之形이 卽呼吸是 迫이어늘 ... 以自狀賊而已면 將見四千年檀箕舊域이 屬在何人壯圖하며 二千萬同胞民族이 淪爲誰家奴隸를 未可知也리니 嗚呼同胞여"30)

이러한 민족 개념의 변화는, 1905년에 이르면 종래 세계를 이데올로기적인 인종론과 결합된 진화론에 입각하여 "인종경쟁"으로 보던 것으로부터 "민족경쟁시대"로 보게 되는 세계관의 변화도 수반하였다.31)

"或言 我韓이 雖爲被保護國이라도 其獨立二字는 猶得保存이라하야 詑言이 紛紛에 猜推-萬端하니 此는 靡也라 皆其 學識이 蒙陋하야 不知國體之何爲獨立이며 何爲保護하고 但以從前依賴之痼性으로 希望於他人之扶持我袒護我하니 迨此에 民族競爭之世하야 有何宋襄之人이 捨自己之利益關係하고 爲他人而謨其成立者哉아"

그리하여

"我韓官吏도 亦大韓民族이라, 大韓民族滅亡之日에 어찌 其命을 獨存하리오",32)
"我國이 自始祖檀聖創業以來로 有國家有民族有政府가 至千二百有四十年矣라",33)
"此國土는 大韓民族의 四千萬公産業이 아닌가"34)

---

30) "論說 警告同胞." 『황성신문』(1904. 11. 24).
31) "論說 對日我請和條約第二條 警告當局諸公." 『황성신문』(1905. 10. 21).
32) "奇書 論日語敎科書." 『대한매일신보』(1906. 4. 15).
33) "土地家屋을 外人에게 賣渡하는 者에게 警告함." 『대한매일신보』(1908. 1. 30).
34) 錦賴山人. "別報 與友人絶交畵." 『대한매일신보』(1908. 4. 12).

라고 하기에 이르렀다.

이 때 '대한 민족', '한국 국가'란 역사적 운명공동체를 의미하는 것이었다. '대한 민족', '한국 국가'라는 용어의 사용은, 이제 한국인들이 국제정세를 대자적으로 인식하기 시작했음을 의미한다. 동시에 민족에 대해서도 타민족이나 민족국가와의 비교 속에서 대자적으로 인식하고 하나의 운명공동체로 인식하기 시작했다는 뜻이다. '대한민족'은 이제 한반도의 역사적 생활 공동체라고 정의되었다. 대한민족이 전통적 역사적으로 국가를 형성하고 생활해오고 있다는 사실이 역설되었다. 그러므로 민족과 민족국가의 독립을 그 터전인 국토의 보존을 통해서 이루어야 한다는 것이 강조되었다.

이렇게 한국인들은 근대 세계의 문을 열고 조언자를 자처했던 일본의 실상 다시 말해서 세계화와 직결되어 변화하고 있던 동아시아 국제관계의 변화를 일본과의 상대적이고 대자적인 관점에서 인식하기 시작하였다. 서양에 대한 동양이라는 인종주의적인 집합적 관점이 아닌 국가를 구성해온 역사문화공동체로서의 민족에 대해서 자각하기 시작하였다. 이를 통해서 민족국가가 주체이자 하나의 단위로서 국제관계의 문제를 해결해나가지 않으면 안 된다는 국제정치의 실상을 대자적으로 인식하게 되었다. 그러면서 민족과 민족국가에 대한 인식도 정립되어갔다. 국제정치의 현실에 대한 대자적인 자각은 국제정치의 현실을 직시하게 하였다. 민족과 국가에 대해서도 한반도를 터전으로 한 생활과 문화 공동체로서의 대한민족을 단위로 한 운명공동체라고 근대 정치적으로 인식하였다. 그리하여 민족생존의 터전인 한반도 국토를 수호해야 하는 의미를 자각하게 되었다.

이와 같이 민족과 국가에 대한 대자적이고 독립적인 인식의 변화는, 종래 중화체제에서와 같이 주변 강대국의 도움을 통해서 국가적인 독립을 보존하고자 했던 태도로부터 벗어나는 것이었다. 대외적인 정치적 분별과 자주적인 민족 공동체에 대한 의식이 자각되는 것이었다. 그러므로 러일전쟁을 경과하면서 일본과 일본에 의한 국권 상실의 위기의식을 자각하게 되었다고 할 수 있다. 또한 그와 함께 자주적인 민족 공동체에 대한 인식 또한 각성되어 생활공동체로서의 민족과 민족을 토대로 한 자주적인 독립 국가에 대한 인식도 각성되고 변화되었다.

이와 같은, 본시 번역어였던 민족이라는 용어의 수용과 그 유통되는 용어의 의미 변화는 근대적인 민족과 국가에 대하여 인식하고 주체적으로 자각해가는 과정이었다. 그리하여 1908년에 이르면 '국민'과 '민족'이라는 용어의 혼용이 구별되며 근대적인 민족에 대한 인식이 정립되기에 이르렀다. 1897년에 "국가와 국민의 흥망"이라는 기사를 통해서 처음으로 신문에 등장했던 '국민'이라는 용어는 대중을 일컫는 용어로 종종 사용되었다.[35] 그러나 이제 근대적인 '민족' 인식의 정립과 함께 국민이라는 용어와 민족의 차이가 논의되기 시작하였다.[36]

> "民族이란 者는 只是 同一한 血統에 系하며 同一한 土地에 居하며 同一한 歷史를 擁하며 同一한 宗敎를 奉하며 同一한 言語를 用하면 便是 同一한 民族이라 稱하난 바"

라고 한 것에서 알 수 있는 바와 같다. 민족이라는 용어가 막연히 역사적인 운명 공동체를 의미하던 것에서 나아가 그 구체적인 내용 곧 혈통·영

---

35) "논설." 1897. 『대조선독립협회회보』 11.
36) "논설." 『대한매일신보』(1908. 7. 30).

토·언어·역사·종교 등 서양의 근대 민족 개념과 유사한 방식으로 이해되고 근대적인 민족 개념으로 정의되었다. 그리하여 "此國土는 大韓民族의 四千萬公産業이 아닌가"라고 하여 타민족에게 토지를 매매하는 것도 경고되었다.37)

이러한 변화와 함께 『대한매일신보』를 중심으로 하여 국수보존론이 부각되며 중화 숭배에 대한 비판이 본격적으로 제기되었다. 중화문명과는 다른 한국 문명의 독자성에 대한 인식이 대중적으로 고취되기 시작하였다.38) 『대한매일신보』의 논설위원 신채호는(申采浩)는 1908년 8월 27일부터 "독사신론(讀史新論)"을 게재하였다. 1905년 12월 논설위원이 된 이래 역사의식을 고취하는 논설 활동을 활발히 전개했던 그는 단군 이래 고유한 문명을 갖는 단군족의 역사를 부각시켰다. 독사신론에서 "降于 太白에 與堯並은 檀君之獨立이오 罔爲身僕에 東出朝鮮은 箕者之獨立이오"39)라고 했던 것에서 탈피하였다.

신채호는 중화문명과의 상관관계 속에서 정립된 기자조선으로부터 완전히 벗어나 중화숭배를 본격적으로 비판하며 중화주의가 정립되기 이전인 고대사에 주목하였다. 부여족을 주종족으로 한 민족 인식을 정립하고자 하였다. 이러한 민족사의 정립은 서양문명에 대해서도 종래의 변법적인 서양 문명수용론과는 달리 한국 문명의 토대 위에서 서양 문명을 취사선택하는 것으로 논의가 전개되는 여건을 마련해 주었다. 또한 중화문명과는 역사적·문화적으로 다르게 형성된 한국 종족 집단에 대하여 천착하게 하는 토대가 되었다.40)

---

37) "논설." 『대한매일신보』(1908. 1. 8).
38) 백동현(2001), 176-177.
39) "논설." 『대한매일신보』(1908. 4. 12).

신채호는 민족의 경계선을 규정함으로써 사람들의 인식 여부와 관계없이 역사적으로 존재해온 객관적인 실체를 민족이라는 개념으로 설명하고, '조선민족'이 정당한 역사적 관점을 통해서 구성된 자연스런 존재라는 것을 실증하고 증명하고자 하였다. 그리하여 그가 새로운 사론(史論)이라고 한 것처럼 역사적으로 민족을 재발견하였다.[41]

이와 같이 단군을 기원으로 하는 한국사 인식 체계가 정립되면서 그와 함께 민족 개념도 정립되었다. 1910년에 이르게 되면 한국 민족을 일본족 또는 한족 등 여러 가지로 부르고 있던 현실을 수치로 여겼다. 대황조 단군이 태백산에 강림하여 우리 민족의 나라 이름을 '조선(朝鮮)'이라고 하고, 우리 민족을 '조선 사람'이라고 했으니 '조선민족(朝鮮民族)'이라고 불러야 한다고 강조되기 시작하였다.[42]

"然則我族의 名을 果然 何라 稱함이 可할까. … 此도 我族의 全部를 代表할 者아니라.

我大皇祖檀君이 太白山에 賀를 下하사 我族의 國을 曰朝鮮이라하시며 我族의 人을 曰朝鮮人이라하셨으니 此朝鮮二者는 足히 我族의 全部를 代表할지오 또 此뿐만아니라 (一) 我國我人創設의 名稱의 紀元의 符號도 되고 (二) 我族의 發達基礎를 前開하며 我族의 雄飛功績을 万揭할 光榮의 要識도 될지니 故로 余는 我族의 族名을 稱하야 曰朝鮮族이라 하노라."

---

40) 백동현. 2008. "대한제국기 한국민족주의의 형성과 그 특성: 지식인층의 민족담론 분석을 중심으로."『한국민족운동사연구』55, 210-211.
41) "논설."『대한매일신보』(1908. 1. 4, 1909. 2. 9, 1909. 4. 9, 1909. 6. 15, 1909. 6. 26, 1910. 2. 2, 7. 24); 앙드레 슈미드·정여울 옮김. 2007.『제국 그 사이의 한국』. 휴머니스트, 421-422.
42) "논설."『대한매일신보』(1910. 5. 11).

고 하였다.

이와 같이 한국인들은 일본이 러일전쟁을 통해서 노골적으로 한반도에 대한 침략욕을 드러내고서야 일본을 대자적으로 인식하기 시작하였다. 그제야 일본에 의한 국권상실의 위기의식이 각성되며 개별 민족 국가 단위의 국제 정치 현실을 자각하였다. 그리하여 한 민족으로서의 공동체의식을 통합하는 동시에 역사적·문화적 공동체로서 자긍심을 가질 수 있는 역사 서술 체계를 고대사로부터 정립하기 시작하였다. 러일전쟁을 거치면서 전개된 이러한 변화는 한국인들이 한반도를 토대로 생활해 온 역사적 문화적 운명공동체로서 민족 개념을 근대적으로 자각하고 민족의식을 정립하기 시작한 것이었다. 동시에 그 민족의식에 입각하여 민족주의를 정립하는 전사(前史)였다.

그러나 이미 일본은 1909년 7월 6일 내각회의에서 적당한 시기에 한국을 병합하기로 공식으로 결의하였다. 그리고 1910년 4월과 5월 러시아와 영국으로부터 한국병합에 대한 승인을 얻고 육군대신 테라우치를 병합을 단행할 마지막 통감으로 내정하였다. 일본은 7월 8일 내각에서 결정한 병합조약안에 의거하여 8월 22일 한국을 병합하였다. 당시 일본은 굳이 '식민지'라는 용어를 한국에 대하여 사용하지 않았다. 대신에 "병합"이라는 용어를 사용하였다. '병합'이란 단어는 "한국이 완전히 폐멸하여 제국 영토의 일부가 된다는 의미를 분명히"하고자 하는 의도에서 만들어낸 새로운 용어였다.[43] 일본의 한국'병합'으로 병합조서에 명시된 '한국'이라는 국가는 사라지고 이전 왕조시기 국가를 의미하던 '조선'이라는 명칭이 일본 제국의 한 지역을 의미하는 지역명이 되었다. 그리고 조선은 병합조약안

---

43) 倉知鐵吉. 1939. 『倉知鐵吉氏述 韓國併合ノ經緯』. 東京: 外務省調査部 四課, 11-12.

에 따라서 일본제국헌법이 적용되지 않는 제국헌법 영역 밖에 있는 '법역외'의 지역으로 설정되었다. 그리하여 헌법이 아닌 천황이 직접 통치하는 곳이라는 것을 명분으로 하여 천황에 직예한 무소불위의 조선총독이 '조선민족'을 완전히 폐멸시키는 지배를 하게 되었다.44) 그러한 일본의 식민지배 아래서 한국인들의 단군 이래 역사적 운명공동체로서의 민족의식과 민족주의가 강화되어 갔다.

---

44) 전상숙. 2012. 『조선총독정치연구: 조선총독의 '상대적 자율성'과 일본의 한국지배정책 특질』. 서울: 지식산업사, 1장 참조.

제 3 장
한말 국권상실의 위기의식 속에 유보된 인민주권과 민주정(民主政) 논의

앞에서 보았듯이 서양 근대 국제법에 의거한 강화도조약은, 일본이 동진한 서양 근대 국가들을 견제하여 한반도에 대한 영향력을 선점하고 조선을 거점으로 국가 이익을 확보해갈 것을 천명한 것이었다.[1] 이 한국 최초의 '근대적' 조약 이후 한국은 국제법의 현실 속에서 원천적으로 서양 국가들로 인해서 야기되었다고 인식한 국가적 위기에 대한 대책을 강구하였다. 제도 개혁 등이 실시되었지만 정부의 개화책은 개명군주제에서 한걸음도 더 나간 것이 아니었다. 그러나 갑오개혁 이후 바뀐 정세는 다양한 근대적 개혁 방안이 분출되고 모색되게 하였다. 갑오개혁은 갑신정변의 실패로 물러났던 개화세력들이 정치 사회 전면에 재등장하여 서양적 근대 문명화, 근대화의 필요가 제고되는 전환점이 되었다. 이전과는 달리 전 사회적인 개화·개혁 운동이 활성화되어 개혁의 소용돌이가 거세졌다. 서양의 근대 민족국가와 제도에 대한 내용이 거의 모두 소개되고 근대적인 정치·경제 체제에 대한 이해가 심화되어 가며 전통적인 중화관념의 종식이

---

1) 전상숙, 2011. "한국 식민지시기 전후의 연속성 속에서 본 한·일 독도문제의 역사성과 정치적 함의." 『영토해양연구』 1, 93-94.

촉진되었다.[2]

중화관념의 종식은 무엇보다도 정치체제 개혁에 대한 목소리가 커지고 다양해지는 결과를 가져왔다. 전 사회적으로 전개되기 시작한 근대화의 흐름과 국가적인 위기의식 속에서 자주독립을 공고히 해야 한다는 의식과 노력이 강구되었다. 이러한 변화는 지식인을 비롯한 지배세력이 정치적으로 전근대적인 정치체제를 서양 근대 민족국가와 같은 정치체제로 개혁하여 근대적인 국가의 틀을 구축하고 근대화를 추진해야 한다고 인식하게 되는 것으로 연계되었다.

국가 '독립'의 필요와 시급성이 끊임없이 강조되었다. 국가적 독립을 지키기 위한 '자주'의[3] 필요가 역설되었다. 국가적 독립을 위한 자주의 필요가 주창된 것은 당면한 국가적 위기를 앞장서서 극복해가야 할 국가체제의 문제를 제기한 것이었다. 다시 말해서 전근대적인 국가 체제 특히 정치체제의 무능과 한계를 문제시 하는 것이었다. 그리고 전근대적인 정치체제를 근대적인 서양의 정치체제와 같이 근대적으로 개혁해야 한다는 것을 역설적으로 제기하는 것이었다.

그리하여 서양 민족국가의 근대적인 정치체제 형태에 대한 탐구가 다양하게 본격적으로 전개되었다. 전제정치 · 공화정치 · 입헌정치 · 대의정치 · 대통령제 등이 소개되고 논평되었다. 그 가운데서 우리에게 적합한 근대적인 정치체제 개혁 모델이 모색되었다.[4] 그 과정에서 "입헌과 공화

---

[2] 전상숙, 김영명. 2013. "전통적 공동체 의식의 변화와 근대 '민족' 인식의 형성." 『사회이론』 43.
[3] "논설." 『독립신문』(1896. 4. 18, 6. 20, 9. 12, 12. 19, 1897. 1. 19, 2. 4, 6. 10, 7. 27, 8. 5, 10. 26, 1898. 7. 14, 7. 15, 2. 16, 1899. 9. 12).
[4] 박정수. 1896. 2. "친목회 서설." 『친목회회보』 1호; "소공화국." 『친목회회보』 2(1896. 3); 안명선. 1896. 1. "정치의 득실." 『친목회회보』 3호; 임재덕. 1896. 4. "善事業者는善察時機." 『친목회회보』 6; 김상순. 1897. 9. "법률의 정의." 『친목회회보』 5호; 안명선. 1897. 9.

와 같이 헌법에 기반 한 정치체제[政體]만이 부강한 국가의 정치체제가 될 수 있다"는5) 것과 의회정치가 특히 주목되고 강조되었다.6)

정치체제를 근대적으로 개혁해야 한다는 논의는 일찍이 자연권 사상이 소개되면서 시작되었다. 한성순보에서 "不易의 通義"라고7) 소개된 이래 1888년 박영효의 '조선내정개혁에 관한 건백서', 유길준의 『서유견문』,8) 등 각종 언론을 통해서 자유민권사상이 보급되었다.9) 서양 민족국가의 정치체제 형태에 대해서 소개하며 이를 한국의 정치체제에 빗대어 논하기 시작하였다. 언론 매체들을 통해서 자유민권 사상이 보급되고 민권운동이 전개되었다. 이와 함께 본격적으로 정치체제 개혁에 대한 논의가 확산되었다.

표현의 차이는 있었지만 인민의 기본권을 논하는 글들은 대부분 민권, 인권을 천부인권으로서 자연권이라는 점을 역설하였다. 자연권으로서의 기본권은 "백성의 권리"10) 또는 "민권"이라는 용어로 설명되었다.11) 민권

"정도론." 『친목회회보』 5호; 어용선. 1897. 9. "경제학개론." 『친목회회보』 5호; "논설." 『독립신문』(1896. 4. 14, 6. 2); "논설." 『독립신문』(1898. 4. 21); "나라 등규." 『독립신문』(1899. 2. 23); "명담: 논설." 『독립신문』(1899. 10. 5); "논설." 『황성신문』(1899. 7. 10); "논설: 국민의 평등권리." 『황성신문』(1900. 1. 19).

5) 김용제. 1897. 9. "입헌정부의 개론." 『친목회회보』 5호.
6) "논설." 『독립신문』(1896. 4. 14).
7) "美國誌略續稿." 『한성순보』 14호(1884. 3. 8).
8) 편집부 편. 1971. "제4편 인민의 권리." 『유길준전서1 서유견문』. 일조각, 109-114.
9) 『독립신문』(1897. 3. 9); "言權自由 텬생권리." 『독립신문』(1899. 1. 10); 『제국신문』(1898. 11. 8, 1900. 11. 6); "논설." 『황성신문』(1898. 2. 17); 권현섭. "讀憲法有感." 『황성신문』(1906. 12. 12); "논설." 『대한매일신보』(1905. 10. 5).
10) "논설." 『독립신문』(1897. 3. 9).
11) 신해영. "국민의 희노." 1898. 4. 『친목회회보』 2호; "招民權文." 『대한매일신보』(1909. 3. 17); "인민은 법률을 自知하야 권리를 自護 함이 가함." 『대한매일신보』(1909. 3. 21); "국민의 권한." 『대한매일신보』(1910. 6. 19); "권리의 사상." 『대한매일신보』(1910. 7.

이 역설되며 일본이 청일전쟁에서 승리하여 동아시아의 변혁을 주도할 수 있게 된 것도 일본에서 인민의 자유와 권리가 성장했기 때문이라고 강조되었다.12) 그리하여 "민권이 즉 국권"이라고13) 강조되었다.14) 국권과 직결된 민권에 대한 강조는, 한국이 개국할 수밖에 없게 한 기본 동인이 된 서양 국제법 체제를 견인한 근대 민족국가와 그 근대적인 국가의 정치체제에 대한 인식이 경험적으로 심화되어간 것을 반영한다. 이와 함께 자주적으로 국가 체제를 정비하기 위한 모색이 다양한 서양 각국의 정치체제에 대한 소개를 통해서 논의되어갔다. 이러한 과정은 한국 사회에서 근대적인 민주정(民主政), 민주정치와 민주정치의 정치체제가 수용되는 과정이었다.

서양 근대 민족국가의 기본 사상이 된다고 여긴 자연권사상과 인민주권론이 수용되고 주창된 것은, 전근대적인 왕조체제를 인민이 주권을 갖는 근대 민족국가의 정치체제로 개혁해야 한다는 것을 의미하는 것이었다. 이러한 지향이 민주정으로 정치체제를 개혁하고자 논하고 모색하게 한 것이었다. 이러한 흐름은 대한제국 출범 이후 정치적인 혼돈이 특히 더 고조되었다는 현실 인식 위에서 확산되었다. 전근대적인 황제의 전제권에 대하여 인민이 주권을 갖는 민주정으로 근대적으로 정치체제를 개혁해야 한다는 것이었다. 그것이 곧 자주적인 근대 국가로 정치체제를 개혁하고 정비해서 서양 근대 민족국가와 같이 힘을 기를 수 있는 근대적인 개혁을

2, 7. 3).
12) 『제국신문』(1901. 4. 30).
13) 『제국신문』(1898. 10. 6).
14) 전상숙. 2012a. "한말 '민권' 인식을 통해 본 한국 사회의 '개인'과 '사회' 인식에 대한 원형적 고찰: 한말 사회과학적 언설에 나타난 '인민'과 '민권' 인식을 중심으로." 『한국정치외교사논총』 33, 12-14.

이루는 것이라고 역설하는 것이었다.15)

"我國貧弱之所" 곧 국가적으로 약하고 빈곤해진 원인이 정치에 있다고 보았다. 그리고 그 문제의 정치의 요체가 근대적 개혁을 주창한 대한제국의 전제적 군주권에 있다고 보았다. 전제적으로 군주권을 행사하는 것은 근대적인 변화가 시급한 정국에서 오히려 정치적 혼돈을 가중시킬 뿐이라고 비판되었다. 서양 근대 민족국가와 같이 국권이 인민에게 있는 정치체제로 개혁해서 국가 주권을 근대적으로 확립해야 한다는 것이었다. 이것이 곧 국가적 독립을 자주적으로 공고히 하는 것이라는 의미였다.

이미 근대적인 전환이 전사회적으로 진행되고 있는 시기에 전제적인 군주권을 공포하고 전통사회에서와 같이 군주의 주권이 곧 국가의 주권이라고 한 것이 문제시 되었다. 군주를 국권의 주체로 보는 것은 전제정치의 유물이라고 비난되었다.16) 전통사회에서 군주에게 전제적인 국가의 통치권을 부여한 것은 국가의 운영을 원활하게 해서 국민과 국가의 안녕과 발전을 이루기 위한 것인데, 국가가 위기에 처하게 되었으니 그것은 군주가 그 통치권을 제대로 잘 운영하지 못했기 때문이라고 비판하는 것이었다. 서양 국가에서 인민이 주권을 갖는 민주정체(民主政體)가 등장하게 된 것도 다 그러한 연유에서니 그러한 추세에 따라서 근대적으로 정치체제를 개혁해야 한다는 것이었다.

이와 같이, 서양 근대 민족국가와 인민 주권에 대한 이해는 근대적인 개혁을 기치로 내세웠다. 그 실상은 전제 군주의 통치권을 강화한 대한제국을 비판하는 것이었다. 근대적인 개혁의 필요와 욕구가 전사회적으로 요

---

15) "논설." 『독립신문』(1896. 12. 3).
16) 이각종. 1907. 3. "국가학." 『소년한반도』 5호.

구되고 있는 상황에서 대한제국은 서양 열강이나 일본과 같은 제국(帝國)을 선포하였다. 그런데 그것은 흔들리고 있던 기존의 전근대적인 지배권을 옹호하는 수구세력을 결집하여 강화된 황제권을 통해서 기존의 정치적 지배력을 공고히 하려는 것으로 보였다. 근대적으로 정치체제를 개혁하려는 것이 아니라 '제국'을 선포하여 전근대적인 정치체제를 공고히 하는 것으로 인식되었다.

그러므로 천부인권이자 자연권으로서의 민권을 기본권으로 인식하며 서양 근대 민족국가와 같은 근대적 정치체제로 개혁해야 한다고 요구하는 개혁 세력은, 대한제국의 선포가 정치적 혼돈을 고조시켰다고 보았다. 그리하여 근대적인 정치체제 개혁 요구는, 국내외적인 혼돈을 극복하기 위한 방법으로써, 서양 근대 민족국가와 같은 정치체제를 요구하는 민주정(民主政)의 실현을 더욱 강력히 주장하는 민권운동으로 연계되었다. "國內皇室變易 과 政體變更으로 國家기 亡한디 謂함이 不可"히디는[17] 것이었디.

서양 근대 민족국가들 역시 대개 통치권의 주체는 '군주'이었지만 군주가 행사하는 통치권은 법률에 의거하여 민권을 존중하고 있다는 점이 적시되었다. 우리도 그렇게 해야 한다고 역설되었다.

> "헌법상으로 통치의 기관을 설치하고, 통치권의 작동은 그 기관에 위임하여 발표하니, 예를 들어 我國의 내각, 각 府部가 그것이라. 이 기관은 권력주체가 아니오 권력주체를 위하여 존재하는 설비로 일정한 국권의 활동을 외부에 발표하는 자이니, 이 국권의 작동을 발표함으로 인하여 복종의 의무로 피치되는 자는 즉 국토와 인민"

---

17) "잡록: 國家及皇室의 分別."『대한자강회월보』3호(1906. 9).

이라는 것이었다.[18]

법률에 입각하여 통치하고, 헌법에 의거한 통치 기관이 우리의 내각 우리의 정부 부처가 되어야 할 것이니 정부 부처는 권력의 주체가 아니라 권력의 주체인 인민의 주권을 위임받아서 대변하는 기관일 뿐이라고 역설되었다. 입헌 국가에서는 특별한 경우를 제외하고 모든 국가의 업무를 황제가 아니라 "국무대신"이 보필하고 그 효력이 국내적으로도 대외적으로도 유효하고 "국민"도 정부의 업무에 참여하는 제도가 있으니 그것이 곧 의회라는 것이 설파되었다.[19] 그리고 이와 같이 인민이 자유롭게 정치에 참여할 수 있도록 제도화된 것이 곧 정당이라고 하였다. "發揮自由民參政之精神이 是曰 政黨"이었다.[20] 요체는 인민이 정치에 참여할 수 있는 정치체제로 개혁해야 한다는 것이었다. 입헌군주제의 대의민주제를 논하고 있음을 알 수 있다.

이러한 정치체제 개혁에 대한 요구는, 법률에 의거하여 전제적인 군주의 권한을 제한하고 인민의 권리를 대변하는 의회의 설치와 의회의 정치적 권한을 요구하는 입헌군주제의 의원내각제를 지향한 것이었다. 특히, 일본의 보호국화는, 국가란 무엇이며 어떤 국가가 자주국이고 독립국인지 재고하고 서양 근대 국가와 같은 근대적인 국가 체제에 대한 인식을 제고하게 하였다. 보호국에 처한 현실의 국가를 진단하여 진정한 자주 독립의 내실을 갖춘 근대 국가가 되기 위한 실천 방안을 강구하게 된 것이다.

물론 사실 일부에서는 일본의 보호국화에 대하여 보국론(保國論)[21]으

---

18) 윤익선. 1907. 10. "통치권의 성질과 범위."『법정학계』6호.
19) "의회의 성질 及 其 조직을 논함."『대동학회월보』10호(1908. 11).
20) 김성희. 1908. 4. "정치부: 정당의 사업은 국민의 책임."『대한협회회보』1호.
21)『황성신문』(1907. 5. 6-5. 10).

로부터 정미조약 체결 이후 보종책(保種策)22)으로 일본의 침략을 비판하면서도 사실상 일본의 보호국체제를 받아들이는 입장의 변화가 있기도 하였다. 황성신문의 논지는 "동양의 형세로 논한다면 일본이 한국을 다른 나라의 손에 맡기지 않은 것은 실로 자위의 필연에서 나온 것이다. 지금 우리나라도 또한 일본을 배척하고는 능히 독립을 유지하지 못할 것은 자명한 이치인즉 양국의 결합을 공고케 하는 것이 쌍방으로서 당연한 이치"23)라고 하였다.

이러한 입장은 섬나라 일본이 팽창하는데 필수적인 반도 한국의 지정학적인 조건과 한국과 일본 간의 실질적인 힘의 우열이라고 하는 지극히 현실적이고 실용적인 평가 위에서 한국이 일본과 대립해서는 승산이 없다는 현실주의적인 판단을 내린 것이었다고 할 수 있다. 다른 한편으로는 그러한 현실주의적인 한·일 국제관계 인식은 안중근의 경우에서 볼 수 있는 바와 같이, 개인의 행위를 규제하는 유교의 도덕을 준거로 하여 동점한 서양 열강과 근대적 무기의 위력을 비판했던 것과 같은 논지에서 동양 삼국 간의 '우의(友誼)'를 공통분모로 하는 동양 지역주의 평화 공존체제 구축을 제안하는 것으로 연계되기도 하였다.

그렇지만 당시 언론 매체를 통해서 전개되던 전반적인 흐름은 국가에 대한 인민의 관심을 촉구하며 국권 확립을 위한 정치체제의 개혁을 요구하는 것이었다. 개국을 강제한 서양 열강이나 일본은 모두 국가가 법률에 의거하여 인민이 정치에 참여할 수 있는 정당을 만들 수 있도록 하고 의회를 통해서 민권을 대변하는 정치를 실시함으로써 부강하게 되었다고 보았

---

22) 『황성신문』(1907. 9. 18).
23) 『황성신문』(1907. 10. 10).

다. 때문에 인민(국민) 또한 국가가 행하는 정치와 국가에 대하여 높은 관심을 갖고 국가 의식도 갖게 되었다고 하였다.

그와 같이 국민이 정치에 참여하며 국가의 정치와 행정에 많은 관심을 갖는 것을 '국가주의'가 발달된 것이라고 인식하였다. 그러한 '국가주의'의 필요가 역설되었다. '국가주의'가 발달한 서양에서는 국민이 항상 국가에 대하여 주의를 늦추지 않는다는 것이다. 그래서 사람들마다 국가에 대하여 인식하고 나름대로 국가에 대한 정의를 분명히 한다는 것이다. 그런데 국가주의가 발달하지 못한 한국인들은 국가가 행하는 일이나 국가 자체에 관심이 없어서 국가에 대하여 냉담하거나 국가의 진의를 오해한다는 것이다.24) 그러므로 인민이 국가에 참여할 수 있는 정치로 정치체제를 개혁해서 국민이 국가에 대하여 알고 이해하여 국가 행정에 관심을 가지고 참여할 수 있게 해야 한다는 것이었다.

그와 같이 '국가주의'가 발달할 수 있도록 개혁해야 한다는 입장에서 지향한 새로운 근대적인 정치체제는 곧 인민이 정치에 참여하는 민정(民政)이었다.

"民政은 平民의 재능과 재력이 日益增長하여 귀족의 경멸을 받지 않

---

24) 최석하. 1906. 8. "국가론."『태극학보』 1호; "잡록: 국가의 본의."『대한자강회월보』 3호 (1906. 9); 장홍식. 1906. 11. "재정정리의 교란은 부기법이 없음을 증명이라."『태극학보』 4호; 최남선. 1907. 4. "국가의 주동력."『대한유학생회학보』 2호; 이원생. 1907. 4. "논설: 국가의 범론."『친목』 3호; 김성희. 1907. 7. "정치부: 국가 의의."『대한자강회월보』 13호; "국가의 성질."『대동학회월보』 2호(1908. 3); "국가학."『호남학보』 2호(1908. 7); "논설: 토지와 인민의 관계."『대한협회보』 6호(1908. 9); 정추창 술. 1908. 11. "국가원론."『법정학계』 18호; 현채 술. 1908. 12. "국가학."『호남학보』 7호; "학원: 국가의 법률상 관념."『대동학회월보』 14호(1909. 3); "국가론의 개요."『서북학회월보』 11호 (1909. 4); 박해원. 1909. 6. "학해 국가종류의 대략."『대한흥학보』 4호 등.

고 천부의 자유를 지키는 것"

이었다. 민정은 곧 보통의 평범한 인민이 능력과 부를 키워서 자연권으로 부여된 각 개인의 자유를 지키기 위하여 정치에 참여하는 정치를 의미하였다. 민정은 민이 정치의 주체가 되는 민주정(民主政)을 말하는 것이었다. 그리고 민주정은 이미 서양 국가들의 경험을 통해서 드러난 바와 같이 전근대적인 귀족 정치나 전제 정치 모두 나쁜 점이 많았기 때문에 좋은 정치체제로 개혁된 민주정치라고 하였다.[25]

인민이 주체가 되는 민주정치인 민정 곧 민주정에 대한 요구는

"君民同體이며 上下一致로 萬機를 公議에 의하여 결행하는데 在하니
그 운용 기초는 國民多數의 선량 公黨公會에 在"

한다는[26] 것이었다. 민수정은 통치자인 군주와 피치자인 인민이 하나의 공동체로 일치하여 모든 일을 공동으로 논의하는 정치였다. 그 운영은 국민 다수의 의견을 대변하는 공적 기구로서의 당 곧 정당이 하는 것이었다. 여기서 민주정의 요체는 군주의 전제적인 통치권을 제한하는데 주안점이

---

25) 윤효정. 1906. 11. "專制國民無愛國思想論."『대한자강회월보』5호; 원영의. 1908. 1. "정치의 진화."『대한협회회보』7호; 안국선. 1908. 11. "학해집성-고대의 정치학."『기호흥학회월보』4호; 최석하. 1906. 1. "정부론."『태극학보』3호; 안국선. 1908. 1. "정부의 성질."『대한협회회보』7호; 김성희. 1908. 4. "정치부: 정당의 사업은 국민의 책임."『대한협회회보』1호; "政體의 구별."『대동학회월보』8호(1908. 9); 박두화. 1908. 9. "전제정치의 이해."『법정학계』16호; 조성구. 1908. 11. "국가의 정치는 입헌정체가 好아 전제정체가 好아."『법학협회회보』1호; "국가론개요."『서북학회월보』12호(1909. 5); 김진성. 1909. 6. "연단 입헌세계."『대한흥학보』4호 등.
26) 안국선. 1908. 9. "興學講究-정치학 연구의 필요."『기호흥학회월보』2호; 윤효정(1906. 11).

놓여진 것이었다. 그렇지만 군민 동체라고 하여 군주의 존재를 부정하지는 않았다. 앞에서 언급했듯이 입헌에 의해서 전제적인 군주의 권한을 제약하고 그 권한을 인민의 주권을 대변하는 정당으로 이양하는 정치체제로 개혁할 것을 주창한 것이었다.

보호국화 이전에 부강한 국가의 정치체제로 근대적으로 개혁해야 한다고 했던 내용은 입헌과 공화라는 용어로 상징될 수 있는 바와 같이 헌법에 기초한 공화 정치 체제를 소개하며 의회정치를 주창한 것이었다고 할 수 있다. 그 정치체제의 형식이 보호국화 이후에 헌법에 기초하여 군주의 전제적인 권한을 제한하는 입헌군주제의 공화정으로 완결되었다고 할 수 있다.

1908년 원영의는 『대한협회회보』 3호에 게재한 "정체개론"이라는 글에서 공화정체를 귀족공화제와 민주공화제로 나누면서 정치체제 가운데 민주공화제가 가장 앞선 것이라고 하였다. 1909년 선우순은 『서북학회월보』에 게재한 "국가론의 개요"에서 통치의 의지가 한 개인에게 있으면 군주제이고, 사회의 한 계급이나 전 계급에게 있으면 공화제라고 하여 몽테스키외로부터 이론적으로 영향을 받은 모습을 보였다. 이렇게 공화제가 소개되면서 지식인들 사이에서 점차 공화제에 대한 관심이 확산되어갔다.[27] 신채호는 "전제봉건의 구루(舊陋)가 거(去)하고 입헌공화의 복음이 편(遍)하여 국가는 인민의 낙원이 되고, 인민은 국가의 주인이 되어 공맹의 보세장민(輔世長民)주의가 차(此)에 실행되며 루소의 평등자유정신이 차(此)에 성공하였도다"라고 하였다.[28] 세상을 도와 사람들에게 도움을 주어서

---

27) 박찬승. 2013. 『대한민국은 민주공화국이다: 헌법 제1조 성립의 역사』. 파주: 돌베개.
28) 신채호. "20세기 신국민." 『대한매일신보』(1910. 2. 24).

민중의 생활을 개선하고 인간다운 가치를 키워주어 평등하고 자유로운 사회를 이루는 것이 입헌공화라고 하였다. 공화제를 주장하면서 동양 전통사상에도 공화제적 요소가 있음을 밝힌 것이다.

입헌군주제의 공화정에 대한 인식은 당시 정치 체제의 근대적 개혁을 요구하던 대부분의 지식인들 사이에서 공유되던 바였다. 근대적인 개혁을 주장하는 지식인들은 보호국화의 현실을 타개하기 위한 방안을 보호국으로 전락하게 된 핵심 원인이 대한제국의 무능한 전제적 군주권에 있다고 보았다. 그리하여 국가 주권 회복의 요체를 통치권의 개혁을 통해서 구하였다. 공화정은, 1906년 2월 일본통감부가 설치되고 일본인 차관정치가 시작되는 가운데 모색된 국권 회복 방안의 요체였다. 근대적인 정치체제 개혁의 지향이, 인민이 정치에 참여하는 민주정으로의 개혁 곧 공화정을 의미하는 것으로 귀착된 것이다.

이와 같이, 국가적 위기를 단지 국가 통치권 개혁을 통해서 극복하고자 한 것은, 보국론으로부터 보종론이 전개된 것으로 알 수 있는 바와 같이, 일본의 보호국이 되었음에도 불구하고 국가의 대외적 독립에 대해서는 여전히 심각하게 받아들이지 않았기 때문이라고도 할 수 있다. 다시 말해서 일본과의 관계를 중심으로 한 안이한 지식인들의 국제정세인식으로 인하여 지식인들은 일찍이 일본 정부에서 한국의 식민지화가 논의되고 있다고 전언하면서도 그것을 심각하게 받아들이지 않았다.[29]

국가적 위기의식은 깊어졌지만 그것이 일본에 의한 보호국화를 통해서 국권의 상실로 현재화될 수 있다는 것을 실질적으로 고려하는데 까지는 이르지 못했던 것이다. 전통적인 중화사상, 화이관으로부터 벗어나고는

---

29) "명담: 론설." 『독립신문』(1899. 11. 16).

있었지만 메이지유신 이후 동아시아, 한반도를 교두보로 하여 동아시아 대륙으로 팽창하여 대륙국가, '제국' 일본이 되고자 한 일본 제국주의의 실체와 국제정치의 현실을 실제적으로 자각하기에는 여전히 국제적 인식이 안이했던 것이다.

전통적인 중화사상의 와해는, 중화체제의 균열을 야기하고 이를 통해서 동아시아의 근대적 개혁을 이끈 일본과 일본에 의한 개국 그리고 개국 이후 한국의 근대적 개혁을 지도 편달해주는 것으로 여겨진 일본이, 중국사상의 해체로 인하여 생긴 인식의 공백을 대체하며 그 영향력 또한 대체해 가는 현상으로 귀결되었다고 해도 과언이 아닐 것이다.

당대의 국내외 정치변동을 배경으로 하여 볼 때 근대적인 개혁을 논한 지식인들은 국내외 정세를 그 나름대로 현실적으로 인식하고 그러한 인식 속에서 근대적이고 진보적인 의식과 인식을 형성하고 있었다고 할 수 있다. 그들이 논한 정치 체제 및 통치권에 대한 개혁은 당대의 국내외 정세에 대한 인식 위에서 모색된 진보적인 것이었다. 그런데, 그들의 현실 인식과 개혁안은 그들이 몸담고 있던 정치 현실과 기존 정치 체제의 변화 다시 말해서 국내정치의 변동을 국제정치의 변동보다 더 민감하게 우선적으로 주목한 것이었다고 할 수 있다.

서양 열강의 동점과 일본의 개국 그리고 그로 인한 한국의 개국과 근대화의 필요 및 요구, 그리고 그로 인하여 야기된 국내 정치의 변화와 사회적 변동을 연쇄적 상호 관계 속에서 파악하고 현실적인 대안을 강구한 것이었는가 하는 점을 지적하지 않을 수 없다. 전통적인 기성 국내 정치체제의 변화를 야기한 국제 정치의 현실을 정확하게 파악하여 인지함으로써 갖게 된 국가적 위기의식을 대외적인 국가 방위의 차원에서 해결하고자 대책을 강구했어야 했다. 그러나 그에 앞서서, 국내 정치의 변동을 근대화를 통한 '개혁'의 기회이자 국가적 위기를 극복할 수 있는 기회라고 여겼다.

보호정치가 실시되고, 일본에서 한국을 식민지화하려 한다는 소식이 들려도, 근대적 개혁을 주창하는 진보적 지식인들은 국가적 위기의식의 현재화 다시 말해서 국권 상실의 현실을 민감하게 받아들이고 일본에 대한 대책 마련에 골똘하기보다는 오히려 일본의 '보호' 운운하는 언설을 믿으며 대내적인 정치체제 개혁에 몰두하였다. 일본인들의 궤변에 의거하여 보호국체제는 내정 주권을 갖고 있는 것이고 단지 취약한 대외적인 주권 곧 외교권만 상대적으로 강한 일본이 관리해주는 것이라고 안이하게 받아들였다. 그리고 내정주권이 있으니 이것만 잘 활용하면 곧 외교권도 회복하고 국권이 공고히 될 것이라고 생각하였다. 그러면서 내정 주권의 변혁을 요구하는 정치체제의 개혁을 지속적으로 역설하였다.

이러한 사실은 그들의 관심이 대외적인 국권 상실의 위기의식보다 국내 정치체제 변화에 더 민감했기 때문이라고 할 수 있다. 그들의 입헌군주제 정치체제로의 개혁 구상 또한, 개국 이래 폭넓은 영향을 심화시켜온 일본의 메이지유신과 같이, 정치체제 개혁론자들이 군주를 부정하기보다는 오히려 스스로 옹립함으로써 기성의 군주제를 기능적으로 재활성화하여 주도적으로 정치·사회적인 변혁을 주도하는 의미를 내포한 것이었다.

개혁을 논한 진보적 지식인들은 민권을 주창하고 군주권의 제한과 민주정(民主政)으로서 공화제를 논하였다. 그렇지만, 그 사실상 근대 민주정의 토대가 되는 인민주권사상에서 민권의 주체가 되는 인민, 민중을 자연권인 주권이 주어진 또는 마땅히 주어져야 할 주권의 주체로 인정한 것은 아니었다. 원론적으로 민권은 곧 국권이라고 하여 민권의 주체로서의 민중과 자연권사상을 수용하고 주창하기는 하였다. 그러나 아직 한국의 현실에서 한국인 대중은 각자의 주권을 자주적으로 행사할 만큼 근대적으로 자각된 의식을 갖추지 못했다고 여겼다. 때문에 선각자인 개혁적 지식인 자신들이 민중을 이끌어 계몽해야 한다고 믿었다. 스스로 계몽적 지식인으로서의 역할을 역설하였다.

그들은, 한국인민을 계몽적이고 진보적인 지식인들이 이끌어 주어야 할 피동적인 존재로만 보았다. 보호국화 이래 격화된 애국계몽운동을 이끈 지식인과 지도세력들에게 인민은 자신들의 계몽과 지도가 필요한 피동적인 대상이었다. 진보적 지식인들과 지도세력은 한국 인민에게 근대적인 의식의 계몽과 계몽된 한국 인민으로서 갖추어야 할 국가에 대한 애국심을 강조하였다. 그러나 그들은 인민을 적극적으로 계몽하고 지도하여 자주적인 주체로 거듭나게 함으로써 자신들과 나란히 함께 정치체제를 개혁하고 국권을 확립해가는 주권의 주체이자 동료로 상정하거나 그렇게 인정하지는 않았다.[30]

진보적인 지식인과 지도세력들은 단지 인민을 자신들이 주도하는 애국계몽운동을 통해서 계몽하고 애국운동으로 이끌어 가는 계몽의 대상으로만 간주하였다. 그리고 자신들은 피동적인 인민을 계몽하고 이끌어서 입헌군주제 개혁을 이끌어가야 할 지도자로 자임하였다. 자신들 스스로 전근대적인 정치체제 개혁의 주체가 되어서 국가의 근대적인 개혁을 이룰 주체이자 지도자로 설정한 것이었다. 그와 같이 애국계몽운동기 진보적인 지식인들이 국권과 직결되어 민권을 수용하고 강조한 것은 약육강식의 국

---

30) 전상숙(2012a), 19-25.

제정치 현실에 대한 경험적 인식에 입각해 있었다고 할 수 있다. 그것은 "강권이 첫째"라는[31] 현실주의적인 국제 정세 인식이었다. 약육강식의 국제정세에 대한 경험이 사회진화론의 수용과 함께 착종되어 있었다고 할 수 있다.

이러한 현실 인식에 입각하여 국가적 힘이 약해서 국권을 상실하게 되면 민권도 있을 수 없다는 점이 중요하게 지적되었다.[32] 그러므로 민권이 즉 국권이라 하여 민권을 역설한 것은 결국 민권을 수호하기 위해서는 무엇보다도 먼저 국권을 수호해야 한다는 것을 더욱 강조하기 위한 것이었다고 할 수 있다.

> "國은 ... 만인의 公衆을 위함이라. ... 만인이 공정한 의무를 각자 애호하야 국세를 공고히 하고 민권을 확장하야 자주독립을 확건함이 국민의 공정한 의무로다. 대저 국이 유하고 군이 유하면 그 국에 살고 그 군에 臣히야 그 국을 愛하면 그 君에 충정함은 천리의 항상 밝힌 바이며 신자의 책임"

이라고 하였다.[33] 또한

> "國家의 國民治平하는 義務는 國民의 權利를 균일히 보호하는데 在할 것이오 국민의 國權服從하는 의무는 국가의 보호를 평등히 均受하는데 在할"

---

31) 『대한매일신보』(1909. 7. 21).
32) 『대한매일신보』(1909. 10. 26).
33) 유창희. 1896. 1. "국민의 의무." 『친목회회보』 3호.

것이라고 하였다.34)

민 곧 인민은 민권을 신장하여 국가의 자주독립을 공고히 해야 할 국가에 대한 의무가 선행되는 존재로 여겨졌다. 여기서 인민의 권리, 민권은 인민의 의무에 종속적으로 수반되는 것이었다. 그러한 의무를 수반한 민권이 곧 국권(자주독립)과 불가분의 관계로 규정되어 있었던 것이다. 따라서 인민의 의무를 전제로 하지 않는 민권의 주창, 다시 말해서 인민의 의무에 대한 언급이 생략된 인민의 자유와 권리에 대한 논의는 반박되었다.35) 바로 이 지점에서 인민의 기본권으로서의 권리와 자유를 어떻게 사용하는지 모르는 무지한 인민에 대한 교육과 계몽의 필요가 강조되었던 것이다.

이렇게 민권에 대한 기본적인 인식은, 국권이 없으면 민권도 없으니 민권 곧 권리만 주창해서는 안 된다는 것이었다. 그것은 군주의 전제권을 제한해야 한다는 지식인에 의한 또 다른 형태의 권위적인 인식이라고 해도 무방할 것이었다.

애국계몽운동기의 진보적 지식인들은 "인민은 집으로 치면 주쵸 돌이라"36) "조선에서 제일 귀한 것은 사람"이라고37) 하였다. 서양 근대 자유주의의 자연권 사상이 수용되었지만38) 그 내용은, 사회경제적 변화를 배경으로 하여 인민 속에서 부르주아가 등장하여 스스로 주권을 주창하고 획득하면서 민주정과 공화제로의 변화를 이끌어갔던 서양의 자유주의나 자

---

34) "논설: 국민의 평등권리."『황성신문』(1900. 1. 19).
35)『대한매일신보』(1909. 10. 26).
36) "논설."『독립신문』(1897. 8. 31).
37) "논설."『독립신문』(1897. 9. 4).
38) "논설."『독립신문』(1897. 1. 26).

연권 요구와는 다른 것이었다.

"國은 民이 아니면 不成하고 민은 국이 아니면 不生하니 이럼으로 국은 민을 撫愛하고 민은 국을 보호하나 이 양자에 缺一하면 國民이 相忘할지라."39)

국권과 민권이 같은 것이라는 사실은 적시되었지만 여전히 인민은 계몽의 대상이었다. 인민은 무지하므로 "政府는 人民의 標準이라" "賢良方正"하게 솔선해서 인민을 계몽해 바른 방향으로 이끌어야 하는 존재였다.40)

그러므로 무지하다고 인식된 인민에 대하여 주창된 인민 교육은, "인민"은 "국권의 작동으로 복종의 의무로 피치되는 자"로서 "애국의 의무"가 있는 피동적인 존재라고 전제한 것이었다.41) 피치자로서의 인민, 그렇지만 애국해야 하는 의무가 있는 인빈으로 규정되었다. 서양적인 근대적 전환을 요구하면서 제기되어야 할 인민 개개인의 대자적인 자아 인식이나 그에 기초한 정당한 인권과 민권에 대한 인식은 계몽의 우선순위에 올라와 있지 않았다. 자연히 인민 개개인 인권의 민권 확장은 기대하기 어려운 것이 사실이었다.

오히려 국민된 자는 "맛당히 粉骨碎身 忠君愛國의 思想을 涵養"해야만 하고 "此實國民된 義務職分"할 것이 역설되었다.42) 국민된 자는 마땅히 분

---

39) "논설." 『황성신문』(1898. 9. 19).
40) "논설: 政府人民之標準." 『황성신문』(1903. 1. 21).
41) 이윤주. 1906. 12. "애국의 의무." 『태극학보』 5호.
42) 윤효정. 1906. 12. "논설: 국민의 정치사상." 『대한자강회월보』 6호; 이각종. 1907. 4. "국가학." 『소년한반도』 6호; "잡보: 愛國性質." 『대한매일신보』(1905. 10. 18).

골쇄신해서 충군애국 사상을 함양해야 한다고 하는 전근대적인 충성심과 애국심만이 역설되었다. 스스로 인민을 계몽하여 전근대적인 정치체제를 근대적인 것으로 개혁해야 할 지도자를 자처한 지식인들의 기성 지배세력에 대한 인식과 자신들과 함께 근대적인 개혁을 이루어가야 할 대중에 대한 인식은 상호 모순되는 이율배반적인 것이었다. 기성의 보수 지배세력에 대하여 그들은 진보적이었지만 그들이 계몽의 대상으로 여긴 인민 대중의 입장에서 보자면 그들도 그들이 비판하는 기성의 보수 지배세력과 크게 차이가 나지 않았다고 할 수 있을 것이다.

애국계몽운동의 진보적 지식인들은 인민은 국권에 의하여 자기의 안녕과 행복을 보호코저 하고 국가의 권력으로 자신의 신체와 재산을 보호코저 하는 존재이니 "권력과 복종이 있은 연후에 국가적 단체가 성립하여 국민의 자유가 보장될지라"고 하였다. 그리하여 국가가 있는 연후에 군신과 자신이 존재하므로 애국심을 잃는 것은 곧 인간의 본분을 잃는 것이라고 강조하였다.[43]

그러므로 인민에 대한 교육은 교육을 통해서 인민의 국가에 대한 애국심을 함양하여 국가적인 필요에 부응하도록 인민을 계몽해야 할 필요에서 제기된 것일 뿐이었다고 해도 과언이 아니다. 애국심은 국권 상실의 위기 상황에서 국권을 확립하는데 필요한 인민의 국민적 의무를 발휘해야 할 현실적인 필요에서 제기된 긴요한 것이었다. 인민은 애국심을 발휘하여 국민적 책임과 의무를 다해야만 하는 존재로 제한되고 있었다고 할 수 있다. 그것이 인민의 국민된 자로서의 의무였다. 그것이 국가적 독립 곧 국

---

43) 옥동규. 1907. 1. "잡조: 인민자유의 한계." 『서우학회월보』 2호; 김중환. 1907. 4. "애국론." 『대한구락』 1호; 남기윤. 1907. 12. "논설: 동포의 최급무." 『낙동친목회학보』 3호.

권을 확고히 하는 것이었다. 그러므로 인민이 그러한 국민적 의무를 이행하여 국권을 공고히 하게 되면 민권은 자연히 보장될 것이라고 역설되지 않을 수 없었다. 결국 민권은 인민이 국민적 의무를 이행하는 애국심의 함양을 통해서 국권을 수호할 때 비로소 구현되는 것이었다. 민권은 국권의 필요에 의해서 유보되었다.

이러한 인식은, 일본의 위로부터의 혁명 곧 메이지유신을 이끈 일본 메이지관료와 유사한 것이었다. 일본은 국가 주도로 메이지유신, 근대적인 "위로부터의 혁명"을 통해서 개인의 자각에 기초한 보편적인 민권을 주창하기에 앞서 국가적인 생존과 이를 위한 국가적 개혁과 국민적 책무를 강조하였다.[44] 한말 언설 속에 나타난 의무가 선행되어야 하는 민권에 대한 인식이나 피동적인 인민관은, 일본과 마찬가지로 '개국'을 통해서 국제사회에 개방함과 동시에 하나의 통일된 독립국가로 자립해야 할 국가적 위기의식 속에서 요청된 신속한 문명화의 필요에서 형성된 것이었다고도 할 수 있다. 그런데 한국의 개국은 근대화를 추진하고 있던 일본에 의하여 강제된 것이었다. 그리고 그것은 근대 일본 국가의 발전이라는 장기적인 구상 속에서 이루어진 것이었다.[45]

일본이 한국 근대화의 방향에 미친 영향의 핵심에는 서양의 자유주의적 국제법의 한계를 스스로 극복하고 국가가 이끌고 체계화한 관학(官學)을 중심으로 하여 프러시아형 국가학을 일본형으로 변용해서 국민통합을 강제한 메이지 일본의 교육관이 있었다. 그 영향이, 개국과 함께 전개된 일본의 영향과 일본의 주도로 시작된 일본 유학생을 중심으로 전반적으로

---

44) 배링턴 무어·진덕규 옮김. 1985. 『독재와 민주주의의 사회적 기원』. 서울: 까치.
45) 전상숙(2011), 99.

확산되는 가운데 일본의 근대화에 대한 선망 및 우호적인 인식과 함께 확산된 것은 자연스러운 귀결이었다.46) 게다가 메이지유신으로 상징되는 일본의 근대화 경험은 같은 동아시아 국가의 근대화 성공 사례로써 학습 효과를 기대하게 하였다. 그리하여, 앞에서 언급한 블룬칠리의『국법범론』번역본과 같이 일본식 국가학의 영향이 크게 한국뿐만 아니라 중국에도 미치고 있었다.

그러므로 한말 언설 속에 나타나는 민권 인식과 인민관 또한 국가주의적 일본 관학의 영향으로부터 자유로웠다고는 할 수 없을 것이다. 일본이 외세의 국가적 위협에 대응하여 전면적인 근대적 국가개혁을 추진함으로서 서구에서와 같은 시민사회가 형성될 여지가 거의 없었던 것은 한국의 경우에도 유사하였다. 국권 상실의 위기는 신속한 문명근대화의 필요를 제기하였고 이는 관 주도의 효율적인 전근대적(무지한) 인민 계몽을 필요하게 하였다. 그리하여 피동적 인민관과 의무의 선행을 요구하는 민권 인식이 형성되었다고 할 수 있다. 이는 일본의 영향 속에서 근대화가 시작되어 자연히 일본과 같은 '위로부터의 혁명'을 지향한 것으로, 국가적 생존을 위한 국민적 책무를 강조함으로써 개인의 자각과 그에 기초한 보편적 민권을 유보한 것이었다.

일본에 의해서 강제된 개국은, 일본을 주요 통로로 하여 서양의 근대 문물을 수용하며 근대화를 추진한 한국의 정치사회 일각에서 척사론을 지양하고 개화론이 등장했을 때 양자의 대립 갈등이 일시적인 과도적 현상이 아니라 거의 지속되는47) 결과를 가져왔다. 그 결과 메이지 일본의 국가주

---

46) "논설."『독립신문』(1896. 4. 18); "명담: 정치가론."『독립신문』(1898. 12. 7); "명담: 국가의 성쇠."『독립신문』(1899. 3. 2); "론설."『독립신문』(1899. 4. 7).
47) 김영작. 2006.『한국 내셔널리즘의 전개와 글로벌리즘』. 서울: 백산서당, 32-33.

의적 학풍의 영향을 강하게 받는 한편으로 근대적 개혁의 주체가 군권과 군권을 제한하는 입헌군주제를 주창하는 '민권세력'으로 양분되어 갈등이 심화되었다.[48] 그 귀결이 민주정을 주창하면서 유보된 민권으로 나타났다.

일본으로부터 간접적으로 서양적 근대를 수용하게 된 것은 국가, 관 주도의 위로부터의 개혁 지향이 지속되는데 큰 영향을 미쳤다고 할 수 있다. 또한 앞의 '민권세력'이 대부분 갑신정변 이후 미국 유학을 했거나 갑오개혁 이후 일본유학을 한 인물들이었다는 사실과도 직접적으로 연계되어 큰 영향을 미치게 되었다. 그들이 바로 앞에서 본 한말 언론에서 나타난 인민관과 민권 인식의 주체였다.

그들은 대부분 중인·상인 출신이었다.[49] 그들은 근대적 변환기에 일본을 통해서 근대적인 엘리트 교육을 받고 국가 개혁의 사명감을 갖게 된 선진 엘리트가 되어서 한국으로 돌아와 근대적 개혁의 선봉에 섰다. 그들은 대내외적인 국가 위기의 원인을 대한제국의 정치에서 찾아 군권을 제한하는 입헌군주제로의 개혁을 통해서 "일국독립의 희망"을 모색하였다.[50] 그들의 인민, 대중에 대한 인식과 민권에 대한 인식에는 근대적인 개인과 근대적 개인으로 구성되어 전제적인 국가를 견제하는 사회(시민사회)에 대한 인식이 극히 미약했다고 할 수 있다. 그들은 메이지유신을 통해서 신흥 근대 일본 국가체제를 구축한 메이지관료와 같은 엘리트적 사명감을 가지고 위로부터의 근대적 개혁을 추구하였다. 그러한 가운데 인민 대중의 민권은, 계몽해서 이끌어야 할 피동적인 인민 따라서 국가 위기 극복을 위하

---

48) 전상숙(2012a), 3장.
49) 김영모. 1977. 『한국사회계층연구』. 서울. 일조각, 427-432.
50) 전상숙(2012a), 12.

여 우선 힘을 보태야 하는 의무가 선행되는 조건적이고 제한적인 민권이 되고 말았다. 결과적으로 인민 대중의 민권은 유보되었다.

실존하는 군권에 대하여 근대적 개혁을 통해서 실존되어야만 하는 '민권'의 의미는 이중적이었다. 다시 말해서 보편적 민권의 대상으로서의 인민의 민권과, 인민의 민권을 주창하면서 제한적 민권을 역설하는 민권 주창자의 민권이 공존하며 상호 모순되고 있었다. 그리고 인민 대중의 민권을 주창하면서 실질적으로는 보편적인 인민 대중의 민권 실현을 유보하는 민권 주창자의 민권은 기득권인 군권에 대해서만 상대적인 의미에서 민권으로서의 가치가 있을 뿐이었다. 그것이 인민 대중의 보편적인 의미의 민권이라고 하기는 어렵다.

그러한 상대적인 의미에서 한편으로 그 민권의 주창자들은 근대적 개인과 국가에 대한 시민사회의 개념을 인지하고 주창하며 실천하고자 하였다. 그러나 그 시민사회에서의 민권은 자신들에게만 국한 된 것일 뿐 인민 대중의 민권 또한 보장되어 함께 참여하는 시민사회를 이루는 것은 아직 아니었다. 그들에 대하여 상대적인 의미에서 보편적 민권의 주창자가 되어야 할 것은 인민이었다. 그러나 인민은 아직 보편적인 민권의 개념을 인지하고 실천할 수 있는 존재가 아니었다. 이 사실이 인민을 계몽해 시민사회를 형성해 가야할 개혁적 지식인들이 인민을 계몽과 교육의 대상으로만 인식하게 하였다. 그로 인하여 인민의 민권에 대한 개인적인 주체적 자각이 지연되게 되는 측면도 있었다.

그와 같이 의무가 선행된 인민 대중에 대한 민권 인식과 피동적인 인민관 속에는 굴절된 개인과 사회에 대한 한국적 원형이 존재한다고 할 수 있다. 보편적인 민권을 말하지만 그것은 선진 지식인의 지도와 계몽이 요구되는 것이었다. 같은 이유로 결과적으로 국가에 대한 견제기능을 수행하는 사회, 시민사회에 대한 인식도 결여되어서 이 또한 선진 지식인들의 지도가 필요한 부분이 되었다. 그리고 선진 지식인들은 스스로 무지한 인민을 계몽하고 교육하여 국가라는 배를 운행하는 리더, 정치가를 자처하며 그 역할의 중요성을 역설하였다.51) 결국 정치지도자를 자임한 것이다. 이러한 현상은 수동적 개국 이후 지속된 일본의 영향과 대내외 정치 불안으로 야기된 국권 확립의 수습책을 정치개혁을 통해서 모색한 것과 결부된다. 또한 거기서 비롯된 것이 큰 영향을 미쳤다고 할 수 있다. 그러한 사유양식에는 인민 개개인의 이성적 인간으로서의 자각과 그에 기초한 개인주의의 발달이 아직 시간을 요하는 과제로 남아있었다.

개인주의의 미발달과 그로 인한 전근대적인 집단주의적 사회 인식이, 계몽과 교육을 통해서 근대적인 국가의 국민이 되기 위해서는 애국심을 함양해야 한다는 대중에 대한 요구를 낳았다고 할 수 있다. 한말 근대적 전환기 개인과 사회에 대한 인식에는 개개인으로서의 인간과 인간 이성에 대한 자각과 신뢰는 유보되어 있었다. 선진 지식인들의 인민 대중 개개인과 사회에 대한 인식은 인민을 자신들의 정치적 역할과 사회적 발언력을 고양하는데 동원되어 이바지하는 존재로 나타났다고 할 수 있다. 선진 지식인들의 국권 회복을 위한 정치 개혁, 통치권의 개혁이, 인민(민중)과의 교감이나 합의 또는 교감하고 합의를 이루어 나가려는 적극적인 노력이 전제된 것이라고 보기는 어렵다.

앞에서 보았듯이 근대 민족주의가 추동된 것은, '민족'이라는 새로운 개

---

51) 안명선(1896. 1); 안명선(1897. 9); 신해영. 1897. 9. "사설." 『친목회회보』 5호; 유승겸. 1897. 9. "희망에 대한 행위의 득실." 『친목회회보』 5호.

념이, 특권적인 전근대적 기성 질서에 대항하여 근대적인 시대적 요구였던 일반 대중의 인민 주권을 실현할 수 있는 '정치적 평등권'을 내용으로 한 '시민적 요구'를 대변했기 때문이었다. 바로 이 점에서 민족주의는 전근대적인 기성 질서에 대하여 근대적인 변혁을 요구하는 '혁명의 정치원리'이자 '변혁의 이념'이었다. 러일전쟁을 경과하며 지식인과 지배세력을 중심으로 일본과 민족에 대하여 대자적으로 인식하고 각성하기 시작한 한국인의 근대적인 민족에 대한 인식 또한 개혁적이고 진보적이었다. 상대적인 의미에서 개혁적이고 진보적이었다. 인민 대중의 평등한 주권과 평등권에 입각하여 인민 대중의 동의를 이끌어내며 그들의 자발적인 동원을 통해서 혁명적인 국가체제의 변혁을 이루어 국권상실의 위기를 극복하는 데까지 나가기에는 충분히 혁명적이지도 변혁적이지도 못하였다.

다시 말해서 초기 한국 사회의 근대적인 민족에 대한 인식은 지배세력을 중심으로 하여 지배체제의 변혁을 주창할 정도로 진보적이었다. 그렇지만 그 초기 근대적인 민족에 대한 인식은 인민 대중의 주권과 평등권에 대한 인식과 실천으로까지 나가지 못하였다. 그로 인하여 근대적인 시대적 요구였던 일반 대중의 주권과 평등권을 내용으로 한 '시민적 요구'를 대변하거나 응집해 낼 수 없었다. 바로 이 점에서 한국 초기 민족에 대한 인식은, 서양의 근대 민족에 대한 인식이나 민족주의와 같이 인민 대중의 시민적인 요구를 대변할 수 있는 정치 경제적인 조건의 변화와 연계되거나 그것을 전망할 수 있을 정도로 혁명적이지도 변혁적이지도 않았다.

변혁적 지식인들은 한반도의 한민족을 근대적, 대자적으로 인식하며 국가적인 근대적 개혁을 주창하였다. 그러나 그들은 서양의 부르주아와 같이 경제적인 변화를 배경으로 하여 일반 인민 대중으로부터 사회적으로

부상해 정치적인 발언권을 요구하는 혁명을 주도하거나, 일본 메이지유신을 이끈 하급무사출신들과 같이 근대적인 국가체제의 변혁을 추진할만한 사회경제적인 배경과 추동력을 갖춘 정치사회세력이 아니었다. 그들의 힘은 단지 근대적인 교육을 먼저 받았다는 것뿐이었다. 그들의 근대적인 개혁에 대한 요구는 단지 주창한다고 될 것이 아니라 실질적으로 그들의 주창을 뒷받침할만한 경제적이거나 사회적인 지지 기반을 필요로 하였던 것이다. 그러나 그들의 사고는 민권에 대한 인식에서 알 수 있는 바와 같이 전근대적인 국가체제를 근대적인 국가체제로 혁명하거나 변혁할 만큼 충분히 근대적이지 않았다.

이 점에서, 애석한 것이 보호국화 이후 일본의 침략성과 아시아주의의 기만성을 자각하면서 일본에 대한 민족 인식이 각성되고 고양되어 민족적 저항이 전사회적으로 확산되고 있었다는 사실이다. 그럼에도 불구하고, 그것이 인민 대중의 총력적인 지지를 받으며 민족의 이름으로 민족을 위한 통합적인 국권 회복 운동과 근대적인 민족 국가 수립을 실천하는 실천적 민족주의 이데올로기로 나가기에는 역부족이었다는 것이다.

제 2 부

'병합(倂合)' 이후 일본 제국주의의 지배와 항일 민족주의의 발현

제 1 장
일본 제국주의의 '병합(倂合)'과 한국 근대 민족주의

앞에서 살펴본 바와 같이 러일전쟁을 통해서 자각되기 시작한 한국인들의 대자적인 국제 정치 인식과 민족의식의 각성은, 강화도조약 이래 본격적으로 체계적인 영향력을 강화하며 한국을 병합하기 위하여 움직인 일본에 대해서, 국권 수호를 위한 통합의 이데올로기로서 근대적인 민족주의로 정립되기에는 역부족이었다. 일본은 러일전쟁 중이던 1904년 5월 한국의 보호국화를 결정하고, 8월 22일 '제1차 한일협약'을 체결하여 한국에 대한 '고문정치'를 단행하였다. 그리고 러일전쟁에서 승리하자 1905년 11월 '을사보호조약'을 체결하여 한국의 외교권을 박탈하였다. 이른바 보호국화를 단행한 직후에는 주미일본대사가 한국의 외교를 동경이 지배한다는 사실을 미국 국무부장관에게 통보하였다. 이에 그 다음날 미국은 주조선공사관을 철수시키고 조선에 관한 문제는 일본을 통해서만 하겠다고 일본대사에게 통보하였다.[1]

사실 미국은 1882년 조미수호통상조약을 체결할 당시 다른 국가들과는

---

1) Thomas A. Bailey. 1955. *A Diplomatic History of the American People*, New York: Appleton-Century Crafts, Inc., 568.

달리 스스로 조약 제1조에 거중조정 조항(will exert their good offices)을 두었다.2) 이 사실은 미국과 한국이 처음 국교를 수립할 때부터 미국을 한국인들이 우호적으로 인식하며 의지할 수 있는 열강으로 인식하게 하였다. 그렇지만 그 조항은 이미 1905년 7월 미국이 일본과 '밀약(密約)'으로 필리핀과 대한제국에 대한 서로의 지배를 상호 인정한 카즈라-태프트 조약을 맺음으로써 일방적으로 파기된 상태에 있었다. 1922년에야 공개된 카즈라-태프트 밀약은 일본이 제국주의 열강의 승인 아래 한반도의 식민화를 노골적으로 추진하는 직접적인 계기가 되었던 것이다.3) 그러나 국제정세 인식에 안이했을 뿐만 아니라 외교권까지 박탈당한 한국은 그러한 사실을 알 리 없었다.

이렇게 러일전쟁을 전후로 하여 한국을 식민화하기 위한 국제정치적인 정지작업을 마친 일본은 1909년 7월 6일 일본 내각 회의에서 한국의 병합을 공식으로 결의하였다. 그리고 1910년 4월과 5월에 각각 러시아와 영국으로부터도 한국 병합에 대한 승인을 얻었다. 이후 일본육군대신 테라우치가 한국통감을 겸하며 파견되어 한국 병합을 단행하기 위한 준비 작업에 착수하였다. 한국을 병합하면서 일본은 굳이 '식민지'라는 용어를 사용하지 않았다. 대신에 "병합"이라는 새로운 용어를 찾아내서 사용하였다. 병합이라는 말은 "한국이 완전히 폐멸하여 제국 영토의 일부가 된다는 의미를 분명히"하려는 의도에서 잘 사용되지 않던 용어를 새로이 찾아낸 것이었다.4) 그리고 이른바 '대일본제국헌법'이 적용되는 본국 내지(內地)에

---

2) F. A. McKenzie. 1975. *The Tragedy of Korea: Yonsei University Reprint Series*. Seoul: Yonsei University Press, 276.

3) Robert T. Oliver. 1960. *Syngman Rhee: The Man Behind The Myth*. New York: Dodd Mead and Company, 71.

대하여 일본의 제국헌법이 적용되지 않는 곳을 의미하는 '외지(外地)'라는 것을 분명히 하는 의미로 병합된 대한제국에 대신하여 '조선'이라는 명칭을 사용하였다.

이러한 한국의 '병합'은 이른바 '제국'을 표방한 섬나라 일본이 한반도를 일본 국토의 일부로 삼아서 서양 열강과 같이 성장할 수 있는 대륙국가, 대륙의 제국이 되고자 한 것이었다. '조선민족'을 완전히 폐멸시켜서[5] 일본 국가의 일원이 되도록 하려는 것이었다.

그러한 일본 제국주의의 식민 지배 아래에서 애국계몽운동과 러일전쟁을 거치며 민족적 투쟁과 함께 고양되어 집약되기 시작한 한민족으로서의 민족의식이 대자적으로 각성되고 확산되어갔다. 한국인들은 한민족을 단군 이래의 역사적 운명공동체로 정의하며 정립해갔다. 일단 각성되기 시작한 한국인들의 항일 민족의식은 일본 제국주의의 무단통치 아래에서 민족주의로 응결, 고양되어 1919년 거족적인 3·1운동으로 발현되었다. 그 결과 공화정을 지향하는 대한민국임시정부가 수립되었다.

대한민국임시정부의 수립은, 자주적인 근대 민족 국가 건설을 지향한 한국인의 근대적인 민족의식이 거족적으로 분출된 결실이자 민족주의의 토대가 구축된 것이었다. 한말 이래 논의되던 인민 주권과 평등사상에 입각한 통합적 정치공동체 다시 말해서 근대 민족 국가 건설에 대한 지향을 분명하게 정립한 것이었다.

그러나 병합 직전까지 애국계몽운동 속에서 유보되었던 평등한 인민 주권 사상은, 주권을 상실한 식민지 현실에서 당면한 민족의 항일 독립 국

---

4) 倉知鐵吉. 1939. 『倉知鐵吉氏述 韓國倂合ノ經緯』. 東京: 外務省調査部四課, 11-12.
5) 전상숙. 2012. 『조선총독정치연구: 조선총독의 '상대적 자율성'과 일본의 한국지배정책 특질』. 파주: 지식산업사, 1장.

권 회복에 최우선의 자리를 내주지 않을 수 없었다. 민족의 독립이라는 식민지 민족 최우선의 목표 아래서 지식인들이 중심이 된 항일 독립운동이 전개되며 인민 주권과 평등의 이념이 확산되었다. 그렇지만 그것이 한국인 개개인들의 주권과 평등을 구현하거나 구현할 수 있는 사회적, 경제적 조건과 맞물리며 경험적으로 체화되기는 현실적으로 어려웠다. 따라서 한국인 개개인의 인민 주권과 평등사상에 입각한 통합적 민족주의 또한 정립되기 어려웠다. 그러한 식민지 조건 속에서 논의된 공화정이나 민주정의 구체적인 내용 또한, 항일민족독립운동이 이념적으로 분화되면서 항일독립 운동의 방법과 독립 이후에 건설 할 근대 국가 구상이 분화되게 되어서, 통합적 민족의식 또는 통합적 민족주의를 바탕으로 하여 그 내용을 구체화하며 통합해갈 수 없게 되었다.

전통적인 지배 체제의 피지배 민중이 민족의식을 채 각성하기도 전에 현실적으로 불가피하게 된 서양적 근대와의 조우는, 서양과 같은 근대 민족 국가 체제로의 개혁을 필연적으로 추구하지 않을 수 없게 하였다. 국제정치의 변동으로 인해서 불가피해진 전근대 국가의 근대적 개혁은 자연히 정치적인 개혁을 통해서 사회적, 경제적 개혁으로 연계되어갈 수밖에 없는 것이었다. 따라서 근대적인 개혁은 전근대적인 정치체제를 근대적인 정치체제로 개혁하는 것으로부터 시작되었다. 그리고 그러한 정치체제의 개혁은 필연적으로 전통적인 지배 체제 및 지배 세력의 외연 속에서 기성 지배세력의 통치엘리트에 대하여 비통치엘리트였던 개혁적 지식인들에 의해서 요구되고 주창되었다.

병합 이전 정치체제의 개혁을 주창한 개혁적 지식인들은 전통적인 통치 엘리트는 아니었지만 넓은 의미에서 사회적 지배세력에 속하는 사람들이었다. 그들은 한국사회의 지배세력에 속하는 사람들이었다. 그들은 개국 이후 지속된 일본의 강력한 영향 아래서 전통적인 지배세력의 경계에 있다가 신지식을 통해서 부상한 신지식인, 신진 엘리트들이었다. 또한 갑오경장 이후 관비일본유학생을 비롯해서 급증한 일본유학 출신의 중인층도 있었다. 개혁적 지식인들의 주도세력은 넓은 의미에서 한국 지배세력 내부에 존재하고 있었지만 전통적 지배체제에서는 주변적인 '내부적 주변인'이었다. 김영모의 조선지배층연구(1982)와 박기환의 일본유학생 연구6)를 통해서 알 수 있는 바와 같이, 전통사회에서 지배세력의 주변인에 불과했던 그들은 일본유학을 통해서 국가의 독립과 근대화를 책임질 교육과 사명감을 가진 엘리트가 되어서 돌아왔다. 그들의 정치체제개혁 구상은, 메이지유신의 관료들과 같이, 전통적인 한국 지배세력의 '내부적 주변인의 국가개혁'이라는 현실적이고 실천적 차원에서 이루어졌다.7)

그들은 근대적인 경제체제의 변화 과정에서 추저한 부를 토대로 아래로부터 사회적 발언력을 확장하며 제3세력으로 새롭게 등장한 서양 부르주아와는 기본적으로 그 정치 경제적인 성격이 달랐다. 서양의 근대 부르주아들은 경제력을 통해서 사회적 영향력을 확장하며 정치적 권한을 추구하였다. 반면에, 한말 개혁적 지식인들은 경제적 기반도 미약했다. 따라서 그것을 토대로 민중과 연대나 지지를 모색하기 위한 노력도 적극적으로 모색할 수 없었다. 그들은 '근대적 개혁'의 필요를 계기로 하여 주변인으

---

6) 朴己煥. 1998.12. "近代日韓文化交流史硏究 : 韓國人の日本留學." 大阪大學大學院 博士學位論文.

7) 전상숙. 2013. "한말 신문·잡지 언설을 통해 본 근대 서양 '사회과학' 수용의 역사정치적 성격." 진덕규 편. 『한국 사회의 근대적 전환과 서구 '사회과학'의 수용』. 서울: 선인, 57-58.

로서 자신들이 속한 지배세력 내의 통치구조를 개혁함으로써 중심부의 정치적 권한을 장악하고자 했다고 할 수 있다. 그들은 정치체제 개혁을 통해서 정치적 권한을 장악하고 그 힘을 통해서 적극적으로 근대화를 추진하여 사회적, 경제적인 근대화를 이루고자 하였다. 그러한 근대화를 통해서 자신들이 주도하고 이끌어가는 정치적 기반 또한 구축되어갈 것이었다.[8] 앞에서 본 바와 같이 초기 근대적인 민족에 대한 인식은 그러한 지식인들의 사고가 반영된 것이었다.

내부적 주변인이었던 개혁적 지식인들의 자산은 당면한 국가적 근대화에 요구되는 근대 교육을 먼저 받았다는 것이었다. 먼저 습득한 근대 지식을 활용하여 그것을 토대로 국가의 정치체제를 개혁하고 인민을 계몽하고 이끄는 정치지도자, 통치엘리트가 되고자 하였다. 서양 부르주아와 같은 경제적 계급적 기반을 갖지 못했던 그들은 실질적으로 인민, 민중과 직접적으로 연대할만한 기반을 갖고 있지 못했다. 또한 적극적으로 민중과 직접 연대하여 그들과 동료가 되어 함께 근대적인 개혁을 이루고자 했다고 하기도 어렵다. 그들은 비록 민권과 자연권을 논하고 주장했지만 인민 대중을 자신들과 동질적인 민권과 권리의 주체로서 대면하고 직접적으로 연대하여 근대적인 개혁에 필요한 사회적인 힘을 확장하고자 노력했다고는 보기 어렵기 때문이다.

그들에게 인민은 동지가 아니라 아직 계몽해야 할, 계몽되어야 할 대상이었다. 인민은 피지배의 대상이고 자신들은 지도자였다. 인민주권론은 평등한 인민의 권리를 토대로 하여 주변부에 속한 자신들이 중심부로 진출하는 명분과 정치체제 개혁의 논리가 되었다. 그렇지만 그 인민주권론

---

8) 전상숙. 2017. 『한국인의 근대 국가관 '민주공화국' 재고』. 서울: 선인, 82-83.

이 인민 대중의 주권까지 염두에 두고 그들을 장기적인 사회적 정치적 동반자로 이끌어서 동료가 되는 것을 상정한 것은 아직 아니었다. 따라서 그들이 민중과 연대할만한 사회적, 경제적 토대가 구축되기도 어려웠다. 그러므로 서양 민족국가 체제를 역사적, 국제정치적인 맥락에서 인식하고 그와 비견되는 한국 근대 국가의 상을 정립하고자 했다고 하더라도 그것이 인민주권론의 실질적인 현재화 구상으로 까지는 연계되지 못하였다. 그 결과, 그들의 자산인 근대 지식은 근대적인 입헌군주제로의 정치체제 개혁을 주도하여 그 실질적인 통치권을 놓고 군권과 대립되는 민권의 강화를 합리화하는 논리적 근거로 활용되어서 일본식의 '위로부터의 혁명'을 통한 일본형 입헌군주국을 지향하는 데 국한되었다.

그러므로 변혁적 지식인들을 중심으로 민주정이 논의되고 민족의식이 각성되며 근대적인 민족 국가 건설을 위한 민족주의의 기초가 마련되고는 있었지만, 한국 초기 민족주의는 서양과 같이 근대적인 사회 경제적인 변화를 수반하며 그와 함께 '민족'이라는 새로운 개념이, 근대적인 시대적 요구인 일반 대중의 인민 주권을 실현할 수 있는 '정치적 평등권'을 내용으로 하는 '시민적인 요구'를 대변할 만큼 근대적인 변혁을 요구하는 '혁명의 정치원리'이자 '변혁의 이념'으로까지 전개되지는 못하였다. 한국 초기 민족주의는, 전통적인 지배 체제와 지배 세력의 외연 속에서 변혁적 지식인들을 중심으로 자주적인 근대 민족 국가의 건설을 지향하며 인민 대중을 계몽하며 만들어가야 할 것이었다.

다른 한편으로 대한제국을 '병합'하여 한반도를 영구히 일본의 영토로 만들고자 이른바 '일시동인의 동화주의 정책'을 표방한 일본 제국주의 지배체제에 대하여, 한국 민족의 주권과 민족 독립을 통한 독립 민족 국가의 건설을 주창하는 한국인의 민족 인식과 민족주의는 비록 그것이 미정립되고 한계가 있는 것이기는 해도, 그 자체로서 기본적으로 체제 변혁적이고 혁명적이었다.

그런데, 인민 대중의 평등적인 인민 주권 인식의 미성숙과 지식인들의 계몽적 선민의식, 무엇보다도 식민지라는 현실은, 근대적 자주 독립 국가 건설을 위한 민족 통합의 이데올로기가 되어야 할 민족주의가 지식인들의 항일 민족운동의 이념 분화와 함께 결부되어서 그에 따라서 덩달아 분화되는 역사적인 배경이 되었다.

그 결과, 애국계몽운동을 통해서 마련된 근대 민족주의의 기초 또한 그 이념체계가 채 정립되기도 전에 항일 독립운동의 방식과 독립 이후에 건설될 근대 국가에 대한 구상의 분화를 노정한 지식인들의 이념적 분화와 함께 분열되고 말았다. 한국 초기 민족주의는 제국주의의 식민지배 아래서 항일 독립운동을 위한 정치이데올로기의 분화와 결부되어 대내적인 민족적 통합성조차 갖추지 못하고 민족 구성원들이 서로 갈등하는 가운데 분화되었다. 그리하여 대외적인 독립성과 대내적인 통합성을 갖는 한국 민족주의 정립의 과제가 식민지배로부터 해방된 이후 당면할 근대 국가 건설 및 국권 확립의 과제와 함께 정치·사회적으로 남겨지게 되었다.

제 2 장
'병합(併合)'과 일시동인(一視同仁)의 동화주의(同化主義)

　일본은 메이지유신 이래 근대적인 국가 시스템을 구축하고 최초로 갖게 된 식민지 대만을 할양받을 당시 식민지 지배를 위한 준비가 되어 있지 않았다. 그렇지만 동진(東進)하여 자본주의적 세계화를 전개하고 있던 서양 제국주의 열강과의 대결적 관점에 선 군사적 고려 곧 '병략(兵略)'의 관점에서 대만을 식민지로 영유하였다. 메이지유신 이후에 재래의 점령지인 오키나와[沖繩]와 홋카이도[北海道]를 메이지국가화 한 것과 같은 맥락에 서였다.[1]

　그러나 대만의 경우와는 달리, 한국의 병합은 일본의 분명한 국가적 목적 아래 오랜 준비기간을 거쳐서 이루어졌다. 다시 말해서 일본은 한국에 대하여 분명한 지배 방침을 갖고 병합했다고 할 수 있다. 일본과 국가적인 이해관계가 있는 곳까지 일본 국가의 생명선의 연장선으로서 정책적으로 고려해야 한다는 이른바 '이익선'론이 1890년 국책으로 결의된 이래 일본은 군비 확충에 박차를 가하여 청일전쟁을 치르고 대만을 편입하였다. 그

---

1) 小熊英二, 1998, 『'日本人'の境界』, 東京: 新曜社, 71-87.

결과 일본이 동아시아의 유일한 제국주의 국가로의 전환점이 된 청일전쟁은 종래 섬나라 일본의 주요한 군력이었던 해군에 대하여 조슈벌을 중심으로 한 육군이 정치적 발언력을 높이는 전환점이 되었다. 그리하여 군 통수권(統帥權)의 독립과 대신무관제(大臣武官制)에 의거하여 육군 군부가 정부로부터 독립적으로 행동하는 배경이 되었다.

육군 군부가 중심이 되어 영국과 맺은 영일동맹은 육군 군부가 이익선론을 주창하며 국책으로 확정했던 조슈벌 육군 군벌의 수장 야마가타와 그 뒤를 잇는 가츠라의 내각이 해군이 주도하던 대외정책의 방향을 육군이 주도하는 육주해종(陸主海從)의 대륙정책 노선으로 확정하였다. 영일동맹의 체결은 육군이 북진대륙정책(北進大陸政策)을 국가적 정책으로 추진할 수 있는 기반을 구축한 것이었다.[2] 조슈벌 육군 군부가 영일동맹을 체결하여 국정 운영의 주도권을 공고히 하고 천명한 적극적인 '북진대륙정책'은, 1902년 가츠라 내각에 가츠라의 뒤를 이어 조슈벌의 육군대신이 된 데라우치[寺內正毅]가 입각함으로써 정치와 군사가 일치되어 한국 병합을 단행하는 것으로 귀결되었다.[3]

그러므로 반도 한국의 병합은 메이지유신 이후 야마가타가 이익선론을 국책으로 확정하며 추진한 북진대륙정책이 본격적으로 시행되는 출발점이자 교두보를 확보한 것이었다. 일본이 북진대륙정책의 교두보를 확보했다는 것은, 섬나라 일본이 반도 한국의 병합을 통해서 섬나라의 한계와 제한적인 조건을 극복하고 대륙국가가 되어서 북쪽 대륙으로 팽창할 수 있게 되었다는 의미였다. 일본의 한국 병합은, 당시 한국 병합에 대한 각의

---

2) 小林道彦. 1996. 『日本の大陸政策』. 東京: 南窓社, 55.
3) 전상숙. 2012. 『조선총독정치 연구: 조선총독의 '상대적 자율성'과 일본 한국지배 특질』. 서울: 지식산업사, 28-38.

결정 원안을 작성했던 외무성 정무국장 구라치[倉知鐵吉]의 말처럼 굳이 새로운 '병합(倂合)'이라는 용어를 찾아내서 "한국이 완전히 폐멸(廢滅)하여 제국(帝國) 영토의 일부가 된다는 의미를 분명히" 하려는 의도를 갖고 이루어졌다.[4] 그것이 1909년 7월 내각의 각의 결정과 천황의 재가를 받은 '조선병합에 관한 건'에서 "한국을 병합하여 제국 판도의 일부로 한다"고 한 내용이었다.[5] 일본의 한국병합은 한국을 단순히 식민지화한 것이 아니라 한반도를 일본 국가의 일부로 만들어서 일본이 대륙국가가 되고자 한 것이었다. 다시 말해서 일본의 한국병합은 섬나라 일본과 대륙으로 이어지는 반도를 일본의 영토로 삼아서 대륙국가가 되어 북쪽 대륙으로 팽창하려는 분명한 목적을 갖고 행해진 것이었다. 이것이 '한국의 국호를 개정해 조선이라고 부르는 건'에서 조선이 천황이 통치하는 제국 영토의 일부로 편입되고 조선인은 제국 신민의 일부로 추가되었다고 한 것이었다.

섬나라 일본의 반도 한국 병합은 '제국'을 표방한 일본이 서양 열강과 같이 제국이 되어 대륙으로 팽창함으로써 명실공히 제국으로서의 위상을 구현하고자 한 것이었다.[6] 동시에 그것은 강화도조약 체결 이래 본격적으로 현재화해온 중국 중심의 전통적인 동아시아 국제질서의 균열을 일본 중심의 근대적인 동아시아 국제질서로 재정립하기 시작하는 의미를 갖는 것이었다.

그러므로 병합한 조선에 대한 일본의 통치 정책은 분명했다. 근원적으로 그것은 섬나라 일본의 대륙국가화에 있었다. 반도 조선을 일본 국가로 만드는 것이었다. 한국 병합 이후 일본의 관건은 어떻게 병합한 조선 지역

---

4) 倉知鐵吉. 1939. 『倉知鐵吉氏述韓國倂合ノ經緯』. 東京: 外務省調査部第四課, 11-12.
5) 外務省 編. 1965. "朝鮮倂合二關スル件." 『日本外交年表竝主要文書 上』. 東京: 原書房, 340.
6) 일본의 '제국' 지향에 대하여는 전상숙(2012), 52-53 참조.

을 일본 국가로서 공고히 할 것인가 하는 문제에 집중되었다. 조선인의 일본인화가 조선지배정책의 핵심이 되었다. 한국 병합은 "제국의 국방상 조선을 병합하지 않으면 제국 백년의 장기계획을 세울 수 없"다는[7] 관점에서 일본 제국 백년지대계의 초석을 놓은 것이었기 때문이다. 그러므로 일본의 조선 통치 정책은, 그들이 말한 것처럼 서양 제국주의 국가의 식민지 정책과는 같을 수 없는 것이었다. 또한 식민지를 영유할 준비가 채 되어있지 않은 상태에서 식민지화한 대만과도 같을 수 없는 것이었다.

그와 같은 일본의 조선지배정책을 상징적으로 대변하는 것이 일시동인(一視同人)의 동화주의(同化主義)정책이었다. 일시동인의 동화주의정책은 한국병합 당시 정치적 영향력이 최고조에 달했던 조슈벌 육군 군부가 그 후계자이자 육군대신으로서 병합을 완수한 초대 조선총독 데라우치[寺內政毅]를 통해서 공포한 조선지배의 기본 방침이었다. 한국 병합과 조선지배의 전권을 받아 부임한 조선총독 데라우치는 천황에 직예한 조선총독이 조선 지배의 전권을 갖는 조선총독정치체제를 구축하고 일시동인의 동화주의를 조선지배의 기본 방침이라고 천명하였다.

일시동인의 동화주의는 장기적인 일본제국의 국책인 북진 대륙 제국국가 일본이라는 목적을 반도 조선의 일본화를 통해서 조선을 교두보로 하여 달성하고자 한 일본이 조선을 지배하는 기본적인 관점으로 한국 식민지시기 내내 일관되었다.[8] 반도 조선의 일본 국가화, 조선인의 일본인

---

7) 青柳綱太郞. 1928. 『總督政治史論』. 京城: 京城新聞社, 63; 정연태. 2005. "조선총독 데라우치(寺內正毅)의 한국관과 식민통치: 점진적 민족동화론과 민족차별 폭압정책의 이중성." 권태억 외. 『한국 근대사회와 문화 II: 1910년대 식민통치정책과 한국사회의 변화』. 서울대학교출판부, 85.
8) 전상숙(2012), 43-57.

화를 목적으로 한 것이었다. 병합한 대한제국 국가의 형해화를 통해서 한국 국가를 일본 국가로 소멸하게 할 것을 목적으로 한 일본의 조선지배정책을 상징하는 것이었다. 그러므로 일시동인주의에 입각한 동화주의로 표방된 '병합'의 목적은 곧 조선 민족의 말살을 의미하는 것이었다. 조선인의 일본 제국 신민화, 일본 국민화가 바로 그것이었다.

한국병합에 관한 조약에 의하면, 한·일 양국 병합의 목적은 "특수하게 친밀한 관계를 생각하여 상호 행복을 증진하고 동양의 평화를 영구히 확보"하는 데 있다고 하였다.[9] 그리고 한국병합에 관한 조약을 공포한 같은 날에 조선총독은 유고를 통해서 조선지배의 목적이 '동화(同化)'에 있다고 하였다.[10] 그러한 한국 병합조약을 발표한 초대 조선총독 데라우치는 한국인에게 최초의 훈시를 통해서 일본이 한국을 병합한 목적과 일본제국의 한 지역이 된 조선에 대한 시정 요강을 공포하였다.[11] 데라우치총독은, 병합은 "이는 하나의 수단이지 종국의 목적이 아니다. 이로써 복잡한 구제도를 개선하여 통일된 조직을 만들어 치적을 이루려는 것"이라는 점을 분명히 하였다. 병합은 수단일 뿐 궁극적인 목적이 아니었다. 병합을 시작으로 한반도에 존재하는 낡은 제도를 개선해서 일본과 통일된 조직, 일본에 흡수된 지역으로 만들겠다는 것이었다. 데라우치총독은, 병합조약과 병합조서에 반영된 '일본이 대륙국가가 되기 위한 거점이라는 한국관'에 입각하여, 한국을 일본 국가의 일부로 통일시킬 것이라는 점을 분명하게 공표

---

9) 外務省 編. 1965. "韓國併合に南する條約." 『日本外交年表竝主要文書 上』. 東京: 外務部 調査部四課, 340.
10) 朝鮮總督府. 1910. 8. 29. "併合に關する諭告." 『朝鮮總督府官報』 1.
11) 朝鮮總督府. 1912. "併合二關スル統監ノ告諭." 『朝鮮總督府官報』 23; 黑田甲子郞. 1920. 『元帥寺內伯爵傳』. 東京: 元帥寺內伯爵傳記編纂所, 19-21, 616-621; 釋尾東邦. 1926. 『韓國併合史』. 京城: 朝鮮及滿洲社, 583-588.

하였다.

이어서 데라우치총독은, "지금 제국은 바다를 건너 동아시아 대륙으로 나아가, 새로이 천여만의 인구를 더하고 조선의 개선을 도모하고 있다. 즉 제국 전반의 안녕과 동양의 평화를 기하고 있어, 이 시정의 성공은 나아가 국위(國威)의 소장(消長)에 영향을 미치는 것"이라고 하였다. 한국의 병합이 일본 국가의 장기적인 발전을 위한 것이라는 일본 국가의 기본 입장을 천명하였다. 병합한 반도 조선의 통치가 섬나라 일본 국가가 동아시아의 제국으로 성장하는데 매우 중요하다는 사실을 역설하였다. 그리고 "목하 급무는 신영토의 질서를 유지하고, 부원(富源)을 개발하여, 신부(新附)의 인민을 잘 다스려 치평의 혜택을 입도록 하는 데 있다"고 하였다. 일본이 대륙의 제국 국가가 되기 위해서는 병합한 조선에 대한 지배를 공고히 하여 제국의 목적을 달성하는데 이바지할 수 있도록 해야 한다는 것이었다. 이와 같은 내용이 조선총독부관보에서 조선지배의 목적이 동화에 있다고 한 바로 그 내용이었다.

그러한 시정요강을 밝힌 후 데라우치총독은 각 이사청(理事廳)의 이사 관들에게 한국 병합의 취지가 "양국 상합일체(相合一體)로, 차별을 없애고 상호 전반의 안녕과 행복을 증진시키는 것"이라고 설명하였다. 또한 한국에 있는 일본 거류민들에게는 "우리가 동포(同胞)라는 것을 유념하여 동정을 가지고 조선인을 대하여 우호적으로 서로 제휴해 국가의 융창(隆昌)에 공헌하도록 노력할 필요"가 있다고 훈시하였다.[12] 이렇게 한국 병합과 동시에 초대 조선총독 데라우치가 표명한 일시동인의 동화주의 방침은 일

---

12) 朝鮮總督府. 1912. "倂合條約ニ依リ各理事官ニ訓令." 『朝鮮總督府官報』 20-21; 黑田甲子郞(1920), 18-19; 釋尾東邦(1926), 588-590.

본인과 이른바 조선인이 동포로서 같은 나라 사람이라는 것을 역설하는 것이었다. 일본이 조선을 지배하는 기본 방침이 조선인을 일본 국가의 국민으로 만드는데 있다는 것이었다. 그러한 일시동인의 동화주의 시정방침이 초대 데라우치총독뿐만13) 아니라 이후 조선총독이 조선을 지배하는 근간이 되었다.

조선인을 일본인과 같은 관점에서 보고 일본인으로 동화시킨다고 하는 조선 지배의 기본 방침은 데라우치총독의 말을 통해서 알 수 있는 바와 같이 한국을 식민지화했다고 하지 않고 굳이 '병합'했다고 한 일본의 독특한 제국주의적 관점을 상징한다. 데라우치총독은 조선은 서양의 식민지와는 다르다고 하면서 다음과 같이 그 이유를 설명하였다.14)

> "저들은 어느 것이나 강제적 수단으로 했을 뿐만 아니라 실질에서도 종속 관계가 존재하고, 모국과 식민지 사이에 일정한 경계를 둔다. 특히 근본적으로 地勢, 人種을 달리하고, 풍속 관습도 또한 현격히 다르기 때문에 정치상으로도 사교상으로도 결코 渾和 融合할 수 없는 운명이지만 日韓 관계는 이와 반대로 다만 그 지역이 脣齒와 같이 서로 의지하여 예로부터 밀접한 관계를 가지고 있을 뿐만 아니라 同種同文으로서 習俗 風敎 또한 큰 차이가 없으므로 서로 融合 同化할 수 있다"

서양 제국주의 국가는 무력으로 식민지화하고 또한 식민지와 식민 모국이 서로 지리적으로 멀리 떨어져있으며 인종적으로도 서로 다르기 때문에 풍속과 관습이 달라서 서로 어울리기 어렵다는 것이다. 반면에, 조선과

---

13) 데라우치는 "시정 7년의 긴 기간 언제나 이 초심 하나로 유지"하였으며[黑田甲子郞(1920), 21], 이는 곧 데라우치가 "7년간의 치적을 이룬 원동력"이었다. 黑田甲子郞(1920), 619.
14) 山本四郞 編. 1984. 『寺內正毅關係文書-首相以前』. 京都: 京都女子大學出版部, 178.

일본은 지형적으로 이와 입술의 관계와 같이 긴밀할 뿐만 아니라 인종도 같고 문자도 같기 때문에 서로 융합하고 동화할 수 있다는 것이다.

일본이 한국인에 대하여 동종 인종이라고 강조하는 것은, 비록 러일전쟁을 거치면서 변화되기는 했지만, 처음에 일본에서 한자어 '민족(民族)'이라고 번역된 서양의 네이션(nation)이라는 용어가 한국 사회에 수용될 때 이미 백인종인 서양 열강에 대하여 동질적인 황인종 동양 동아시아가 함께 연대해야 한다는 서양과의 대결적인 의미를 내포하며 통용될 때부터 시작된 것이었다. 또한 같은 맥락에서 일본에서 서양에 대한, 서양의 침략에 대항하여 지켜야 할 황인종 동양의 동아시아인, 아시아라는 의미에서 아시아주의가 확산되고 유포된 것과 같은 맥락이었다. 더 나아가 일본이 대외적인 제국주의적 팽창 욕구를 아시아주의를 활용하여 대아시아주의를 표방하고 역설하며 전개한 것도 같은 인종의 유사성을 이용하여 연대하여 인종이 다른 이질적인 서양 제국주의에 대항해야 한다는 것이었다.

이렇게 일본은, 지리적인 인접성과 같은 피부색을 가진 같은 인종이라는 것과 같은 글자[漢字]를 사용한다는 사실을 근거로 하여, 한국의 병합이 서양 국가가 경제적인 이득을 확장하기 위하여 인종도 문자도 다른 멀리 떨어진 타민족, 국가를 식민지화하고 착취하는 제국주의와는 다르다고 하였다. 대신에 일본은 병합을 통해서 동질적인 조선을 일본 국가의 국민으로 융합하고 동화하여 선진 일본 국가의 국민이 되는 혜택을 누릴 수 있도록 하고자 한다고 하였다. 그러므로 일본은 서양 선진 근대화 국가와 같은 제국주의 국가가 아니라 황인종 동양이 함께 잘 살 수 있도록 선의를 실천하는 것이라고 역설하였다. 따라서 조선은 서양 제국주의의 식민지와는 다르다고 강조하였다.

사실상 식민지화된 국가와 민족의 현실을, 식민지라고 하지 않는다고 해서 또한 식민 모국을 제국주의 국가가 아니라고 강변한다고 해서 그 실상이나 현실이 바뀌는 것이 아닌 것은 자명하다. 제국주의 식민 모국과 식민지를 단지 피부색을 근거로 한 인종과 문자의 동질성을 명분으로 하여 병합과 동화라는 용어를 통해서 식민 모국과 융합되고 같아질 수 있으니 식민 모국의 일원이 되어 함께 하자는 것이 과연 식민지 민족이 원하는 것일까? 다시 말해서 동종 동문을 근거로 하여, 지리적 인접성으로 인하여 이미 습속과 풍속이 유사하니 식민지 민족을 제국주의 식민 모국으로 동화시키기 쉽다고 판단하고 또한 그렇게 한다는 것은, 식민지 국가와 민족을 식민 모국의 국민이 되어 함께 잘살자는 명분을 표방하며 사실상 말살해 통합시킨다는 의미였다. 당초에 한국의 '병합'이 한반도를 터전으로 오랜 역사를 통해서 구축되어온 한국인의 국가와 민족적 정체성을 말살하고 일본제국의 국가와 일본인으로 만들기 위한 것이라는 사실을 분명히 한 것이었다.

현직 육군대신으로서 한국의 병합을 이루고 초대 조선총독이 된 테라우치가 동종동문에 근거한 풍속과 관습을 통해서 융합하고 동화할 것이라고 선언한 것은, 그러한 조선 반도에 대한 일본의 지향을 밝힌 것이었다. 일본인과 조선인이 동종·동문이라고 역설하고 이를 근거로 조선인의 일본인화, 조선 민족의 말살을 통한 조선 지역의 일본 영토화·일본 국가화를 천명한 것이었다. 그러므로 융합 동화시켜서 일본 국가의 일부가 될 조선, 일본국민이 될 조선인이 사는 지역이 서양 제국주의의 식민지와 다르다고 한 것은 일본 제국주의로서는 당연한 것이었다고 하겠다.

그러한 의미에서 데라우치총독은 첫 시정방침을 밝히는 자리에서 병합은 목적이 아니라 수단이라고 하였다. 그리고 병합을 통해서 이루어야 할 조선총독정치의 궁극적인 목적이 혼란한 조선의 구제도를 개선하여 일본 국가 기구와 일체화된 통일적인 조직으로 만들어서 일본 제국 국가의 발전을 도모하는데 있다는 사실을 분명히 하였다.

데라우치총독이 이사청(理事廳)의 이사관들에게 "양국 상합일체(相合一體)"를 강조하고 재조 일본인 거류민들에게 "우리가 동포"라고 역설한 것도 일시동인(一視同仁)의 동화(同化) 정책 방침을 재차 강조한 것이었다. 우리가 동포라고 한 것은 "土人과 本國人을 구별하지 않는 것" 곧 조선인과 일본인을 구별/차별하지 않고 일본인과 같은 관점에서 대해야 한다는 것이었다.15) 융합 동화되어 일본 국민이 될, 되어야 할 조선인에 대한 처우와 일본 제국의 입장을 분명히 한 것이었다.

조선인에 대한 일시동인 방침은, "일찍부터 同化方針의 一視同仁의 大義에 準則하여 偏 私없기를 기한" 것이라는 게 조선총독부의 공식적인 입장이었다.16) '일시동인'의 입장은 천황의 '총독부관제개혁조서'에 기초하여 "문화적 제도의 혁신을 통해서 한국인을 가르치고 이끌어 그 행복과 이익을 증진하고, 장래 문화의 발달과 민력(民力)의 충실에 따라서 궁극적으로 정치상·사회상의 대우도 내지인과 동일하게 하는 것을 목적"으로 한다는 것이었다.17) 그리하여 병합 직후인 8월 31일 조선총독부의 어용지 『매일신보』는 "同化의 主意"라는 사설을 실어서 조선과 일본이 형제라고 역설하였던 것이다. 이른바 '동화', "동화주의"는 한민족을 말살하겠다는 일본 국가의 의지를 의미하는 것이었다.

---

15) 旭邦生. 1913. "寺內總督と語る."『朝鮮及滿洲』77.
16) 朝鮮總督府.『朝鮮總督府官報』(1917. 7. 10).
17) 朝鮮總督府.『朝鮮總督府官報』(1919. 9. 4).

그러한 동화주의 방침이 실제 정책의 수준에서 구체적인 형태로 확립된 것은 1911년의 제1차 조선교육령을 통해서였다. 일본은 한국을 보호국화한 조선통감부시기부터 조선의 교육제도를 개혁하며 일본의 천황중심 교육이념을 편의적으로 적용해갔다. 한국통감부는 1906년 칙령 제40호로 학부직할학교 및 공립(公立)[18] 학교관제를 실시하여, 중앙행정기관이 통제할 수 있는 초등교육기관을 설립하는데 역점을 둔 교육개혁을 하였다. 이른바 "소학교"를 "보통학교"로 개칭하여 초등교육을 관할하는 관립(官立)보통학교체계를 구축하였다. 이른바 '보통학교'는 상급학교를 준비하는 기초교육을 실시하는 교육기관이 아니었다. "대다수의 조선인을 보통학교 졸업으로 일단 교육을 완료"하게 하기 위한 것이었다.[19]

보호국화가 한국의 국권 확립을 위한 것이라고 역설하면서 일본은 보호국체제에서 이미 식민지화 한 이후의 교육과 연속적으로 접속될 수 있는 일본국가적 교육체계를 준비하였다. 보호국체제 속에서 일본은 일본 세국의 천황을 중심으로 한 국가적 이념교육을 편의적으로 적용해갔다.[20] 일본은 한국병합 이후 일본 국민이 되어야 할 조선인을 일본국가의 국민으로 만들기 위한 준비 작업을 통감부시기부터 본격적으로 시작하였다.[21]

그 연장선상에서 일본은 한국 병합 이후 1911년 8월 23일 칙령(勅令) 제229호로 제1차 조선교육령을 발포하였다. 제1차 조선교육령은 일본 본

---

18) 일제는 한반도의 중앙 행정기관 격인 한국통감부와 조선총독부가 직접 관할하는 기관을 관립(官立)이라 하고, 그 산하 지방 행정기관이 관할하는 기관을 공립(公立)이라 하여 구분하였다.
19) 幣原坦. 1919. 『朝鮮敎育論』. 東京: 大命館, 145.
20) 駒込武. 1996. 『植民地帝國日本の文化統治』. 東京: 岩波書店, 85.
21) 정준영. 2006. "1910년대 조선총독부의 식민지교육정책과 미션스쿨: 중·고등교육의 경우.", 215-222.

국의 교육칙어(敎育勅語) 정신에 입각하여 조선에서 시행할 교육의 기본 방침을 규정하였다.22)

제1차 조선교육령의 주요 내용은,

> 제2조 교육은 교육에 관한 勅語의 趣旨에 기초하여 忠良한 國民을 養成함을 本義로 한다.
> 제3조 교육은 時勢와 民度에 적합하게 期한다.
> 제5조 보통교육은 보통의 지식 기능을 교수하고, 특히 國民된 성격을 함양하며 國語를 보급함을 목적으로 한다.23)

는 것이었다.

조선교육령이 입각하고 있는 교육칙어의 정신이란, 메이지천황이 교육칙어의 마지막 부분에서 "咸히 其德을 一케 하리를 庶幾할진뎌"라 하여 "民族, 宗敎를 不問하고 國民 一般에게 그 덕을 하나로 하여 同一 國民性을 가지는 것을 원하시는 것을 짐작할 수 있는 것"이라고 한 바였다. 조선인이 일본인과 고대로부터 혼혈, 문화와 풍속이 유사하므로 일본 국민과 동일한 국민성을 갖도록 일본의 교육칙어를 조선인에게도 동일하게 적용한다는 것이었다.24)

그와 같이 메이지천황의 교육칙어의 정신에 입각하여 발포된 조선교육

---

22) 『朝鮮總督府官報』 304.(1911. 9. 1), 1-2. 제1차 조선교육령이 발포되는 우여곡절에 대하여는 佐藤由美. 2000. 『植民地敎育政策仲の硏究 : 朝鮮 1905-1911』. 東京: 龍溪書舍; 仲林裕재. 2013. "1910년대 조선총독부의 통치논리와 교육정책: '동화'의 의미와 '제국신민'화의 전략." 『한국사연구』 161 참조.

23) "朝鮮敎育令." 『朝鮮總督府官報』 305. (1911. 9. 2), 17-18.

24) 朝鮮總督府. 1918. "敎育二關スル勅語ノ奉釋上特二注意スヘキ諸点." 渡部學, 阿部洋 編. 1991. 『日本植民地敎育政策史料集成: 朝鮮篇』 16. 東京: 淸溪書舍, 3-9.

령은 조선총독부가 제창한 일시동인의 동화주의 방침에 의거한 것이었다. 그러한 조선교육령을 시행하면서 조선총독은 다음과 같이 유고를 발표하였다.

"조선은 아직도 내지(內地)와 그 사정이 같지 않은 바 있다. 따라서 그 교육은 특히 역점을 德性의 함양과 國語의 普及에 둠으로써 帝國臣民다운 資質과 品性을 갖추게 해야 한다. … 이렇게 함으로써 비로소 朝鮮의 民衆은 우리 皇上의 一視同仁의 넓은 은혜를 입고 一身一家의 福利를 향수하고 인문의 발달에 공헌하여 帝國臣民다운 結實을 거둘 수 있다."25)

천황의 교육칙어의 정신에 입각하여 조선교육령을 시행한다고 하여 기본적으로 조선인을 일본인과 동일하게 대한다고 하였다. 그러면서 조선총독은 그런데 조선이 아직 일본과 모든 방면에서 수준이 다르다는 것을 역설하였다. 천황의 교육칙어에 의거하여 조선교육령을 시행하는 조선의 사정이 일본과 같지 않다는 점을 강조하였다. 조선교육령 제3조에서 명시한 것과 같이, 일시동인의 동화주의 교육은 아직 조선의 시세와 민도가 일본과는 차이가 많이 나서 사실상 어렵다고 하였다. 때문에 일본과 동질적인 교육은 즉시 시행하지 못하고 조선의 시세와 민도에 적합한 교육부터 시행한다고 하였다.

앞에서 언급했듯이, 조선인에 대한 일시동인 방침은, "일찍부터 同化方針의 一視同仁의 大義에 準則하여 偏 私없기를 기한"다는 것이었다. 그런데 그것은 "문화적 제도의 혁신을 통해서 한국인을 가르치고 이끌어 그 행

---

25) 정재철. 1985. 『일제의 對한국식민지교육정책사』. 서울: 일지사, 291 재인용.

복과 이익을 증진하고, 장래 문화의 발달과 민력(民力)의 충실에 따라 궁극적으로 정치상·사회상의 대우도 내지인과 동일하게 하는 것을 목적"으로 한다는 것이었다. 다시 말해서 병합 직후부터 조선인을 바로 일본인과 같이 대우하고 일본에서와 같은 정책을 실시한다는 것은 아니었던 것이다. 이것이 바로 "同化의 主意"라고 역설된 바의 실상이었다.

그러므로 조선총독의 유고는 무엇보다도 이른바 조선인의 '덕성(德城)'의 함양과 '국어(國語)' 보급에 역점을 두어야 한다는 점에 방점이 주어졌다. 이른바 덕성을 함양한다고 한 것은 조선인의 일본 국가 국민으로서의 덕성이 내지의 일본인보다 부족하다는 사실을 적시하고 이의 시정을 명시한 것이었다. 한 마디로 조선인은 일본인과 같지 않다는 것이었다. 조선인이 일본인과 같은 품성을 갖게 되어서 일본인, 일본 국민이 되어야 한다는 것을 역설하였다. 일본의 한국 보호국화로부터 병합에 이르는 시기에 급격하게 각성되고 고양된 조선인의 근대적 민족의식과 한민족의 독립 민족국가를 수립하고자 하는 항일 저항의식을 염두에 둔 것이었다. 일본은 러일전쟁을 계기로 하여 본격적으로 각성되기 시작한 조선인의 한민족 공동체의식이 병합 이후 항일 저항 민족주의로 결집되어 항일민족독립운동으로 전개될 것을 우려하였다.

조선총독이 발표한 유고는 일시동인의 동화주의 정책으로 본국에서와 같이 메이지천황의 교육칙어 정신에 입각한 조선교육령을 시행한다고 하면서, 결국 메이지천황의 일본제국 국민다운 '품성' 곧 국민성을 길러야 한다고 강제하였다. 조선인에게 일본인이 되라고 하였다. 조선인의 민족적 정체성을 인정하지 않겠다는 것이었다. 이것이 바로 조선교육령의 목적이었다.

그리하여 무엇보다도 먼저 조선인의 사고를 일본인화 하는데 가장 유효하고 또한 기초가 될 언어 곧 일본어 교육의 중요성이 강조되었다. 병합된 조선의 국가, 일본국가의 '국어' 보급이 우선적으로 선행되었다. 한국인의 국가는 없어지고 한국인이 일본제국의 국민이 되었으니 이제 일본제국 국민이 된 조선인들은 새로운 '국어'가 된 일본어를 익혀서 일본제국의 '신민(臣民)'다운 "자질과 품성을 갖추"어야 한다는 것이었다.

조선총독부는 조선교육령을 공포하여 조선인 교육의 핵심이, 일시동인의 입장에서 천황의 교육칙어에 입각한 조선인의 일본인화에 있다는 사실을 분명히 하였다. 조선인 교육이 일본 신민으로서의 국민성을 함양하는데 있다고 하였다. 조선인 교육의 요체는 일시동인의 동화주의에 있었다. 조선총독부는 조선지배 방침이, 일시동인에 의거하여 조선인이 일신일가(一身一家)인 일본 국가의 국민으로 동화되어서 복리를 향유할 수 있는 제국 일본의 신민(臣民)으로 만드는데 있다는 것을 거듭 강조하였다. 식민지 민족의 모국어를 부정하고 식민 제국의 언어를 새로운 모국어로 배우게 하는 것은, 식민지 민족의 사고 또한 사용하는 언어를 통해서 식민지 모국화 하여 민족정신을 말살하고 일본 국민, 일본제국의 신민으로 양성하겠다는 의지를 실천하는 것이었다.

그러므로 일시동인의 동화주의 정책이란 병합직전까지 고양되고 있던 애국계몽운동을 통해서 자각된 조선인의 근대적 민족의식과 민족적 정체성 및 그에 의거한 항일 저항의식을 일본어 보급과 일본어를 통한 일본인 교육을 통해서 당초에 싹을 제거해 버리겠다고 선언한 것과 같았다. 그러한 "조선동화의 방침은 병합 당초부터 불변의 방침으로써 제반 시설이 이 방침에 입각하여 행해졌다."[26]

동화(同化)란,

"국민적 정신을 부여하는 것이었다. 日本 國民이라는 自覺을 갖게 하는 것이다. 이것은 朝鮮人을 바로 內地人으로 도야하는 것과 다르다. 다시 말해서 조선인을 日本 帝國 國民으로서 그 영예를 받고 행복하게 하기 위하여 國民으로서의 本分을 다하는 인물로 만드는 것이다."27)

동화는 곧 일본 국민으로서 일본 국민정신을 갖도록 하는 것이었다. 동화주의란 이제 한국의 한국인이 아니라 일본 국가의 국민이 되었다는 사실을 각성하고 받아들여야한다는 의미였다. 그렇다고 해서, 병합된 반도의 조선인을 바로 내지인과 같아지도록 독려하고 이끌어주겠다는 것도 아니었다. 동화주의란, 일본 국가의 국민이 된 조선인이 일본 제국의 국민으로서 그 혜택을 누리기 위해서는 일본국 국민으로서의 본분 곧 국민적인 의무를 다해야 하니 국민으로서의 의무를 다하는 인물로 만들어야 한다는 의지를 천명한 것이었다.

한국을 병합하고 초대 조선총독이 되어서 데라우치가 주창한 일시동인의 동화주의 시정 방침은 데라우치뿐만 아니라 이후 조선총독부가 조선을 지배하는 기본 입장이었다. 병합은 조선을 일본국가화 하고자 한 것이었다. 그러므로 대(對)조선 지배정책은 서양 제국주의의 식민지배정책과는 달라야 했고 다르지 않을 수 없었다. 조선지배정책은 병합의 궁극적인 목적과 의미를 내포하면서도 그 의미가 표면적으로 너무 드러나서 한국인들의 민족적 반감을 일으키지 않을 그러나 병합의 근본 목적을 상징하는 것

---

26) "長谷川總督の事務引繼意見書." 1967. 姜德相 編.『現代史資料 (三‧一運動編 1)』. 東京: みすず書房. 精興社, 495.
27) 關屋貞三郎. 1919. 6. "朝鮮人敎育に就きて." 『朝鮮敎育硏究會雜誌』45, 8.

이어야만 하였다. 그것이 곧 일시동인주의에 의거하여 일본천황의 교육칙어 정신에 입각해 일본인과 "동일한 국민성"을 함양하기 위한 조선인 교육의 동인이었다. 또한 조선인과 "日鮮人이 同族이라는 사실을 분명"하게 인지시켜서 "조선통치의 同化方針을 원만하고 신속하게 수행 성취"하기 위하여『朝鮮半島史』편찬사업을 추진하는28) 동인이기도 하였다.

일시동인의 동화정책은, 한 경찰관계자의 말처럼, 병합 이래 조선통치의 근본방침이었다.

> "倂合이래 소위 同化政策은 일본의 朝鮮統治의 根本方針이라고 말할 수 있다. 이것은 寺內, 長谷川 양 총독의 시정을 보면 알 수 있다. 原수상은 同化라는 말을 피해 전에는 內地延長이라 하고 후에는 日鮮融和를 주장한다. 同工異曲의 어휘지만 그사이 통치방침의 점차적 추이를 볼 수 있다고 생각한다."29)

병합 이래 일본은 일시동인의 동화주의를 표방한 한민족의 민족의식 말살정책을 무단통치를 통해서 시행하였다. 그럼에도 불구하고 조선인들의 3·1민족독립운동이 거족적으로 발발하였다. 그 결과, 일본 국내외정치 변동을 배경으로 하여 이른바 '내지연장주의' 식민지배방침을 주창한 최초의 정당 내각이 일본에서 등장하고 변화가 표면화되었다. 그러나 사용하는 용어만 변경되었을 뿐 일시동인의 동화주의 정책의 실상은 변함없이 지속되었다.

다이쇼 데모크라시의 고양을 배경으로 일본에서 정당 내각이 등장하고

---

28) 이성시. 1999. "黑板勝美(구로이타 가쯔미)를 통해 본 식민지와 역사학."『한국문화』23, 246.
29) 千葉了. 1929. "朝鮮의 現在及將來."『朝鮮統治問題論文集』第1集. 京城, 38.

내지연장주의·문화정치로 지배정책이 변화되었다. 그런데 한 민족이 다른 민족으로 동화되어서 말살되는 것을 의미하는 동화는 조선 민족의 소멸을 지향한 것이니 수세대가 지나서야 가능하다며 단기적인 대안으로 이른바 '일선융화(日鮮融和)'가 제기되는 실정이었다. 일선융화는 조선인의 동화를 포기한 것이 아니라 오히려 더욱 강제하는 것이었다. 일선융화는 "양 民族의 共存工昌이며 扶助協同"하는 것이라 하였다. 조선총독부는 이것이 내지연장주의가 의미하는 바가 동화정책과 다른 것이 아니라 "동화정책을 형이상으로 표현한 것"일30) 뿐이라고 하였다. 이 점을 되새길 필요가 있다.

다시 말해서 한민족을 인정하는 듯이 "양 民族의 共存工昌이며 扶助協同"이라고 했지만, '융화'란 조선이 서양의 식민지와 다르다고 강조한 데라우치총독의 언설에도 사용된 것을 통해서 분명해진다. 동화라는 용어와 함께 이미 사용되고 있던 용어를 바꾸어서 사용한 것이다. 용어만 다를 뿐 동화를 지향하는 그 내용과 의미가 다르지 않은 것이었다.

그러므로 3·1운동 이후 부임한 사이토[齋藤實]총독은 "一視同仁의 內地延長主義 아래 정책의 주력을 內鮮人同化에 두고 있다"고31) 밝혔다. 그리고 1922년 조선교육령 개정도 일시동인에 입각하여 실행한다고 하였다. 이후 후임 우가키총독은 내선융화를32) 본격적으로 표방하며 조선인과 일본인의 "사상의 융합"을 주창하였다. 동화주의의 실천에 한걸음 더 나아갔다. 조선인을 단지 일본국의 신민이 되도록 해야 한다는 것에서 나아가 조선인의 사상까지 일본인의 사상과 융화되도록 해야 한다는 것이었다. 이

---

30) 千葉了(1929), 41.
31) 靑柳南冥. 1928. 『總督政治史論1』. 京城: 京城新聞社, 128.
32) 宇垣一成. 1968. 『宇垣一成日記 2』. 東京: みすず書房, 801.

는 그 자체로 조선인의 정신 말살을 의미하는 것이었다. 이러한 내선융화가, 중일전쟁 발발 이후 '병참기지정책'을 천명한 미나미[南次郞]총독에 의해서 내선일체(內鮮一體)로 더욱 강력히 제창되었다. 그리하여, 전시총동원을 위한 황민화(皇民化) 이데올로기가 되어[33] 일본국민으로서 조선인을 동원하는 정치적 이데올로기로 활용되었다.

이와 같이, 조선총독부의 일시동인의 동화주의 조선지배 방침은 시세와 민도를 명분으로 조선인을 차별하며 조선인에게 일본국민으로서의 권리는 배제하고 의무만 강제하는 것이었다. 본질적으로 차별적인 일본 제국주의의 식민지배정책의 진상을 은폐하는 정치적 수사에 불과한 것이었다. 일본의 기만적인 동화주의 지배정책의 실상은, 이미 일본이 병합한 한국을 일본제국헌법의 법역(法域) 밖에 있는 외지(外地) 조선이라고 규정하면서 정해져 있던 것이었다.

일본 국가의 국민이지만 일본국가의 헌법이 적용되지 않는 헌법 영역 밖에 있는 외지라는 근원적인 '조선'의 법률적 조건이 바뀌지 않는 한 일시동인의 동화주의는 단지 정치적인 수사이자 현학적인 언어의 유희에 불과한 것이었다. 조선인에게도 일본국 헌법이 적용되어 헌법에 의거한 일본국민으로서의 권리가 주어지지 않는 한 바뀔 수 없는 것이었다. 이러한 차별을 정당화하면서 조선인에게 일본 '국민'으로서의 정신과 의무를 강제하기 위하여 효율적으로 활용된 것이 일시동인의 동화주의였다. 그에 입각한 조선교육령을 통해서 시행한 교육이 특히 조선총독부 관립 고등교육이었다.

---

33) 鈴木武雄. 1939. 『大陸兵站基地論解說』. 京城: 綠旗聯盟, 29-42; 전상숙. 2004. 『일제시기 한국 사회주의 지식인 연구』. 서울: 지식산업사, 637-650.

기존연구에서, 일본의 다이쇼 데모크라시를 배경으로 정당내각이 등장하여 3·1운동 이후 데라우치총독의 무단통치를 비판하고 식민지배정책이 내지연장주의로 전환되어서 이른바 '문화정치'가 실시된 사실이 주목되었다. 무단통치가 비록 동화를 표방하기는 했지만 실질적으로 동화정책을 시행한 것은 아니었다는 사실도 함께 주목되었다. 그리하여 실제적인 동화정책은 문화정치기 내지연장주의 시책에서 비로소 시작되었다고 논하기도 한다.34) 그러나 앞에서 본 바와 같이 내지연장주의는 동화정책을 형이상으로 표현한 것일 뿐이었다. 조선인을 일본국민으로 만드는 동화가 조선지배의 궁극적인 목적이라는 사실은 변하지 않았다. 동화와 융화 양자의 본질은 병합의 목적과 기본적으로 일치하는 것이었다.

무단통치기의 동화정책과 문화정치를 표방하며 시행된 내지연장주의는 조선의 일본국가화라는 같은 목적을 가진 다른 표현일 뿐이었다. 내지연장주의를 표방한 하라[原敬]내각의 사이토총독 치하에서 문화정치가 선언되고 형식적으로는 다양한 사회적 공간이 열린듯했지만 그 실상이 헌병정치였다는 것은 잘 알려진 바와 같다. 무단통치를 상징하는 헌병을 대신하는, 헌병 숫자보다 더 많은 수의 경찰 병력이 동원되어서 무단통치기보다 더 촘촘한 조선인 사회에 대한 감시와 통제가 전사회적으로 시행되었다. 이러한 사실은 내지연장주의 조선지배정책이 동화주의를 표방했던 시기의 지배정책과 실질적으로 달라진 게 없다는 사실을 증명한다. 차이가 있다면 동화주의를 표방하여 한민족 말살의 의지를 드러내며 지배한 것과 내지연장주의를 표방하여 한민족 말살의 의지를 정책의 이면으로 감추고

---

34) 일본의 동화정책에 대한 다양한 논의에 대해서는 권태억. 2001. "동화정책론."『역사학보』172; 권태억. 2008. "1910년대 일제의 조선 동화론과 동화정책."『한국문화』44; 권태억. 2007. "1920, 30년대 일제의 동화정책론."『한국사론』53; 仲林裕員(2013). 참조.

일본국가화를 전면에 내세우며 동화를 시행하고자 한 정도였을 뿐이다.

일본의 다이쇼[大正] 데모크라시기 하라수상의 정당내각이 출범하여 식민지 정치의 정당정치화가 추진되며 내지연장주의 시책이 전개되었다. 그러나 이는 일본 국내정치의 측면에서만 의미가 있는 것이었다. 일시동인의 동화주의라고 하는 식민지 조선경영의 기본 방침이 바뀐 것은 아니었다. 본질을 표방하는 정책적 상징과 현실적으로 실시하는 정책의 방식, 그리고 그것을 대변하는 정치적 슬로건이 바뀌었을 뿐이었다.

같은 의미에서 조선에서는 무관총독전임제 개정이 실질적으로는 이루어지지 못했던 것이다. 정당내각은 총독부관제를 개정하여 문관도 총독이 될 수 있도록 하였다. 이 관제의 개정은 실제로 식민지 조선을 정당정치의 정치적 영역으로 끌어들이는 의미를 갖는 것이었다. 그러나 이는 조선에서는 실현되지 못하였다. 대만과 달리 조선에는 문관이 아닌 해군대신 출신 사이토[齊藤實]가 신임 총독으로 부임하여 당초에 정당 내각이 의도했던 바를 실제화하는 데 실패하였다. 군부 세력을 정당 민간 세력으로 교체하고자 했던 소기의 목적이 달성되지 못한 것이다. 또한 공식적인 조선총독의 전제적인 지배권도 대만의 경우와는 달리 추밀원을 중심으로 한 번벌 세력의 후원에 힘입어서 고수되었다. 조선총독은 '조선특수성론'을 내세운 육군 군벌과 추밀원 원로들의 지지를 받아 조선지배의 전권을 식민지시기 내내 고수할 수 있었다.

이러한 사실은 일본의 동화주의 정책이 병합 이래 변함없이 지속되었다는 것을 의미한다. 한국병합의 목적은 불변한다는 의미였다. 일본의 한국병합과 동화주의 조선지배정책이, 하급 무사 출신들이 중심이 되어 일으킨 일본의 근대화 혁명이었던 메이지유신 이래 근대 일본 국가를 이끌어온 일본지배세력의 기본적인 입장이었다는 것을 시사한다. 한국의 병합은, 만주의 지배를 일본 국가 최대의 팽창 목표로 삼았던 번벌세력이[35] 그 목적을 추진할 항구적인 군사적 보루로써 한반도를 일본 국가의 일부로 확보한 것이었다. 일본의 북진 대륙국가화를 위한 초석으로 한반도를 일본 국가화하고자 한 일본의 군사적인 관점에 입각하여 이루어진 것이었다. 이 병합의 목적은, 군부의 주도세력이 바뀌고 대륙팽창의 목적이 만주이북으로 확장되어도, 아니 확대될수록 변하기는커녕 오히려 더 강조되며 교두보로서의 역할이 강조되고 강화될 수밖에 없는 것이었다.

섬나라의 한계를 극복하고자 했던 일본 국가의 오랜 숙원을 달성한 것이 반도 한국을 병합한 목적이었다. 일시동인주의에 입각한 동화주의를 표방함으로써 병합의 목적인 조선의 일본 국가화와 조선인의 일본 국민화를 성공적으로 추진하여 궁극적으로 완수될 수 있는 것이었다. 한민족을 일본 국민으로 동화시킴으로써 완수될 것이었다. 따라서 일본천황의 교육칙어 정신에 입각하여 조선인이 일본인과 동일한 국민성을 갖도록 하기 위해서 시행한다는 교육이 일본어교육에 최우선적 목적과 가치를 둔 것은 자연스런 귀결이었다. 언어를 통해서 이루어지는 인간의 사고와 사유방식을 일본어교육을 통해서 일본인과 같아지도록 하고자 한 것이었다.

그러므로 일시동인의 동화주의에 입각한 조선지배의 기본 방침은 하세가와[長谷川好道]총독이 조선의 통치는 "일찍부터 同化 方針의 一視同仁의 大義에 準則하여 偏私없기를 期하였다"고[36] 한 것처럼 변함이 없었던 것이다. 3·1운동 이후 부임한 사이토총독은 "一視同仁의 內地延長主義 아래

---

35) 井上淸. 1975.『日本の軍國主義: 軍國主義の展開と沒落 III』. 東京: 現代評論社, 70.
36)『朝鮮總督府官報』(1917. 7. 10).

정책의 주력을 內鮮人同化에 두고 있다"고[37] 밝혔다. 그리고 그 연장선상에서 조선교육령을 개정하였다. 1922년의 개정 조선교육령은 대학부를 둔 사립학교를 대학으로 인가하지 않았다. 대신에 그보다 낮은 단계인 전문학교로만 인가하였다. 조선인이 일본인과 같이 고등교육을 받을 수 있는 기회를 원천봉쇄하였다. 그리고 조선총독부는 일본의 동경제국대학을 모방한 경성제국대학이라는 관립 대학을 설치하였다. 경성제국대학은 조선총독부의 교육재정으로 운영되는 관립학교였다. 관립 경성제대의 설치는 고등교육에 대한 조선인의 요구를 조선총독부가 수용하는 형태를 취하면서 최고 고등교육기관까지 통제하고 관할할 수 있도록 제도화한 것이었다.

실질적인 제국주의 일본 국가의 식민지 조선에서 조선인에게 일본의 근대적 성장을 담보할 국민정신을 함양한다는 것은 본국과 같은 차원에서 실제화하기에는 무리가 있는 것이었다. 더욱이 조선인들은, 10여 년 간의 무단통치 아래서 억눌리고 있었음에도 불구하고 3·1운동으로 그 저항적인 민족의식과 민족적 독립 의지를 분출할 정도로 항일 저항 민족의식이 컸다. 사실상 그것을 억제하는 것은 불가능하였다.

그러므로 조선총독부는 일시동인을 역설하며 동화로부터 더 나아가 내선융화(內鮮融和)로 그리고 내선일체(內鮮一體)로 강제를 심화하면서 '동양평화'를 논하였다. 한국의 병합이 한·일 양국이 상생하기 위한 일본 국가화에 있다는 것을 기만적으로 정당화하는데 주력하였다. 일본의 한국병합에 대한 역설적인 정치적 논리를 정책적으로 구현한 조선교육령은 3차례에 걸쳐서 개정되면서 그 핵심이 "충량(忠良)한 국민(國民)"을 만드는

---

[37] 青柳南冥(1928), 128.

국민적 사상개조에 있다는 사실을 일관되게 밝혔다. 뿐만 아니라 그 강도를 더욱 높여갔다. 일시동인의 내지연장주의를 표방한 1922년의 2차 개정에 이은 1938년의 3차 개정은 그 목적을 내선일체라는 점을 명시하였고, 1943년 4차 개정은 조선인의 황국신민화를 목적으로 하였다.

이러한 조선교육령의 목적 변화는 당대의 조선총독에 의해서 실제 정책 목표로 변형되어 정책적으로 실행되었다. 사이토총독이 해군 군축회담에 참가하기 위하여 자리를 비운 사이 사이토를 대신한 임시대리 조선총독 경험을 가졌던 우가키[宇垣一成]가 1931년 6월에 조선총독으로 부임하면서 지배방침으로 밝힌 것도 같은 맥락이었다. 우가키총독은 조선지배 방침을 "조선인에게 적당한 빵을 주는 것"과 함께 "내지인과 조선인의 융합일치"라고 선언하였다.[38] 내지인과 조선인의 융합일치를 주창한 내선융화라는 우가키의 슬로건은 조선인과 일본인의 "사상의 융합"을 주창한 것이었다. 조선인의 사상이 일본인의 사상과 정신적으로 융화되도록 해서 조선인도 일본인과 같은 사상과 사고를 갖추어야 한다는 것이었다. 이는 단순한 일본제국의 국민화에서 더 나아가 한국인의 정신적 말살과 일본민족의 사상적인 전회를 요구한 것이었다.

우가키총독의 내선융화정책은 일본 육군에서 우가키계로 분류되는 미나미[南次郞]총독이 후임 조선총독으로 부임하며 더욱 강화되었다. 미나미총독이 중일전쟁의 장기화를 배경으로 하여 조선을 일본의 대륙전진병참기지로 설정하면서 주창한 내선일체가 그것이었다. 사실상 우가키총독의 시정방침을 정책적으로 계승하여 공고히 한 것이 미나미총독이었다. 그는 내선일체를 주창하며 더욱 강력하게 한국민족의 말살을 정책적으로

---

38) 宇垣一成(1968), 801.

기하면서 당시 일본이 진행 중이던 중일전쟁에 조선인들을 동원하는 데 박차를 가하였다.

북진대륙정책의 지지자인 미나미는 조선에 부임한 직후 중일전쟁이 발발하자 조선이 대일본제국이 전쟁을 수행하기 위한 '병참기지'가 되어야 한다고 강조하였다. 그리고 조선 병참기지정책을 천명하였다. 일본과 조선은 하나의 국가이니 조선이 일본과 조선인이 일본인과 한 몸이 되어야 한다고 내선일체를 제창하였다. 이후 조선은 제국 일본이 제국주의 전쟁을 지속하는데 필요한 물자를 총동원하는 병참 기지가 되었고 내선일체는 병참기지정책을 위한 정치적 동원의 이데올로기가 되었다. 전쟁이 장기화되면서 내선일체는 조선을 일본의 전시 총동원체제의 총후로 동원하기 위하여 조선인에게 국민정신의 총동원을 요구하는 이른바 '황민화(皇民化)' 이데올로기로 더욱 강화되었다.[39]

내선융화로부터 강화된 내선일체는 한국병합 이래 조선지배의 근본방침인 일시동인(一視同人)에 의거하여 조선인의 국체(國體) 관념을 확립하고 황국신민(皇國臣民)으로서 신념을 공고히 해야 한다는 것이었다.[40] 이러한 내선일체가 중일전쟁 발발 이후 조선총독부의 조선 지배의 본의(本義)이자 지배이데올로기가 되었다.[41] 일본은 연합국에 항복을 선언할 때까지 조선인의 '정신적 단결'과 '내선일체'를 일본 "제국의 흥아국책 수행상 절대적 전제여건"이라고 강조하고 강제하였다.[42]

---

39) 鈴木武雄. 1939. 『大陸兵站基地論解說』. 綠旗聯盟, 29-42; 朝鮮總督府. 1938. 『朝鮮總督府時局對策調查會諮問答申書』, 205-206; 전상숙(2004), 637-650; 전상숙(2012), 239-241.
40) 朝鮮總督府. 1940. "朝鮮における國民精神總動員." 『國民精神總動員』. 민족문제연구소 편. 2000. 『日帝下 戰時體制期 政策史料 叢書』 第50卷. 서울: 한국학술정보, 336.
41) "昭和16年 第79回帝國議會說明資料(警務)." 민족문제연구소 편. 2000. 『日帝下 戰時體制期 政策史料 叢書』 第14卷. 서울: ㈜한국학술정보, 722.

그런데 그와 같은 일시동인의 동화주의 시책은 처음부터 조선교육령 제3조에 명시되었던 바와 같이 '시세'와 '민도'에 적합하게 추진되는 것이었다. 사실, 한국병합을 실질적으로 기획하여 완성시켰다고 할 수 있는 데라우치총독이 부임해서 직면한 조선의 상황은 "전도가 용이하지 않아 참으로 望洋之嘆으로 참지 못하여 관직을 그만두기를 희망"할 정도였다. 조선을 일본국가화하기에 난감한 상황이었다. 조선인들의 강한 항일 민족적 저항 의식과 민족 독립 의지와 마주해야 했기 때문이다. 일본인들이 보기에 조선인들은 병합 이전부터 오로지 목적이 "국권회복"에만 있는 것[43] 같았다.

다이쇼데모크라시 풍조가 일본에서 고양되는 가운데 본국 일본의 정세 변화로 인하여 환국하지 못하고 전임(專任)조선총독으로 체류하게 된 데라우치총독의 시정은, 그와 같은 조선인의 민족적 저항의식과 저항력을 최대한 억압하고 말살하여 일본 제국주의의 조선지배를 위한 치안질서를 유지하여 지배의 안정화를 기하는데 최우선의 가치를 두지 않을 수 없었다. 조선지배의 안정화는 곧 일본 국가의 포괄적인 안보 다시 말해서 대륙의 제국 일본 국가를 완성하는 국가 주권을 확립하는 것이었기 때문이다. 따라서 조선총독에게 가장 중요한 것은 조선인의 민족적 저항과 민족적 저항의식을 말살하여 조선의 치안질서를 안정화시키는 것이었다. 오직 국권의 회복만을 목적으로 하는 것 같은 조선인의 민족적 저항과 의식을 억압하여 조선의 지배를 안정화시킨다는 것은 곧 일시동인의 동화주의에 입

---

42) 朝鮮總督府. "政務摠監事務引繼書." 민족문제연구소 편. 2000. 『日帝下 戰時體制期 政策史料 叢書』 第29卷. 서울: ㈜한국학술정보, 365; 전상숙(2012), 240.

43) 마쓰다 도시히코. 2005. "일본 육군의 중국대륙침략정책과 조선(1910-1915)." 권태억 외 『한국근대사회와 문화』. 서울: 서울대학교출판부, 102-103.

각하여 조선민족의 정신을 말살함으로써 조선민족이 일본인과 같이 일본 국민이 되도록 해야 한다는 것이었다. 이것이 곧 일본 국가가 조선지배체제를 안정적으로 구축하는 목적이자 한국병합의 목적이었다. 그와 같은 조선지배의 목적은 시대가 변하고 정책이 변해서, 조선총독이 변한다고 해서 달라질 것이 없는 시종 일관하는 것이었다.

그러나 '무단통치'라고 불릴 정도로 무력으로 조선을 강압적으로 지배했던 데라우치의 지배를 받으면서도 조선인들은 1919년 거족적인 3·1운동으로 봉기하여 국권회복의 소망을 포기하지 않았다. 오히려 국권회복의 방안을 모색하고 있다는 사실을 공공연하게 표출하였다. 게다가 3·1운동은 무단통치를 10여년이나 거치고 난 이후임에도 불구하고, 국내외에서 분산적으로 진행되던 조선인들의 항일 독립운동을 결집하는 결과를 낳았다. 그리하여 국외에서나마 '대한민국상해임시정부'라는 한국인의 민족적 독립 국가 건설의 염원을 응집해내는 결실을 맺었다.

그러므로 무단통치를 대신하여 내지연장주의가 주창되며 이른바 문화정치라는 유화책이 실시되었지만 그 실상은 "조선의 內治는 헌병의 그물에 의하여 유지"되지 않으면 안될 정도였다. 한국인의 민족적 저항과 저항 의지는 병합 이래 변함이 없었다. 따라서 군사력을 대신한 경찰력을 통해서 조선인의 민족적 저항을 통제하지 않을 수 없었다. 일본 제국주의는 한국인들에게 "마치 염라대왕과도 같"은 존재로 여겨졌다. 그러한 일본 제국주의 치하에서 표면상으로는 "鮮人이 죽은 듯이 굴복하고 있는 것은 상상하고도 남음이 있"을[44] 것이었다.

---

44)『萬朝報』(1919. 3. 8); 강동진. 1987.『일본 언론계와 조선 1910-1945』. 서울: 지식산업사, 169. 재인용.

그와 같은 문화정치를 거치며 전개된 만주사변 이후 일본의 군부 파시즘기의 내선융화와 내선일체로 표방된 조선의 치안상황은 익히 알려진 바와 같이 공공연하고 노골적으로 한국인, 조선민족의 말살을 꾀하며 일본인으로서 동원을 촉구하는 것이었다. 그러므로 한국 병합 이후 일본의 조선지배에서 일관되게 가장 중요했던 것은 '조선치안질서 유지'를 통한 '조선지배의 안정화'였다. 그리고 이 말은 조선 민족의 말살을 의미하는 다른 용어였다고 해도 과언이 아니다.

때문에 일본 제국주의가 조선치안에 대한 불안감 다시 말해서 조선인들의 국권 회복에 대한 소망을 걱정하지 않아도 되지 않는 한 일본은 조선인들에게 일본인과 같이 대우하겠다며 표방한 일시동인의 실질적인 동화정책을 실시할 수 없었다. 동화주의 내용과 그에 따른 권리는 사실상 한국인들에게 주어질 수 없는 것이었다.

이러한 맥락에서 재조 일본인 잡지『朝鮮及滿洲』사의 사장이었던 샤쿠오[釋尾旭邦]는 "朝鮮人도 일본 帝國民이 된 이상 일본인으로 취급해야 한다"는 것은 바보같은 소리라고 하였다. "朝鮮人을 日本人처럼 만들려는 것은 가능하지만 日本人 取扱하는 것은 현재로서는 불가능하다"는 것이었다.[45] 조선교육령이 공표되기 이전에 논의되었던 "교화(教化)의견서"에서 조선인들을 "帝國의 忠良한 臣民"이 되게 하지는 못하지만 일시동인의 자세로 선정을 베풀면 제국에 신뢰하는 마음이 생겨 "결국 同化되어 帝國의 順良한 臣民이 될 수 있을 것"이라고[46] 했던 것도 같은 의미였다. 또한 조선지배의 목적이 동화라고 언명한 데라우치총독이 감히 "絶對的으로 同化

---

45) 釋尾旭邦. 1910. 10. "總督政治の方針を論ず."『朝鮮』32.
46) "教化意見書." 1910. 10. 8. 渡部學, 阿部洋 編.『日本植民地教育政策資料集成』69.

主義"라고 말하지는 않는다고 하면서 조선인을 동화될 국민(國民)으로 인정하고 동화방침에 기초하여 조선인의 교육과 일반 행정에도 많은 주의를 기울인다고[47] 했던 것도 같은 맥락이었다.

이른바 시세(時勢)와 민도(民度)에 적합한 동화주의 시정(施政)이라는 것은, 한반도의 일본국가화를 위한 병합의 목적을 분명히 하면서도 기본적으로 조선인의 항일 민족의식 곧 조선인의 민족적인 국권 회복의 지향을 통제, 말살하고자 한 것이었다. 불안한 조선의 치안질서를 안정화시키고자 한 것이면서 동시에 일본인보다 열등하게 여기는 조선인에 대한 차별의식이 복합적으로 작용하여 표명된 것이었다. 공식적으로 그것은 한국을 병합하여 이른바 일본제국 영토의 일부로 취했지만 한반도의 사정이 문화(文化) 등 모든 면에서 제국(帝國) 내지(內地)인 일본과 처음부터 같지 않으니 그 민정(民情)과 풍속(風俗), 관습(慣習) 등에 비추어서 조선인의 지식 개발도 점차 내지인(內地人) 일본인으로 동화시킬 수 있는 적절한 정책과 법제를 펼치겠다는 것이었다. 조선인의 전반적인 의식수준이 일본과 직접적으로 동화되었다고 판단될 때까지는 일본과는 다른 '특수한 통치'를 할 필요가 있다는 것이었다.[48]

이와 같이 지극히 주관적인 지배자의 관점에서의 판단을 명분으로 하여 일본은 병합한 조선에 대하여 일시동인의 동화주의시책을 표방하면서도, 대만과 마찬가지로 '외지(外地)'로 규정하였다. '대일본제국헌법'이 적용되는 본국 일본 영토를 의미하는 내지(內地)에 대하여 대일본제국헌법이 적용되지 않으면서도 일본제국의 배타적인 통치권이 행해지는 대일본

---

47) "寺內總督談 (4) 同化策." 『매일신보』(1913. 6. 28).
48) "秘 合倂後半島統治ト帝國憲法トノ關係." 山本四郞 編. 1984. 『寺內正毅關係文書-首相以前』. 京都: 京都女子大學出版部, 63.

제국헌법의 법역(法域) 밖에 위치한 외지로 규정하여[49] 통치하였다. 병합된 반도 조선이 섬나라 제국 일본에 대하여 갖는 중요성은 대만에 견줄 것이 아니었다. 때문에 같은 외지였지만 대만총독과는 달리 조선총독은 천황에 직예하고, 그에 의거하여 법률의 효력을 갖는 제령권(制令勸)을 처음부터 영구입법으로 부여받았다. 뿐만 아니라 사법권과 행정권, 군통수권 등 통치의 전권을 무제한으로 행사할 수 있는 권한을 식민지시기 내내 견지하였다. 이러한 조선총독의 권한은 앞에서 언급한 바와 같이 한국병합 과정을 통해서 이루어졌다.

조선총독의 배타적인 조선지배의 전권은, 일본 제국주의가 표방한 일시동인의 동화주의가 실제 지배정책면에서 사실상 조선민족말살정책으로 현재화되는데 결정적으로 중요한 요인이었다. 한국의 식민지시기 동안 견지된 조선지배의 전권을 가진 무관전임총독은 일본천황의 이름을 빌어서 조선교육령을 공포하고 그에 의거하여 이른바 '시세와 민도'에 따른 동화주의 시책을 교육을 통해서 실시하였다.

일본 제국주의는 조선의 시세와 조선인의 민도를 이유로 불평등하고 차별적인 교육을 시행하였다. 조선 사정을 이유로 조선인을 일본의 열등민족으로서 일본국민화하고자 하였다. 그러면서 조선인이 국어인 일본어 능력과 품성이 일본인과 같아지게 되면 일본인과 동화될 수 있는 실질적인 제도적 시책을 실시하고 그에 따라서 권리도 부여 하겠다고 하였다. 조선의 제반 사정이 일본보다 못 미치기 때문에 불가피하게 본토인 내지와 본토 밖의 외지를 구별하고 그 결과 제국헌법의 적용 또한 유보한다는 것이었다. 일시동인과 동화를 외치고 일본 국가의 국민이라는 것을 강조하

---

49) 山崎丹照. 1943.『外地統治機構の研究』. 東京: 高山書院, 1.

면서도 실제로는 차별하는 정책을 상징하는 것이 바로 일본제국의 헌법이 적용되지 않는 곳인 '외지'라는 것이었다. 그리고 차별적인 시책을 행할 수밖에 없다는 명분이 시세와 민도의 차이였다.

또한 그와 같은 식민통치의 실상을 총체적으로 상징하는 것이 조선지배의 전권을 가진 전제적인 조선총독정치였다. 그리고 그러한 조선총독정치를 견지하기 위해서 제창되었던 것이 '조선특수성론'이었다. 전제적인 무관 조선총독의 일시동인의 동화주의 정책 아래서 조선인들에게는 참정권은 물론이고 자치권조차 용납되지 못하였다. 반면에 실제적으로 일본국가에 실리적인 조선과 일본의 경제를 일체화시키기 위한 경제적 동화는 급속히 추진되었다. 민법이나 상법의 경제관련 법령들에서는 약간의 예외를 제외하곤 조선과 일본이 동일한 법체계 아래 있게 되었다.50) 그 결과 일본 제국주의의 경제적 동원과 착취로 조선 경제의 일본에 대한 예속화는 더욱 심화되었다. 그 실상이 이른바 '식민지 근대화'를 이루는 것이 되었다.

조선총독부의 일시동인 동화주의 방침은, 한국을 일본국 조선으로써 일본국가화하고자 조선인의 민족의식과 사상을 말살하여 총체적으로 일본국민으로 만들겠다는 것이었다. 그 실질은 조선인을 민족적으로 차별하는 정책을 시행하는 것이었다. 사실 일본은 반도 한국을 병합하여 일본국가화 한다는 것 이외에 구체적인 그리고 일관된 조선지배를 위한 시책을 가지고 조선을 통치한 것은 아니었다. 황석우(黃錫禹)가 일본의 이념을 현실주의라고 지적했던 것처럼 조선총독부의 일본국가화 시책과 이념은 당대

---

50) 金洛年. 2002. 『日本帝國主義下の朝鮮經營』. 東京: 東京大學出版會, 56; 권태억(2008), 109-110.

의 시대적 변화와 정치적 상황과 필요에 따라서 선택적으로 변용되며 집행되었다. 그렇지만 이른바 '조선문제'의 해결을 자임하며 장기간에 걸쳐서 이루어낸 1910년의 병합 당시, '병합'이라는 당대 세간에 통용되지 않던 새로운 용어를 찾아내서 사용할 정도로 시간과 노력을 기울여 일본국가화하고자 했던 반도 조선 병참의 기본 목적과 근본 인식은 일관된 것이었다. 일본 국가화라는 목적은 흔들리지 않는 것이었다. 그것이 일시동인의 동화주의라는 조선통치의 기본관이자 이념으로 관철되었던 것이었다.

조선총독부의 동화주의 내용과 실상에 대하여 앞에서도 언급한 바와 같이 논의가 분분하다. 그러나 어떤 경우에도 일본의 한국병합이 일본의 대륙국가화를 지향한 것이라는 사실은 변하지 않는다. 제2차 세계대전에서 패전한 후 작성된 한 일본의 문건에도 명시되어 있듯이 적어도 일본은 "조선의 四國九州化"를 지향하였다. 오키나와 홋카이도의 경우를 통해서 알 수 있는 것처럼 얼마나 시간이 걸릴지 어떠한 방식으로 동화될지는 구체적으로 정해져있지 않았다. 그러나 섬나라의 한계를 극복하기 위한 대륙국가화를 목적으로 한반도를 병합했다는 사실은 부정될 수도 변하지도 않는다. 바로 이 지점에서 조선총독부가 표방한 일시동인의 동화주의 방침은, 식민지시기 조선인의 입장에서는 조선인의 민족의식말살 방침인 동시에, 일본의 입장에서는 일본제국주의가 표방한 지배정책적 슬로건에 그치는 것이 아니라 궁극적으로 실현하고자 했던 통치목표였다고 할 수 있다.

제 3 장

민족적 저항의식의 현재화와 3·1운동을 통한 민족주의의 발현

　일본제국의 근대 육군이 중심이 되어 국책으로 확정한 북진대륙정책은 일본 국가의 대륙제국국가화라는 분명한 목적을 갖고 추진되었다. 장기간에 걸친 대륙의 제국 일본 국가 건설이라는 목적은 섬나라 일본이 대륙으로 진출하기 위한 초석으로 반도 한국을 필요로 하는 것이었다. 그리하여 단행된 한국의 병합은 일본 국가의 '백년지대계'를 조망하며 "항구적"으로 한국을 일본국가의 일부로써 영구히 취하고자 한 것이었다.[1]
　일시동인(一視同人)의 동화주의(同化主義)는 그러한 한국 병합의 목적을, 조선인의 민족의식을 일본 국민화하여 조선민족을 말살하겠다는 의미를 내포한 것이었다. 이것을 조선총독부는 일본 국가에 기여하는 조선지배 방침의 근간이라고 공포하였다. 지배자 일본인의 관점에서 조선인을 일본인과 똑같이 보며 일본 국민으로 동화시키겠다는 것이었다.
　그러한 병합을 단행하고 조선지배의 초석을 놓은 일본 육군이 중심이

---

1) 鈴木武雄. 1941. "國土計劃と朝鮮都市." 朝鮮築港株式會社 南朝鮮開發企劃部 編. 『軍需工業指導の一般方針に基く工業の地方分散計劃竝に國土計劃上に於ける人口の再分配と馬山工業都市創設』, 13.

된 조선총독부의 시정은, 헌병과 경찰을 일원화시키고 외교와 행정은 물론 사법권까지 가진 총독이 조선지배의 안정화를 위한 치안유지를 명목으로 일원화한 군(軍)과 경(警)에 대한 통수권까지 행사하는 초법적인 전제정치였다.[2] 조선총독의 전제정치는 기본적으로 이민족(異民族)인 조선인의 일본 지배에 대한 강력한 민족적 저항을 진압하고 조선지배의 안정화를 이루고자 한 효율적인 군사적 통치방식이었다.

일본 제국주의는 병합이전부터 강력하게 항일 저항적 민족의식을 표출한 의병을 집중적으로 탄압하였다. 병합 직후에는 1912년 이른바 '105인 사건'이라는 것을 통해서 한말 이래 국권확립을 위해서 전개된 애국계몽운동을 이끈 주요 지식인들을 대거 검거해 그 명맥을 끊어버렸다. 그 결과 1915년경에 이르면 한반도에서 의병투쟁은 자취를 감추게 되고 신민회와 같이 항일 계몽운동을 전개하던 사람들 또한 국외로 이주하거나 비밀결사 형태로 지하에서 잔존하며 항일 민족운동의 명맥을 이어가야만 하였다. 조선총독의 전제적 통치권은 무단통치를 통해서 어떤 형태로든지 조선인의 정치적 또는 사회적인 행위를 허용하지 않는다는 것을 명실 공히 분명히 하였기 때문이다.

이러한 한국병합 초기 조선총독부의 시정은 무엇보다도 먼저 전통적인 한국 지배층을 일본제국의 일원으로 재편하는 법제 정책으로부터 시작되었다. 1910년 8월 29일 황실령 14호가 제정되어 조선귀족령이 공포되었다. 그에 따라서 10월 16일 일본제국의 조선 지역에 터전을 두고 있는 조선인귀족이 임명되고 이와 함께 종래의 한국 황실에 대한 재편이 이루어

---

[2] 전상숙. 2012. 『조선총독정치연구: 조선총독의 '상대적 자율성'과 일본의 한국지배정책 특질』. 서울: 지식산업사, 82-84.

졌다.3) 일본은 한국을 병합하는데 기여한 한국인들을 병합의 '공신(功臣)'이라고 하여 특별히 우대하는 시책을4) 펼침으로써 사실상 기존의 황실을 무력화하는데 활용하였다.

잘 알려진 바와 같이, 조선총독부는 대한제국의 황실을 이왕가(李王家)로 재편하여 일본 천황제의 하부에 제도적으로 편입시켰다. 일본은 대한제국의 황실 '이왕가'를 일본제국의 이른바 병합의 의미와 일시동인을 실천한다는 명목으로 황실에 비하여 열등한 위치에 놓았다. 그리고 일본 황실과 이왕가 간의 결혼을 통해서 대한제국 황실을 실질적으로 형해화시켰다. 메이지유신을 이끈 하급무사출신 메이지 관료들이 자신들의 정치 혁명을 정당화하고 성공시키기 위하여 무력화되어 있던 전통적인 일본의 황제를 찾아 옹립하고 천황제를 구축했던 것과 정반대로 한민족의 황실의 존재 의미를 사상시켜버렸다.

일본은 메이지천황을 국가적 상징이자 정점으로 하여 분할되어 있던 일본 지역의 일본인들을 근대 일본 국가의 국민으로 통합하며 근대 일본 제국 국가 건설에 성공하였다. 메이지 일본의 지배세력은 경험적으로 황실이 그 실질적인 권위나 권력과 관계없이 국가가 위기에 처했을 때 민족적 통합의 상징으로서 큰 정치사회적인 의미를 갖는다는 사실을 잘 알고 있었다. 황실의 정치적 활용 가능성을 누구보다 잘 알고 있었다. 그래서 대한제국의 황실을 정략적으로 일본 황실과의 결혼을 통해서 혼혈하여 형해화시켜 버렸다. 그러한 혼인은 대한제국 황실이 갖는 한국 민족의 상징이자 통합의 정신적 지주로서 갖는 혈연적 순결성과 정통성을 말살하는

---

3) 이윤상. 2007. "일제하 '조선 왕실'의 지위와 이왕직의 기능."『한국문화』40, 319-324.
4) 이형식. 2005. "조선귀족과 일본귀족과의 관계에 대한 자료조사 및 해제." 친일반민족행위진상규명위원회.『친일반민족행위진상규명위원회 2005년도 보고서』, 2-3.

정치적인 의도를 갖는 것이었다. 그리하여 대한제국 황실이, 그리고 한국인들이 대한제국 황실을 정점으로 하여 항일 민족 독립 운동을 기하거나 통합할 수 있는 여지를 원천적으로 차단하는 의미가 있는 것이었다.

거기에 그치지 않고, 일본은 한국을 병합하는데 기여한 이른바 '공신'이라고 칭한 부일 협력 지배세력 역시 일본천황제의 지배세력과도 같이 제도적으로 편입시켜서 대우하는 특별 우대정책을 실시하였다. 그러나 그 우대정책의 실상 또한 일본이 이른바 귀족을 어떤 존재로 여기느냐를 보면 잘 드러난다. 제국의 황실을 실질적으로 형해화시켜서 한국인들이 민족적으로 단결할 수 있는 여지를 제도적으로 차단하기 위한 정책적 전략의 일환이라는 것을 알 수 있다.

일본은 친일세력에게, "귀족이나 화족이라고 칭하는 일 계급"은 "어떠한 나라에서도 그 역사를 대표하며 그 공적으로 표시한 것인즉" 그로 인하여 "세인의 우대를 받는 동시에 그 儀表될 자격을 보전"해야 하므로 "그 忠君愛國의 誠意로써 國民을 指導"하고 그 지성과 덕의로써 사회의 모범[師範]이 되어야 한다고 하였다. 일본은 대한제국의 황실을 제도적 실질적으로 뒷받침하는 지배세력을 일본의 귀족으로 만들었다. 그리하여 한국 민족의 역사와 역사적 공적을 일본제국의 지역 조선의 것으로 만들었다. 그럼으로써 새로이 일본 귀족이 된 조선인들 곧 재래의 대한제국 지배세력을 일본제국의 역사와 공적을 상징하는 일본인으로서, 일본인이 되어서 조선인들에게 상징하는 위치를 갖게 하고 그에 걸맞게 행동해야 한다고 하였다. 조선귀족은 이제 대한제국이나 오백년의 역사를 잇는 조선왕조의 민족이 아니라 일본인 일본 국가의 일원이었다. 그러므로 조선귀족이 된 조선인은 일본인으로서 일본천황에 충성하고 일본 국가를 위하는 성의를 보여서 일본 국민으로서 조선인에게 모범을 보이며 조선인들이 일본 국민이 되도록 지도하는 역할을 해야 하였다. 다시 말해서 "새로이 優劣에 陞敍된 朝鮮貴族"은 바로 "대일본제국 전부에 대하여 그 우대를 보답하는 자됨"을 의미하는 것이었다. "친히 반도 상에 서식하는 다수 신민을 위하여 항상 솔선 지도하는 책임을 부담"해야 할 "심히 중요한" "책임"을 져야 하는 것이었다.5) 공신 표창은 그렇게 하고 또한 그렇게 해야 할 것이라고 세간에 공표한 것이었다.

이러한 구한국 황실과 조선귀족에 대한 정책은, 일본이 조선지배방침의 근간으로 표방한 일시동인의 동화주의의 실질을 상징적으로 보여주는 것이었다. 외견상 그것은 구한국 황실과 지배세력이 일본 국가와 황실에 충군애국하는 일본국 국민의 일원이 되었다는 것을 공표하는 것이었다. 조선인도 일본인이 되었으므로 일본인과 같은 대우를 받게 될 것이라는 것을 표상하는 상징적인 의미를 갖는 것이었다. 그러나 그 실상은 구한국 황실을 일본국 황실과의 혼인으로 일본 천황제로 편입함으로써 민족적 구심력의 상징이 되어 활성화될 수 있는 여지를 차단한 것이었다. 한국인의 통합적인 민족 독립운동과 정체성 정립의 표상을 원천적으로 거세하는 의미를 갖는 것이었다. 일본 천황제로 편입된 대한제국 황실과 조선귀족은 병합된 조선과 조선민족이 일본천황을 정점으로 한 근대 일본의 천황제 국가, 일본민족과 혼혈되어서 종국적으로 일본민족으로 동화되어 사라지게 될 것이라는 일본의 희망과 지향을 상징하는 것이었다.

무엇보다도 중요한 사실은, 대한제국 황실의 정치적 이데올로기로서의 기능이 원천적으로 차단되었다는 사실이다. 일본 제국주의가 대한제국 황

---

5) "朝鮮貴族(續)." 『매일신보』(1910. 10. 30).

실을 일본 천황제로 편입함으로써, 대한제국 황실이 활성화되고 있던 한국인들의 근대적인 민족의식이 항일 민족독립운동으로 결집되어 조직화될 수 있는 민족적 정체성과 역사성의 구심력으로 작용할 수 있는 가능성이 봉쇄되고 만 것이다. 일본은 한국병합과 동시에 한국인의 민족의식을 항일 저항 민족주의로 통합적으로 집결시킬 수 있는 구심력을 제거하였다. 그러므로 보호국화를 전후하여 자각되기 시작한 한국인들의 근대적인 민족의식은, 국권을 상실한 후에도 상징적인 민족적 구심력조차 갖지 못한 채, 국권을 상실하기 이전과 마찬가지로 각자의 처지와 관점에 따라서 국권을 회복하기 위한 항일 민족적 저항의지를 단체적으로 결집해가며 각개 분산적으로 활동해야 하게 되었다.

다른 한편으로 일본 천황제의 조선귀족이 된 이른바 한국병합의 '공신'들은 통감부시기 한국 각료로서 병합협약에 서명한 사람들이었다. 시세의 추이를 잘 알고 따르는 사람들이었다.[6] 일본 제국주의의 조선지배에 적극적으로 활용될 수 있는 사람들이었다. 그렇지만 그러한 조선귀족들에게도 일본 화족(華族)과 같은 권한, 정치에 참여할 수 있는 권한이 부여되지 않은 것은 물론이고, 병합 이전의 한국 국가와 연관된 용어나 역사, 문화 등과 관련된 서적 등이 일체 금지되었다.[7]

일본이 정략적으로 구한국 황실과 일본 황실을 혼인시킨 것은 한반도의 오천년 역사를 갖는 한국 민족의 역사를 일본제국 지역의 역사로 편입시킴으로써 한국민족을 말살하는 의미를 갖는다. 그러므로 일시동인의 동화주의를 표방한 조선총독정치의 지배방침이 조선인을 일본의 신민(臣

---

[6] "長谷川好道宛寺內正毅書翰." 『寺內正毅關係文書』 410(1919. 4. 12).
[7] 박경식. 1986. 『일본제국주의의 조선지배』. 서울: 청아, 137-159.

民)이자 국민(國民)이 되게 하기 위한 민족말살(民族抹殺)정책으로 전개된 것은 당연한 귀결이었다.

일시동인 동화주의의 실상은, 대한제국 황실을 '이왕가(李王家)'로 재편하고 조선귀족제를 시행하여 일본천황제의 외곽에 편입시킨 것을 통해서 드러나는 바와 같이, 조선인의 민족의식과 민족적 정체성을 강제적으로 박탈하여 민족의식을 거세하고자 한 것이었다. 그리고 그에 대신하여 일본천황제를 받아들여서 일본천황의 신민이자 일본천황제 국가의 국민으로서의 정체성을 강제하는 것이었다. 일시동인의 동화주의는 조선의 일본국가화를 위한 조선총독정치의 기본 방침을 상징하는 정책적 슬로건이었다.

그러한 일본과 조선총독정치의 이민족(異民族) 조선인에 대한 계획적이고 효율적인 군사적 통치 아래서 항일 민족의식에 기초하여 궐기했던 민중과 그나마 전통적인 지배세력이 함께 했던 의병투쟁과 같은 민족적 저항은 통일적 체계를 갖추기가 사실상 어려웠다. 그렇지만 그럼에도 불구하고 변화된 국내외 정세를 배경으로 이른바 '근대문명을 비판하는 사조'가 유입되면서 그 영향을 받으며 항일 민족의식이 다각적으로 계발되고 민족운동의 맹아가 발아되었다.

세계대전으로 전개된 서양 근대문명에 관한 비판에서 비롯된 이른바 '개조론(改造論)'이 세계사조로 확산되었다. 이와 함께 일본에서는 '다이쇼[大正] 데모크라시' 풍조가 확산되었다. 다이쇼 데모크라시 풍조 속에서 영향을 받은 조선인 일본유학생들을 중심으로 국권을 박탈하고 제국주의로 전개된 자본주의에 대한 비판이 개조론을 통해서 논의되기 시작하였다.[8]

---

8) XY生. 1914. 12. "西亂原委錄." 『學之光』 3, 19-26.

이는 곧 조선 사회에도 확산되었다.

개조론의 유통과 수용은 국권 상실을 야기한 근원으로 받아들여진 '근대문명'에 대한 비판적 인식이 수용되고 유통되기 시작한 것이었다. 그리하여 기존의 근대화, 서유럽적 문명화에 대한 대안을 다른 방식으로 모색하게 된 것이었다. 제국주의 열강들 간의 전쟁이었던 제1차 세계대전을 통해서 확산되고 있는 식민지 약소민족의 반제국주의 민족의식과 민족적 저항의지가 또 다른 측면에서 지식인들을 중심으로 전개되어 활성화되기 시작하였다. 개조론이 식민지 조선사회에 유입되어 확산된 것은, 세계사적인 맥락에서 전개된 제국주의로 발전한 자본주의적 성장에 대한 비판과 그 맥을 같이 하는 것이었다. 동시에 지식인들이 개조의 논의 속에서 일본 지배체제에 대한 대안을 모색하며 일본 제국주의 치하에서 축적되어온 항일 민족의식을 결집하여 단체적 행동으로 나아갈 바를 강구하는 것이기도 하였다.

개조론의 유통은 다른 한편으로는 한일의정서 체결 이후 자각되기 시작한 국권상실의 위기의식 속에서 중화사상뿐만 아니라 일본에 대해서도 대자적인 국제관계 인식을 갖게 되면서 인종주의적인 민족 인식으로부터 벗어나 각성되기 시작한 개별 민족 국가 단위의 민족 인식이 정립되고 있었기 때문이기도 하였다. 그러한 민족 인식의 변화는 일본의 침략성을 체감하며 아시아연대를 주창한 일본의 동양주의를 비판하면서 이루어졌다.

"東洋에 있는 國이면 敵國도 我國으로 보며 東洋에 있는 族이면 瞿族도 我族으로 인식하는 자 많도다. 이로 미루어보면 한국인이 열국경쟁 시대에 국가주의를 제창치 않고 東洋主義를 혼미하면 이는 금일시대의 인물로 미래 다른 별나라 세계의 경쟁을 염려하는 자와 다를 바 없다."[9]

동양주의가 '동양' 각 국의 인종적인 유사성을 근거로 일본과 같은 '동양' 국가라면 비록 국권을 박탈한 적국이더라도 우리 국가처럼 여기고 동양의 민족이면 원수 같은 민족이더라도 우리 민족과 같이 인식하는 것이라는 점이 직시되었다. 동양주의의 맹점과 오류가 자각되고 비판되었다. 각국이 경쟁하는 국제정치에서는 각 국가와 각 민족이 각자 자국의 주권과 권리를 주창하고 확보해야 한다는 지극히 당연한 사실이 명확하게 인지되었다.

일본의 침략이데올로기였던 동양주의를 누구보다 먼저 정확하게 파악한 사람이 신채호였다.10) 그는 동양주의(東洋主義)로 표상되었던 일본 제국주의의 군사적·경제적 침략성을 인식하고 러일전쟁 이후 아시아연대와 동양주의를 제창했던 일본의 정체성을 제국주의라고 분명하게 지적하였다. 그리고 제국주의에 대항하는 것이 바로 한 민족을 단위로 하여 민족의 생존권과 주권을 확립하기 위한 민족주의라고 역설하였다.11) 근대적인 한국 민족주의를 정립해야 할 필요를 역설하였다.

> "然則 此帝國主義로 抵抗하는 方法은 何인가. 曰 民族主義(他民族의 干涉을 不受하는 主義)를 奮揮함이 是이니라. 此 民族主義는 實로 民族保全의 不二의 法門이라. … 嗚呼라 民族을 保全코자 하는 者가 此 民族主義를 捨하고 何를 當取하리오. 是故로 民族主義가 膨脹의 雄壯의 堅忍의 光輝를 揚하면 如何한 極烈의 怪惡의 帝國主義라도 敢히 參入치 못하나니 要컨대 帝國主義는 民族主義가 薄弱한 國에만 參入하나니라."

---

9) "東洋主義에 대한 批判." 『대한매일신보』(1909. 8. 9).
10) 김도형. 1994. 『대한제국기의 정치사상연구』. 서울: 지식산업사, 402.
11) 논설 "二十世紀 新國民 (續)." 『대한매일신보』(1910. 2. 23).

신채호는 제국주의에 저항하는 방법은 바로 다른 민족이 간섭할 수 없도록 하는 민족주의를 발휘하는 것이라고 하였다. 민족을 보전하려는데 어떻게 민족을 버리고 다른 무엇을 얻을 수 있겠느냐는 것이었다. 민족주의란 다른 민족의 간섭을 허용하지 않고 자기 민족을 보전하고자 하는 것이라고 정의 하였다. 민족주의를 최대한으로 견지하여 발휘하면 어떤 극렬하고 악랄한 제국주의라도 감히 침입하지 못한다고 강조하였다. 결국 제국주의는 민족주의가 강한 국가이니 민족주의가 약한 국가에만 침입한다고 하였다. 우리 민족주의가 약해서 제국주의의 식민지가 되었으니 민족을 보전하기 위해서는 민족주의를 발휘해야 한다는 것이었다.

여기서 민족주의는 타민족의 간섭을 허용하지 않는 '주의(主義)'라고 하였다. 다시 말해서 민족을 보호하고 지키기[民族保全] 위한 이념이자 이념체계가 곧 민족주의라는 것이었다. 민족의 생존과 생존을 위한 주권을 공고히 하기 위한 이념이 민족주의라는 것이었다. 그러한 민족주의를 강건하게 하는 것, 그 이념체계를 구축하여 실현하는 것만이 침략적인 제국주의에 대항하는 유일한 방법이라고 역설하였다.

이와 같은 민족주의에 대한 인식은 자본주의의 발전을 배경으로 하여 일 민족 국가체제를 구축한 서양 열강이 민족국가의 발전을 표방하며 침략적 제국주의로 전개된 20세기를 민족주의의 시대로 파악하고 정립된 것이었다. 그러므로 그와 같은 민족주의의 시대에 민족주의의 속성을 알고 양성하면 흥하여 살아남을 것이고, 그렇지 못하고 이제 각성되고 있는 근대적인 민족의식을 민족주의로 양성해내지 못하면 결국 민족주의를 잃게 되어 민족이 망하고 살아남지 못한다고 하였다.[12]

---

12) "民族主義,"『皇城新聞』(1907. 6. 10-11).

"光揮活躍於二十世紀之新天地하야 震撼宇宙하며 衝突東西하고 灑盡 英雄之熱血하며 擲盡人民之肝腦하야 知此者는 興하며 昧此者는 亡하 고 得此者는 生하며 失此者는 死하나니 此果何物哉아 … 즉 右揭한 問 題民族主義라는 것이 是라."

앞 장에서 보았던 민족주의의 대내적인 통합과 결속의 이데올로기로서 의 성격과 기능은 물론이고 민족주의가 변질되어 대외적인 침략의 이데올 로기로 이용되기도 하는 측면을 정확하게 파악한 것이었다. 그리하여, 민 족주의를 타민족의 간섭을 허용하지 않는 주의라고 한 데서 알 수 있는 바 와 같이, 민족을 단위로 한 주권 곧 민족주의 시대에 민족을 단위로 한 국 가 주권의 의미와 중요성을 명확하게 인지한 것이었다.

이때 민족이란,

"民族이란 者는 只是 同一한 血統에 系하며 同一한 土地에 居하며 同 一한 歷史를 擁하며 同一한 宗敎를 奉하며 同一한 言語를 用하면 便是 同一한 民族이라 稱하난 바"13)

동일한 혈통과 토지·역사·종교·언어로 이루어진 것 곧 혈연을 토대 로 하여 이루어진 역사문화 공동체를 의미하는 것이었다. 곧 20세기의 고 전적인 민족주의에 대한 인식을 공유한 것이었다.

이와 같은 근대 민족주의와 민족국가에 대한 이해와 함께, 1897년에 처 음으로 신문에 등장한 이래 대중을 일컫는 용어로 종종 사용되던 '국민'이 라는 개념도14) 민족국가를 구성하는 민족으로서의 국가 구성원이라는 의

---

13) "논설 民族과 國民의 區別."『대한매일신보』(1908. 7. 30).
14) "논설 국가와 국민의 흥망."『대조선독립협회회보』11(1987).

미로 정의되었다. 민족을 단위로 한 근대 국가의 국민, 민족주의 시대의 국민은, 국가라는 공동체 안에서 "동일한 정신을 지니고 동일한 이해를 느끼며 동일한 행동"을 하는 것이라고 정의되었다.15) 근대 국가의 국민은 단순한 종족 공동체가 아니라 동일한 민족정신을 가지고 형성된 민족이라는 동일한 민족적 이해 속에서 함께 행동하는 주체라는 것이었다. 이러한 국민에 대한 정의는 한두 명의 영웅에 의해서 국가의 흥망이 좌우되던 고대와는 달리, 근대 국가의 흥망은 국권의 주체인 국민에게 있다고 보는 것이었다.

이러한 근대 민족국가와 그 국민에 대한 이해는 국민 전체의 실력을 강조하는 것으로 전개되었다.16) 이러한 인식은, 병합 이전에 민주정(民主政)으로의 정치체제 개혁을 논하면서도 인민 대중을 민권의 주체로 인정하고 받아들이는 것까지는 나아가지 못했던 것에서 나아간 것이었다.

그리하여, 한말 민주정에 대한 논의가, 국가의 공권력(公權)을 국민이 갖는 국가17) 다시 말해서 자유롭고 평등한 인민이 국가의 주권을 갖는 입헌공화정으로 구체화되어 논의되었다.

> "國家의 利가 日로 多하며 人民의 福이 日로 大하여 專制封建의 舊陋가 去하고 立憲共和의 福音이 遍하여 國家는 人民의 樂園이 되며 人民은 國家의 主人이 되어 孔孟의 輔世長民主義가 此에 實行되며 루소의 平等自由精神이 此에 成功되었도다."18)

---

15) 논설 "民族과 國民의 區別." 『대한매일신보』(1908. 7. 30).
16) 鍊丹生. "所懷一福으로 普告同胞." 『대한매일신보』(1908. 8. 21).
17) 논설 "身家國 觀念의 變遷." 『대한매일신보』(1909. 7. 15).
18) 논설 "二十世紀 新國民 (續)." 『대한매일신보』(1910. 2. 25).

국가의 이권이 나날이 증가할수록 인민의 복이 날로 커져서 전제적인 봉건적 구태가 제거되고 입헌과 공화의 복음이 두루 퍼져 국가는 인민의 낙원이 되고 인민은 국가의 주인이 되어 공자와 맹자가 말하던 바 세상을 길이 이롭게 할 민이 주인이 되는 주의가 실행되고 루소의 자유 평등 정신이 이루어졌다는 것이다.

이러한 입헌공화정에 대한 논의는, 병합으로 인하여 막을 내린 대한제국을 대신할 국가를 새롭게 건설하기 위한 국권회복이 국외에서 모색되는 가운데, 지식인들 사이에서 일반적으로 공유되고 있었다. 그리하여 공화주의적 인민주권에 대한 인식이 잘 알려진 바와 같이 1917년 신채호·박은식·조소앙·신규식 등이 주창한 '대동단결선언'을 통해서 명확하게 표명되었던 것이다.

대동단결선언은 대한제국이 일본에 병합되고 황실이 일본 황실과의 혼인으로 형해화되었지만 그것이 곧 한국 민족의 멸망을 의미하는 것은 아니라고 선언하였다. 평등한 인민이 국가의 주권을 갖는 입헌공화정에 대한 인식에 기초하여 전제적인 대한제국 황제의 이름으로 행해진 일본과의 병합이 한민족 구성원들의 동의나 주권이양을 전제로 이루어진 것이 아니라는 사실을 분명히 선언하였다. 대한제국 황제의 이름으로 행해진 일본과의 병합으로 인한 주권의 이양은 대한제국의 황제가 자신의 주권을 이양한 것일 뿐이라는 것이었다. 그러므로 이제 한민족, 대한국가의 주권은 한반도를 터전으로 하여 오천년의 역사를 이루며 생활해온 한국민족공동체의 생존을 위한 주권으로 이양되었다고 공포하였다. 민족공동체의 주권 회복을 선언한 것이었다.

대동단결선언은 전제적인 국가 주권을 갖고 있던 대한제국과 대한제국의 황제의 주권을 일본이 병합을 통해서 박탈한 것은 민족공동체의 관점에서 볼 때 근본적으로 무효라고 선언한 것이었다. 일본이 병합을 통해서 대한제국과 일본 양 국이 상호 합의하여 하나가 되었다고 한 것은, 대한제국 군주가 주권을 포기한 것을 의미하는 것일 뿐이라고 하였다. 군주의 전제권 아래 있던 민족적 생존권을 담보하는 민족공동체의 주권까지 군주가 내어줄 수는 없다는 것이었다. 일본이 대한제국의 군주가 주권을 포기하였다고 하니 그것은 군주의 전제권을 포기한 것이지 군주가 대변하고 있던 국가 주권 다시 말해서 대한제국 국민인 한민족이 주권을 포기하고 일본에게 양도한 것은 아니라는 의미였다. 군주권이 국가주권을 상징하기는 했지만 대한제국 황제의 군주권은 한민족 인민의 주권 이양 동의를 받은 것이 아니었으므로 황제의 주권 이양이 한민족의 주권 포기는 아니라는 것이었다. 전제적인 군주권을 군주가 스스로 포기했다고 하니 그것은 받아들이겠지만 군주가 전제적으로 행사하던 국가 주권을 포기하는 바로 그 순간 군주에 의해서 전제되던 국가 주권은 대한제국 국민에게로 자연 상속되었다는 것이었다. 그러한 한민족의 국가 주권을 일본이 임의로 가져갈 수 있는 것이 아니라고 천명한 것이었다.

대동단결선언은 군주의 전제권을 공고히 한 대한제국의 선포로 인하여 임의로 위임되거나 박탈된 것으로 여겼던 대한제국 국민, 한민족의 주권이 한국인 개개인에게 있는 것이라는 사실을 분명하게 공포한 것이었다. 한민족이 대한제국 국가의 국민인 이상 전면적으로 부정할 수는 없었던 전제 군주권은, 한민족 국가가 소멸된 상태에서는 그 역시 소멸한 것으로 인정하고, 국가 주권의 주체인 인민의 주권을 구현할 민족 공동체의 지향과 수립을 선포한 것이었다. 그와 같이 대한제국 국민으로서의 한민족의

주권을 선언한 대동단결선언은 유교의 대동사상에 기초하였다.[19)]

그런데 거기서 더 나아가 근대적인 주권재민(主權在民)의 공화주의 입장에서 국가 주권의 문제를 민족 주권으로 해석한 것이었다. 그리하여 한국을 병합하고 스스로 제국임을 자임하는 일본 제국주의에 대한 한국 국민의 민족적 저항과 민족적 국권 회복의 의지를 식민지배 아래서도 분명하게 표명한 것이었다. 민족을 단위로 한 주권 곧 근대 민족국가의 국가 주권으로서의 민족 주권을 역설한 것이었다. 대동단결선언은, 비록 대한제국이 일본 국가의 지역 조선으로 병합되었다고 할지라도, 한반도와 거기서 살아 숨쉬고 있는 한민족과 한민족의 역사는 실존하고 있으니 주권이 인민에게 있는 공화주의에 의거하여 민족정신을 고취하여(동일한 정신을 지니고) 주권이 인민에게 있는 공화주의(동일한 이해)를 통해서 대한제국을 대신하는 새로운 근대적인 민족 독립 국가를 건설해야한다고(동일한 행동) 한 것이었다. 유교적 대동사상을 근대적인 민족 의식에 입각하여 민족주의로 나아가는 이념체계의 토대로 삼아서 독립 민족 국가 건설 구상을 선언한 것이 곧 대동단결선언이었다.

그러므로 대동단결선언은 일본의 병합으로 인해서 박탈된 국가의 주권을 근대적인 독립 국가 건설을 통해서 회복할 것과 근대적 독립 국가 건설을 한민족의 민족주의 정립을 통해서 이룰 것을 분명하게 제시한 것이었다고 할 수 있다. 일본 제국주의의 강권적 침략과 함께 붕괴되어간 대한제국 황실의 현실을 직시하고 애국계몽운동을 통해서 적극적으로 주창되어 온 인민 주권 곧 민권에 대한 인식이, 민권의 주체로서의 인민과 그 인민의 애국 의지로 발현되어 근대 국가를 새롭게 건설할 수 있는 국민 주권론으

---

19) 김도형(1994), 431-434.

로 정립된 것이었다. 평등한 인민주권론을 토대로 한 서양 근대 민족주의와 그에 기초한 근대 민족국가에 대한 인식이 정립된 것이라고 할 수 있다.

이와 같은 과정에서 역사적 종족 공동체로서의 민족이 동일한 이해를 갖고 동일한 행동을 하게 하는 "동일한 정신"을 지니게 하여 주권 국가의 국민이 되게 하는 요체로 강조된 것이 '민족고유의 것' 곧 '국수(國粹)'였다. 국수는 다음과 같이 정의되었다.

"自國의 歷史를 崇하며 自國의 英雄을 拜하여 自國의 精神을 발휘"

한 것이었다.20)

"그 나라에 역사적으로 전래하는 풍속, 습관, 법률, 제도 등의 정신"21)

국수는 민족국가 건설을 위한 토대가 되는 민족정신과 민족정신이 발휘된 민족주의를 의미하는 것이었다. 이러한 국수를 보전해야 한다는 논의는 식민지시기 항일운동 일반과 같이 관념적이었다고 할 수도 있다. 그렇지만, 그러한 국수에 대한 논의는, 일본 제국주의의 침략과 직면하여 체험한 제국주의의 본질을 통해서 근대화 지상주의를 비판적으로 인식하면서 국권 회복을 위한 민족적 정체성과 민족주의를 정립하고자 한 것이었다. 그리하여 국수를 의미하는 총체적인 민족정신을 지키기 위한 구체적인 방법으로 역사연구가 강조되었다. 그리고 이 역사연구의 이념적 근거로 국민적 종교[大倧敎]가 거론되며 국권 회복을 위한 무력 항쟁과 무력 항쟁의 민

---

20) 논설 "破壞家의 誤解 (續)."『대한매일신보』(1908. 2. 13).
21) 논설 "國粹保全說",『대한매일신보』(1908. 8. 12).

족적 의미 또한 강조하는 입장으로 이어졌다.22)

그러나 민족정신과 민족주의의 정립을 통한 국권 회복의 모색과 논의들은 일시동인의 동화주의를 표방한 조선총독정치의 이민족 말살 정책 아래서는 공론화될 수 있는 것이 아니었다. 그렇지만 반전(反戰)사상과 서양 근대문명에 대한 비판이 반제국주의 운동으로까지 고양되는 배경이 된 제1차 세계대전과 그 와중에 성공적으로 이루어진 러시아혁명은 20세기 세계사의 운명을 전환시키는 결정적인 계기가 되었다.

공산주의 혁명에 성공한 러시아 혁명정부는 구러시아 짜르체제 아래 복속되었던 약소민족의 자결을 선언하고 해방시켰다. 글자로만 논의되던 공산주의 혁명과 혁명정부의 등장은 자본주의 열강에게 큰 충격이 아닐 수 없었다. 그리하여 그에 대한 반작용으로 미국 대통령 윌슨 또한 민족자결을 선언하였다. 윌슨의 민족자결선언은 겉으로라도 인류 보편의 열망을 외면할 수 없는 이상주의 국제정치가 현실주의를 압도하는 변화를 가져왔다. 그리하여 세계적으로 개조론이 확산되는 한편으로 국제적인 규모의 혁명사조와 혁명운동이 확산되었다. 러시아혁명을 전후로 한 국제정치의 변화는 1910년대 후반, 병합 이후 민족적으로 억압되었던 조선인들이 세계 개조의 기운을 확신하고 항일 민족 독립의 의지를 전 민족적으로 분출시키는 동인이 되었다.23)

그 결과 민족적 자결과 독립을 제창한 거족적인 항일 민족 투쟁, 3·1운동이 일어났다. 3·1운동을 기획한 "조선 민족 대표"들은 독립선언서를 통해서 3·1운동이

---

22) 김도형(1994), 406-413; 한영우. 1980. "1910년대의 민족주의적 역사서술." 『한국문화』 1.
23) 전상숙. 2004b. "제1차 세계대전 이후 국제질서의 재편과 민족 지도자들의 대외 인식." 『한국정치외교사논총』 26-1, 313-341.

"정의, 인도, 생존, 존영을 위하는 민족적 요구"

이고,

"민족의 항구여일한 자유 발전을 위하야"

"조선의 독립국임과 조선인의 자주민임을 선언"

하였다. 또한

"인류평등의 대의를 극명하며, 이로써 자손만대에 고하야 민족자존의 정권을 영유케 하노라"

고 세계만방에 선언하였다.[24]

  3·1독립선언서는 민족적 생존과 존영의 기초인 민족이 자유 발전하기 위한 기초로써 국가의 독립과 그 국가가 자유로운 주권을 가진 자주적인 조선인의 민족국가 건설을 선언한 것이었다. 대동단결선언을 통해서 선포되었던 인민 주권의 독립 민족국가 건설의 의지가 거족적인 항일 민족 독립 운동을 통해서 전 세계를 향하여 선언된 것이었다.
  1910년대 후반 국제적으로 만연한 세계 개조의 이상주의적 사조(思潮)를 접하며 조선 지식인들은 일본 제국주의 지배 아래 있는 조선의 국제적인 지위의 변화 가능성을 기대하였다. 그리고 그 기대는 3·1운동을 통해

---

24) 국가보훈처 편. 2002. 『3·1운동 독립선언서와 격문』. 서울: 국가보훈처, 37; 전상숙. 2009. "'평화'의 적극적 의미와 소극적 의미: 3·1운동기 심문조서에 드러난 '민족대표'의 딜레마." 『개념과소통』 4 참조.

서 억눌렸던 조선인들의 항일 민족 독립 국가 건설의 의지로, 전 민족적인 항거로써 분출되고 천명되었다. 조선 "민족 대표"의 이름으로 조선은 "독립국"이고 조선인은 "자주민"이라고 공표되었다.

조선민족 대표를 자임한 사람들은, 일본 제국주의에 의한 병합으로 대한제국이 멸망하고 대한제국의 황실과 지배세력이 유명무실해진 상태였기 때문에, 병합 전후의 연속성 속에서나 병합 이후 식민지 상태에서 한민족을 대표하는 공식적인 권한이나 권한의 위임을 인정할만한 자격을 공식적으로나 형식적으로 갖춘 것은 아니었다. 그렇지만 그들은 일본에 의해서 민족적 대표성을 공식적으로 위임받거나 위임할 수 있는 조건이 완전히 차단된 상태에서 스스로 러일전쟁 이래 보호국화를 거치며 대동단결선언으로 발전되어간 한국인의 근대적인 민족의식을 대변하는 대표자가 되어서 독립 민족 국가 건설을 위한 전 민족적인 독립 운동이 발현하게 되는 기폭제가 되었다.

민족의 이름으로 한국민족의 자결과 독립, 독립 민족국가 건설을 선언한 지식인들은 일본 제국주의의 직접적인 지배 아래 있는 반도의 한국인들뿐만 아니라 해외 각 곳의 한인 사회로 항일 민족의식과 민족적 독립정신이 전파되어 거족적인 항일 민족 독립운동이 본격적으로 전개되는 전환점을 제공하였다. 3·1운동은, 특정한 민족 지도자나 지도세력에 의해서 지도되거나 조직되지 않은 가운데, 한국인들의 민족적 주체의식과 항일 독립 민족국가 건설의 의지를 대외적으로 각성시키고 결집시키며 고양되었다. 그 결과, 민족적 주체성과 정체성을 공고히 하고 독립투쟁을 전개하여 식민지 민족을 독립시켜서 근대적인 민족국가를 건설해야 한다는 한민족의 염원과 의지가 대한민국임시정부를 수립하는 결실을 맺었다.

한민족이 일본 제국주의의 무단통치 아래서도 3·1운동으로 봉기한 것은, 조선민족이 자주적으로 일본 제국주의의 압제로부터 벗어나서 근대적인 독립 민족국가를 수립하여 "인류평등의 대의를 극명"하고 "민족자존의 정권을 영유케"하기 위해서였다.25) '민족'의 이름으로 조선인(조선민족)의 자유와 평등 그리고 독립 민족국가 수립의 의지를 천명하고 실천한 것이었다. 이후 민족적 독립과 민족국가 건설의 의지는 대한민국임시정부로 상징되어 조선인들의 민족의식과 민족주의 정서를 공고히 하며 식민지시기 민족 독립 운동이 지속적으로 전개되는 바탕이 되었다.

3·1운동으로 천명된 항일 독립 민족국가 건설의 의지는, 앞에서 본 바와 같이 비록 구체적으로 정립되어 인민 대중들에게까지 정확하게 인지된 것은 아니었을지라도, 제국주의 일본에 대한 분명한 인식과 제국주의에 대항할 유일한 길로 인식된 민족을 구성하는 인민의 평등한 주권 인식 및 민족적 정체성을 공고히 하는 민족정신(국수)이 민족주의로 발현된 것이었다. 민족주의의 주체로서 국가 주권을 행사하는 민족정신의 공유자인 민족 구성원 개개인들이 민족국가를 건설하여 그 국민이 되겠다는 민족의식을 응결하여 민족주의로 분출한 것이었다. 그러므로 3·1운동을 통해서 조선 민족이 주체적으로 확고하게 항일 독립투쟁을 추진하여 민족의 독립과 독립 민족국가를 정치적으로 실현시킬 수 있는 지도기관의 필요가 전 사회적으로 제창되었다. 민족을 대변하는 정부 기구가 수립되어야 할 필요가 절실하게 자각되었다. 그리하여 3·1운동은 전 민족적인 독립 국가를 상정하는 통합적 지도 기관으로서 대한민국임시정부가 수립되는 결과를 낳았다.26)

---

25) 삼일독립선언서

대한민국임시정부의 수립은, 대한제국의 붕괴로 폐멸된 한국 민족의 역사적·전통적인 국가를 되찾아 애국계몽운동 이래 모색되어 온 근대적인 민족국가로 재건해야 한다는 항일 독립의 의지가 3·1운동을 통해서 민족주의로 발현되어 결실을 맺은 것이었다. 그러한 대한민국임시정부의 수립은 자주적인 한국민족의 국민국가에 대한 지향과 한국 국민의 평등한 자유와 주권에 대한 염원이 투영된 근대적인 한국 민족국가를 전망하는 것이었다.

그러므로 대한민국임시정부의 수립을 통해서 한말 이래 자각되기 시작한 민족의식이 병합을 전후로 하여 본격적으로 각성되어서 3·1운동을 통하여 민족주의로 발현되었다고 할 수 있다. 그리하여 수립된 대한민국임시정부는 식민지시기 내내 한국민족의 근대적 민족국가 건설에 대한 염원을 표상하는 상징적인 존재가 되었다. 3·1운동으로 발현된 식민지시기 한민족의 민족주의적 염원에 기초하여 수립되었기 때문이다.

그리하여, 한말 이래 지향되어온 민주정(民主政)으로부터 대동단결선언을 통해서 주창되었던 평등한 인민이 국가의 주권을 갖는 입헌공화정이 구현되는 인민주권의 공화주의가 한국 민족국가의 민족주의이념으로 정립되었다고 할 수 있다. 병합 전후 자각되기 시작한 민족의식과 민족주의에 기초한 근대 국민국가의 지향이 인민주권의 입헌 공화주의의 민족주의로 천명된 것이다.27)

---

26) 전상숙. 2010. "세계대전기 대한민국임시정부 외교활동의 현재적 고찰." 고정휴 외. 『대한민국임시정부의 현대사적 성찰』. 서울: 나남, 437.
27) 강만길. 1982. "독립운동과정의 민족국가건설론." 강만길, 송건호 편. 『한국민족주의론 I』. 서울: 창작과비평사, 102-107.

제 3부

민주공화주의 민족주의
항일 변혁이념의 분화

제 1 장
대한민국임시정부를 통해서 정립된 민주공화주의 민족주의 이념과 분화

애국계몽운동 이래 모색된 근대적인 민족국가를 재건하려는 항일 독립의 의지가 3·1운동을 통해서 민족주의로 발현되었다. 그 결과 자주적인 한민족의 국가, 한민족의 평등한 자유와 주권 실현의 소망이 투영된 대한민국임시정부가 수립되었다. 대한민국임시정부가 천명한 입헌공화국이라는 정치체제는, 한말 이래 자각되기 시작한 민족의식이 병합을 전후로 하여 본격적으로 각성되어서 3·1운동을 통하여 발현된 민족주의의 귀결이었다.

다시 말해서 한말 이래 지향되어온 민주정(民主政)으로부터 대동단결선언으로 이어진 평등한 인민이 국가의 주권을 갖는 입헌공화제의 정치체제와 그러한 정치체제를 시행하는 국가 건설에 대한 염원이 결집되어 반영된 것이었다. 대한민국임시정부를 통해서 공포된 실질적으로 인민 주권이 실현되는 민주공화국의 선언은, 민주공화주의가 한국 민족주의 정치이념으로 정립된 것이었다고 할 수 있다. 병합 전후 자각되기 시작한 민족의식이 전 민족적인 민족주의 의식으로 응집되어서 근대적인 민족국가 건설의 염원을 담은, 인민이 주권을 갖는 입헌 민주공화국, 민주공화주의로 천명된 것이기 때문이다.

3·1운동은 병합 이후의 일본 제국주의 지배 아래에서 조선 민족해방운동이 발현된 전환점이자 한민족의 민족주의가 현재화되는 전환점이 되었다. 3·1운동을 통해서 민족이 독립운동의 주체라는 인식이 확고하게 자리를 잡고 지식인뿐만 아니라 대중 차원으로까지 확산되고 정착되어 갔다.[1] 또한 3·1운동은, 민족적 정부기구인 대한민국임시정부가 수립되어 전 민족적인 근대적 독립 민족국가 건설 구상이 민주공화주의로 구체적으로 정립되는 전환점이 되었다.

3·1운동으로 발현되었던 전 민족의 민족주의가 대한민국임시정부의 수립을 통해서 민주공화주의로 그 이념이 정립되게 하였다. 그리하여 세계사적으로 전제군주제가 청산되는 중요한 계기가 된 제1차 세계대전 이후 일본 제국주의의 지배 아래 있던 조선에서도 3·1운동을 통해서 실질적으로 전제군주제를 청산하고 인민 대중인 민족이 국가의 주권을 갖는 독립 민족국가를 수립하기 위한 민족해방운동이 본격적으로 발흥하기 시작하였다.

대한민국임시정부의 수립을 통해서 모습을 드러낸 한민족의 항일 민족주의에 직면하게 된 일본 제국주의 지배체제는 무력으로 3·1운동을 진압하는데 성공했지만 무단통치를 '문화정치'로 전환하는 유화적인 태도를 보여야 할 정도로 강력하게 표출된 한민족의 저항에 당황하였다. 3·1운동 이후 새로 조선총독으로 부임한 사이토가 본국에서 예상했던 것보다 조선의 상황이 험악하고 완화될 조짐이 보이지 않는다고 토로할 정도였

---

1) 박찬승. 2010. 『민족·민족주의』. 서울: 소화, 91-93.

다. 사이토가 보기에 조선인들은 "빈부귀천 남녀노소를 막론하고 모두 독립을 꿈꾸고"있었다.[2] 따라서 사이토의 조선지배정책의 주안점 또한 조선지배상 "다급"했던 치안질서를 안정화시키는데 두어졌다.

그러므로 무단통치의 상징이었던 헌병경찰을 보통경찰로 바꾸며 실시한 사이토의 문화정치는 실제로는 경찰력을 강화하는데 주의를 기울였다. 새 경찰은 "점차 무단군경 이상의 위력"을 발휘하고, 조선총독부관제개정을 통해서 문관을 표방하며 부임한 사이토가 전형적인 무관 총독이었던 데 라우치보다 "조선의 치안을 유지하는데 훌륭한 수완이 있음을 보였다"[3]고 평가될 정도로 실질적인 조선에 대한 통제를 강화하는 데 적극 활용되었다.[4]

이러한 문화정치시기에 대한민국임시정부의 이름으로 천명된 민주공화국이라는 한민족의 근대 국가에 대한 이상은 한민족의 독립뿐만 아니라 한민족 개개인의 평등한 민권이 구현되는 정치와 정치체제에 대한 염원을 드러낸 것이었다. 인민이 주권을 갖는 입헌 민주공화국, 민주공화주의로 천명된 한민족의 민족주의는 일본 제국주의 지배체제에게는 크게 두 가지 의미에서 식민지배체제에 대한 변혁의 이념이었다.

무엇보다도 먼저, 기본적으로 식민 제국주의 지배체제에 대한 저항적 민족의식이 응집된 식민지 피지배 민족의 민족주의는 흩어져 있던 민중을

---

2) 齋藤總督. 1919. 9. 19. "最近二於ケル朝鮮ノ情勢."『韓國二於ケル統監政治及同國倂合後帝國ノ統治策二スル論評關係雜纂』, 406-441; 강동진. 1980. 『일제의 한국침략정책사』. 서울: 한길사, 21 재인용.
3) 朝鮮行政編輯總局. 1937. 9. 25. 『朝鮮統治秘話』. 京城: 帝國地方行政學會, 박경식(1986). 『일본제국주의의 조선지배』. 서울: 청아, 206 재인용.
4) 전상숙. 2012. 『조선총독정치연구: 조선총독의 '상대적 자율성'과 일본의 한국지배정책 특질』. 파주: 지식산업사, 130-131.

전 민족적으로 통합하여 집합적인 힘을 갖게 한다는 점이다. 민족의식으로 응집된 집합적인 민족주의는 균열되어 있던 민족 독립운동을 통합적으로 결속하게 하여 반제국주의 민족 독립운동을 강화시킨다. 그러므로 구한국 황실을 사실상 형해화시켜서 무력화시키고 한민족의 말살을 기하는 일시동인의 동화주의 정책을 시행하던 일본 제국주의 지배체제에게, 임시정부의 수립을 가능하게 할 정도로 민족적 저항 의식을 강력하게 분출하며 응집력을 보인 한민족의 민족주의는, 그자체로서 직접적인 위협이 되는 반체제 혁명적인 것이었다.

또한, 민주공화국을 선언한 대한민국임시정부를 통해서 공포된 민주공화주의라고 하는 한국 민족주의의 이념은 실질적으로 평등한 인민의 주권이 실현되는 정치와 정치체제에 대한 지향과 요구를 반영한 것이었다. 한국 민족주의의 민주공화주의라고 하는 이념은, 일시동인의 동화주의를 표방하며 민족 차별정책을 시행하여 한민족의 주권은 물론이고 평등한 인권조차 여지없이 차별하고 탄압하는 일본 제국주의 지배체제에게 더욱 실제적인 반체제 변혁의 이념이자 위협이 될 수밖에 없었다. 일본 제국주의가 문화정치를 표방하면서까지 이면에서 더욱 조선민족에 대한 통제를 실질적으로 강화해간 것은 바로 이러한 이유에서였다.

그렇지만 3·1운동을 통해서 발현되어 대한민국임시정부의 수립을 가능하게 한 한국인의 민족주의는, 앞에서 본 바와 같이, 일본의 식민지화를 경험하면서 논의되고 주창되며 한국인들의 의식 속에서 저항적 항일 민족 독립운동으로 구체화되어 실천적으로 전개된 것이기는 했지만, 아직 그 이념이 구체적으로 체계화되어 보편적으로 공유되고 있던 것은 아니었다. 한말 이래 지식인들을 중심으로 논의되던 근대적인 정치체제로의 변혁과 상실한 국권을 회복하기 위한 한국인들의 민족적 단결과 통합을 촉구하기 위한 민족적 정체성의 정립을 모색하며 민족주의 이념 체계를 구축하기 위한 노력이 지속되고 있었다. 그러나 개국의 문제를 놓고 기왕에 분열된 지배세력과 지식인들의 현실 인식의 차이는, 이후 정치체제 개혁안과 일본에 대한 관점과 입장을 놓고도 이견이 분분하였다. 거기에 특히 러일전쟁을 도발하며 한국을 보호국화하여 한반도에 대한 침투를 점진적 계획적으로 추진해온 일본 제국주의의 민족 분열, 말살 정책은 끊임없는 균열의 불쏘시개 역할을 하였다.

결국 한국인들의 대자적이고 자주적인 민족적 각성과 민족국가 재건을 위한 민족주의 이념체계 정립의 필요와 노력은 병합의 상황에 거의 직면해서야 본격적으로 자각되기 시작하였다. 일본의 보호국화에도 불구하고 식민지화에 대응하여 통합적으로 민족적 자존과 국권을 위한 항일 민족적 저항을 이끌 수 있을 정도로 자각되지 못하였기 때문이다. 특히, 보호국화 이래 본격적으로 전개된 일본 제국주의의 실질적인 구한국 황실과 지배세력의 무력화는 한민족의 대자적인 민족의식의 각성과 자주적인 민족주의 이념체계 정립보다 한발 앞서서 체계적으로 진행되었다. 일본 제국주의의 병합은, 한민족이 자주적인 민족의식을 각성하여 일본에 의한 국권상실을 예측하고 그에 대처하며 무력해진 지배세력을 대체할만한 항일 민족 대표성을 가진 통합적인 지도자나 지도세력을 구축하지 못하고 있을 때 전격 단행되었다.

일본의 한국병합은 그만큼 치밀하고 체계적, 점진적으로 물이 땅에 스며들 듯이 일본의 영향력과 일본에 대한 친근감을 한국 사회 전반에 침투시키며 이루어졌다고 할 수 있다. 반면에 한국인들의 일본에 대한 대자적이고 자주적인 민족적 각성은 보호국화로 대외적으로 국가를 대표하는 외교권을 박탈당하면서야 본격적으로 이루어지기 시작할 정도로 늦되었다. 그러므로 항일 민족 독립운동과 독립 민족국가 건설을 통일적으로 이끌어 갈만한 통일적이고 체계적인 민족주의 이념체계는 병합 당시까지 구체화되지도 정립되지도 못하였다. 민족 공동체를 통일적으로 이끌어갈 수 있는 지도자나 지도세력의 부재가 가장 중요한 이유였다고 할 수 있다.

사실 한국인들의 항일 민족의식, 항일 독립 민족 국가 건설의 염원을 민족주의로 분출시킨 3·1운동을 기획하고 발기한 '민족대표'도 엄밀한 의미에서 민족대표로서의 공적이고 형식적인 내용을 갖춘 지도세력이기보다는 지식인이자 사회적인 지도세력의 일원이었다. 3·1독립선언서를 작성하고 독립운동을 기획한 지식인, 민족지도세력은 식민지 상태에서 신음하고 있는 민족의 대표를 자임하여 한민족의 독립 염원을 대변하고 선언하였다. 그렇지만 그들이 식민지화 전후의 연속성 속에서 명실공히 민족대표로서 정통성을 갖는 것은 아니었다.

게다가 3·1독립선언서에서 민족의 대표를 자임했던 지식인들은 독립선언서에 나타나 있는 바와 같이, "일본의 소의함을 책하려 안이 하노라", "금일 오인의 소임은 다만 자기의 건설이 유할 뿐이오, 결코 타의 파괴에 재치 안이하도다"고 하였다. 일본의 지배를 직접적으로 책망하거나 적극적인 항쟁으로 돌파할 의지가 없음을 천명하였다. 오히려 "용명 과감으로써 구오(舊誤)를 확정하고 진정한 이해와 동정에 기본한 우호적 신국면을 타개함이 피차간 원화소복하는 첩경임을 명지할 것 안인가"라고 하였다. 3·1독립선언서의 '민족대표'들이 민족자결선언의 배경이 된 국제정세와 일본에 대해서 얼마나 안이하게 인식하고 있었는지 잘 보여준다고 할 수 있다. 그들의 그러한 인식은 개국 이래 병합으로 이어진 한일관계를 경험하면서 인정하지 않을 수 없게 된 현실적인 국가적 힘의 격차를 패배주의적이고 기능적으로 인식한 것이었다고 할 수 있다.[5]

그들은 윌슨의 민족자결선언으로 서양 열강이 주도하는 국제관계가 민족자결의 신시대가 되었으니 독립을 선언하고 호소하면 서양 열강이 호응하여 독립할 수 있게 도와줄 것이라고 기대하였다. 그러나 피식민지 한국의 민족 독립 문제의 당사자는 일본이었다. 또한 일본의 한국병합은 이미 서양 열강들이 일본의 한반도에 대한 배타적인 영향력을 인정한 후에 이루어졌다. 이러한 국제정세의 현실을 인지하지 못했을 뿐만 아니라, 민족자결을 선언한 후 어떤 식으로 향후 일본과의 관계를 해결해 가야 할 것인지 고려하여 방안을 모색하는 노력이 필요했다. 민족의 자결과 독립은 선언한다고 되는 것이 아니라 그것을 실현하기 위한 현실적인 요건을 만들기 위하여 노력하고 성취해야 하는 것이었다.

결과적으로 3·1독립선언서에서 민족 대표를 자임했던 지식인들은, 일본의 위력에 대한 패배주의적이고 기능적인 인식과 서양 열강을 중심으로 전개되고 있는 국제정치의 냉정하고 현실주의적인 역학관계에 대한 안이한 인식으로 인하여 민족적 저항의지가 민족주의로 발현하게 되는 촉매제가 되었지만, 조선총독부에 자수하여 투항함으로써 향후 실질적인 민족대표, 민족지도자가 되지 못하였다. 그들이 독립을 선언한 후 한민족의 항일민족운동을 솔선하여 이끌었다면, 그들은 명실공히 실질적인 민족대표가 되어서 민족지도자로서 정통성을 갖게 되었을 것이다. 또한 이후 민족운

---

[5] 전상숙. 2009. ""평화"의 적극적 의미와 소극적 의미: 3·1운동 심문조서에 드러난 '민족대표'의 딜레마." 『개념과 소통』 4.

동의 역사도 달라졌을 것이다.

3·1독립선언을 한 민족지도자들이 민족독립운동을 이끌어서 3·1운동을 통해서 발현된 민족주의의 이념체계를 구축해갔다면 명실상부한 민족대표로서의 정통성을 갖춘 민족지도자, 민족지도세력이 되었을 것이다. 그렇지 못했던 역사적 사실은, 3·1운동이 일본 제국주의의 지배 아래 있던 식민지시기 항일 민족 독립운동사에서 역사적인 전환점이 되었다는 점에서 한국 근대 민족주의에 매우 아쉽고 안타까운 점이다. 3·1운동을 통해서 한민족의 각성된 민족의식은 민족의 독립과 독립 국가 건설을 지향하는 민족주의로 통합되어 발현되었다. 그리하여 대한민국임시정부가 수립될 수 있었다. 그 결과 대한민국임시정부를 통해서 선포된 민주공화국이라고 하는 대한국가의 정치체제는 인민 대중이 주권을 행사하는 민주공화주의가 한국 민족주의 이념으로 정립되었다는 사실을 공포한 것과 같은 것이었다.

그럼에도 불구하고, 민족독립운동의 지도세력 부재는, 민족적 행동으로 발현된 민족주의가 이후 항일 민족 독립운동으로 전개되는 과정에서 민족을 통합하고 지도하는 이념체계로 정립되는데 한계를 노정하는 결과를 낳았다. 항일 민족 독립운동조차 조직적·통일적으로 조직되어 전개되지 못하였다. 각기 처한 입장과 정치적 이데올로기에 따라서 다양하게 각개 분산적으로 전개되었다. 그 결과, 통일된 민족 지도세력의 부재는, 대한민국임시정부를 수립하는 과정에서는 물론이고 이후 항일 민족 독립운동이 전개되는 과정에서도 민족이 통합적으로 지도되며 민주공화주의로 공포된 민족주의 이념체계가 구체적으로 갖추어지고 체계화되는데 한계를 노정하였다. 오히려 각 정치세력들이 민족 지도세력이 되기 위하여 민족적 패권을 놓고 균열·갈등하는 중요한 요인이 되었다.

3·1독립운동을 통해서 발현된 민족주의가, 개조론의 논의 과정에서 이미 형성되고 있던 넓은 의미의 사회주의 민족운동이[6] 범 민족운동과 결합되어 대한민국임시정부 수립에 함께 함으로써 이후 항일 민족주의 통일전선운동이 형성되는 초석이 된 것은 주지의 사실이다. 그리하여 3·1운동 이후 형식적으로나마 무단통치가 완화된 이른바 '문화정치(文化政治)'로 전환된 유화국면을 배경으로, 당시 "번역의 시대"[7]라고 불릴 정도로 다양한 서양의 사조가 유입되었다. 새로 유입된 서양 근대의 신사상은 1920년대 전반기 민족주의적 정서와 의식 속에서 수용되어 항일 민족의식과 접합되어갔다.

그러한 세계사조의 수용과 결부되어서 민족 지도세력의 정치이데올로기도 분화되었다. 그 결과 3·1운동을 통해서 발현된 민족주의가 통합의 이데올로기로 구체화되지 못하고 분리되는 동인이 되었다. 결과적으로 '문화'로 표상된 문화정치의 이완국면과 경찰력의 증강으로 표상된 실질적인 무단통치의 양면성을 배경으로 하여, 3·1운동으로 발현되었던 민족주의는 그 이념체계가 구체적으로 체계화되었어야 할 시기에 항일 민족독립운동 과정을 통해서 통합의 이데올로기로 정립되지 못하였다.

오히려, 민족 독립운동 과정에서 항일 민족주의 정서와 접합된 근대 정치 이념에 따라서 독립운동의 방식은 물론이고 독립 이후에 건설할 민족국가와 국가 운영방식에 대한 관점이 달라짐으로 인하여, 민주공화주의의

---

[6] 姜德相. 1967. "日本帝國主義の朝鮮支配とロシア革命."『歷史學硏究』329; 劉孝鐘. 1987. "極東ロシアにおける10月革命と朝鮮人社會."『ロシア史硏究』45; 할 테루유키·서대숙 엮음. 1989.『소비에트 한인 백년사』. 서울: 태암.
[7] 辛泰嶽. "자본제도의 붕괴과정."『동아일보』(1923. 11. 15).

민족주의 이념 또한 정치 이념적으로 분화되는 결과를 낳았다. 그러므로 식민지시기 일본 제국주의의 민족말살정책 아래서 한민족의 민족주의는 대한민국임시정부를 통해서 민주공화주의로 그 기본 이념을 정립했지만, 항일 독립운동선상에서 수용한 정치 이념의 스펙트럼과 비례하여 전략적, 정치적으로 접합되어 활용됨으로써 전 민족적인 통합적 이념체계로 정립될 수 없었다.

1910년 일본이 한국을 병합하고 병합이전부터 국권 상실의 위기의식 속에서 한국인들의 민족적 애국 의식을 계몽해온 진보적 지식인들과 민족적 저항을 성공적으로 통제하고 있을 때 제1차 세계대전이 발발하였다. 자본주의 선진 국가들의 제국주의 전쟁이었던 세계대전은 '개조(改造)'의 이상주의 사조를 고양시켰다. 제국주의로 발전한 자본주의와 제국주의에 대한 비판 및 그에 대한 대안을 모색하는 노력을 총칭하는 개조의 논의를 처음으로 접한 것은 일본유학생들이었다. 1910년대 일본 유학생들은 고조되고 있던 다이쇼 데모크라시의 풍조 속에서 다양하게 유입되어 유통되고 있던 진보적인 신사조를 접하고 논할 수 있었기 때문이다.[8]

개조론은 3·1운동의 직접적인 동인의 하나였던 민족자결주의와 그 촉매제가 된 러시아혁명, 그리고 봉건적 전제왕조의 붕괴 등을 배경으로 하여 세계대전이라는 전쟁을 통해서 드러난 근대적 자본주의체제의 모순을 비판하며 등장하였다. 그 주요 내용은, 제국주의 전쟁으로 발전한 자본주의 세계체제를 향후 새롭게 재편해야 한다는 것이었다. 이와 관련하여 보다 나은 사회적 개조를 이루어야 한다는 낙관적이고 진보적인 지향과 관

---

8) XY生. 1914. 12. "西亂原委錄." 『學之光』 3; 安廓. 1915. "朝鮮의 文學." 『學之光』; 李光洙. 1917. 2. "우리의 理想." 『學之光』 14; 徐椿. 1917. 2. "歐洲戰亂에 대한 三大疑問." 『學之光』 14; 盧翼根. 1917. 2. "現下의 經濟界와 其 今後變遷에 대하야." 『學之光』 14.

념을 총칭하는 것이 개조론이었다. 일본 제국주의의 무단통치에 민족적으로 항거한 3·1운동이 재일유학생들의 2·8독립선언으로 촉진되었던 것처럼, 개조론 또한 이미 재일 유학생사회에서 수용되어 조선사회에도 전해지고 상당히 영향을 미치고 있었다. 그리하여 비록 3·1운동은 실패했지만 이른바 '문화정치(文化政治)'로 전환되어 제한적이나마 허용된 언론과 출판, 결사의 자유가 허용된 공간에서 1920년을 전후로 하여 개조의 논의가 분출되었다.9)

식민지 조선의 지식인들은 개조의 논의 속에서 제국주의적 통제로부터 자유로워질 수 있는 새로운 사회적 개조의 가능성을 모색하며 개조론에 경도되어 갔다. 개조의 논의 속에서 조선 지식인들이 탐구한 것은 항일 민족운동을 강화하는 방법이었다.10) 제1차 세계대전과 다이쇼데모크라시를 배경으로 다양하게 논의되며 유통되고 있던 사상사조들과 함께 혼합되어서 조선사회로 유입되기 시작한 다양한 개조의 논의를, 조선의 지식인들은 각자가 처한 입장과 관점에 따라서 접하고 수용하였다. 자본주의 문명을 비판적으로 고찰하면서 그 대안을 강구하고 논하였다.

개조론은 특히 제1차 세계대전을 종결지은 베르사이유강화조약이 체결되고 패전국 협상이 종료된 1921년을 전후로 하여 세계적으로 부상하며

---

9) 白頭山人. 1920. "문화주의와 인격적 평등." 『개벽』 6; 春史. 1920. "개조의 제일보-먼저 자아를 개조하라." 『曙光』 3; 愼宗錫. 1920. "세계적 사조와 문화운동." 『曙光』 6; 李敦化. 1920. 9. "조선신문화건설에 관한 도안." 『개벽』 4; 金起田. 1921. 10. "우리의 사회적 성격의 일부를 고찰하면서 兄弟同胞의 自由短處를 촉한다." 『개벽』 임시호; 申湜. 1921. 8. "문화의 發展及其運動과 신문명." 『개벽』 14; "세계개조의 劈頭를 當하야 조선의 민족운동을 논하노라." 『동아일보』(1920. 4. 7); "改造第一步." 『매일신보』(1919. 10); "改造八面觀." 『매일신보』(1920. 2); "개조의 근본." 『매일신보』(1920. 4) 등.
10) "세계를 알라." 『개벽』 창간호(1920. 4), 6-7.

뚜렷한 경향성을 띠기 시작하였다. 그것은 크게 개인적·정신적인 개조를 바탕으로 한 '문화주의'와 노동문제의 해결을 요구하는 '사회개조론'으로 대별되었다.

먼저 문화주의 개조론은, 1920년 개벽지에서 처음으로 '문화주의(文化主義)'라는 용어를 사용한 이돈화에 의하면, 인격의 자유의지를 실현함으로써 실현되는 문화를 생활의 중심으로 하는 사상이라고 정의되었다. 문화주의 개조론의 입장을 취하는 지식인들은 세계 개조의 방향이 물질로부터 정신적인 문화를 목적으로 바뀌어서 생활상의 변화를 실현하는 방향으로 나가고 있다고 보았다. 그러므로 "인격의 개조"를 통해서 "신문화의 건설"을 지향하는 개조운동을 실시해야 한다고 주창하였다.[11] 문화주의 개조론은 개국 이래 지향해온 근대화가 서양의 근대적인 물질문명 중심으로 진행되어온 것을, 제국주의 전쟁으로 전개된 제1차 세계대전을 통해서 비판적으로 사고하기보다는, 개조론이 발흥한 세계대전 이후의 시기를 "문화의 시기"로 받아들이는 경향이 컸다. 그리고 문화라는 이름으로, 물질문명의 근대화로부터 정신적인 근대화로 이행해야 한다는 것이었다. 다시 말해서 비물질적인 정신적 개조를 주창하는 것이었다.[12]

문화주의 개조론에서 말하는 정신적인 개조란, 인민 개개인이 인격을 개조하고 실력을 길러서 새로운 문화를 건설해야 한다는 것이었다. 종래 물질문명의 발전에 주안점을 두었던 근대화의 방향을 인간의 정신적인 의식과 사고방식의 개선으로 바꾸어야 한다는 것이었다. 종래와 같이 물질중심이 아닌 새로운 근대적인 문화, 신문화를 건설하는 것으로 개조해야

---

11) 白頭山人(1920. 12), 10-12.
12) 이돈화. 1921. 7. "혼돈으로부터 통일에."『개벽』13, 5-6.

한다는 것이었다. 세계대전 이후 변화된 새로운 신사상, 신지식을 수용하고 보급하여 낡은 폐습을 개혁하고 산업을 진흥해야 한다는 것이었다. 이것이 종래 물질적인 근대화의 방향으로만 전개되던 방향을 개조하여 신문화를 건설하는 것이라고 하였다.13) 이것이 곧 종래 물질적 근대화에 머물던 근대화의 방향을 변화시켜 정신적 의식적인 근대화를 전개하는 것이고 이것이 바로 사회적으로 민족운동을 행하는 길이고 방법이라고 하였다.14)

문화주의 개조론자들은, 이제 조선인들도 물질문명을 중심으로 한 근대로부터 정신적·도덕적인 개조로 나가야 한다고 강조하였다. 조선인들도 인격을 개조해야 한다는 것이었다. 조선인의 인격 개조가 필요하고 인격개조를 통해서 새로운 문화를 건설해야 한다는 것이었다. 이것이 조선인들이 사회적으로 행해야 하는 민족운동이라고 하였다.

이와 같은 문화주의 개조론자들의 새로운 문화 건설을 위한 사회적 민족운동의 주창은 두 가지 의미를 갖는다고 할 수 있다. 그것은 무엇보다도 먼저, 종래 민족운동이 일본 제국주의의 지배를 부정하고 일제의 지배로부터 민족적으로 독립하여 국가적·정치적인 주권을 회복하기 위한 정치적인 민족운동이었는데, 이제 이 정치적 민족운동으로부터 벗어나야 한다는 의미를 갖는 것이었다. 다시 말해서 조선인들이 정치적 참정권을 갖는 독립 민족국가 건설을 목적으로 한 정치적 민족운동은 현실적으로 불가능하다고 보고 이를 보류하는 것이었다. 이제 현실적으로 실현 가능한 민족운동, 일본 제국주의 지배 아래서 현실적으로 가능한 사회운동을 전개하자는 것이었다.

---

13) 이돈화(1920. 9), 9-16.
14) "세계개조의 벽두를 당하야 조선의 민족운동을 논하노라 (4)," 『동아일보』(1920. 4. 7).

그러한 문화주의 개조론자들의 사회적 민족운동이 갖는 또 다른 의미는, 인격의 개조를 주장하면서 조선인의 정신적·도덕적인 개조를 역설함으로써 궁극적으로 조선인의 민족성 개조로 나가지 않을 수 없었다는 점이다. 문화주의 개조론자들의 조선인 민족성 개조론은, 무엇보다도, 국권 상실로 귀결된 전근대적인 한민족의 민족성이 문제였다고 본 것이었다. 국권의 상실과 민족의 식민화를 야기한, 문제가 있는 민족성을 개조하여 새로운 시대, 신시대에 맞는 민족성으로 개조해야 한다는 것이었다. 전근대적인 조선민족 각 개인의 인격을 근대적으로 개조하여 봉건적인 구습을 타파하고 근대적인 민족성으로 개조하여 새로운 민족문화를 만들어 내야 한다는 것이었다.15)

그런데 문제는, 조선인의 민족성 개조론이 거기에 그치지 않고 이른바 '신문화 건설을 위한 사회적 문화운동'으로 나간다는 점에 있었다. 정치적 복권과 그것을 구현하는 민족 독립국가 건설의 지향을 유보하고, 일본 제국주의 지배체제 아래에서 사회적인 민족운동을 전개하여 새로운, 근대적인 민족성과 민족문화를 창조해야 한다고 하였다. 이러한 문화주의 개조론자들의 문화주의적 사회개조론이, 조선인의 전근대적인 인격을 근대적으로 개조하여 민족성을 근대적인 민족성으로 개조하고, 이를 토대로 만들어갈 새로운 근대적인 민족문화가 조선인의 조선민족의 문화인지가 불명확하다는 점이다. 다시 말해서 유보된 정치운동의 목적인 민족 독립이

---

15) 滄海居士. 1920. 8. "家族制度의 側面觀."『개벽』3, 27; 妙香山人. 1920. 9. "종래의 효도를 비판하여서 금후의 부자관계를 聲言함."『개벽』4, 22-26; 김기전(1921. 10), 2-17; 신식(1921. 8), 18; 이태진. 1984. "안확(1881-1946?)의 생애와 국학세계."『역사와 인간의 대응』; 정숭교. 2003. "안확의 자각론과 개조론-1920년대 문화운동의 사상적 토대." 한국국학진흥원 편.『자각론·개조론 해설』. 서울: 한국국학진흥원.

실질적으로 유보되어서 제국주의 일본 국가의 새로운 국민으로서 조선 민족이 새로운 민족이 되어 새로운 민족문화를 만들어가자고 한 것으로 변질될 수 있는 여지가 있다는 것이다.

베르사이유조약에 이어서 제1차 세계대전을 최종적으로 마무리한 1921년 말 워싱턴회의의 결과, 문화주의적 개조론은 힘을 잃어갔다. 파리강화회의는 한국인들이 서양 열강의 한민족 독립운동에 대한 지원을 기대하며 필사적으로 외교적인 노력을 경주했음에도 불구하고 그 어떤 실질적인 반향도 구할 수 없었다. 그러한 경험에도 불구하고, 다른 한편으로는, 그러한 경험을 통해서 한민족이 자력으로 독립하는 것이 현실적으로 어렵다는 사실을 깨달은 조선인들은 열강의 워싱턴회의에 다시 도움의 손길과 독립의 희망을 얻기 위하여 노력하였다. 조선인들은 워싱턴회의에 "조선 사람의 사활문제"가 달려있다고16) 보았다. 세계대전을 통해서 선언된 민족자결을 약소민족의 독립에 대한 지원으로 연결될 수 있는 마지막 희망의 끈으로 여겼다. 그렇지만 이 또한 이미 잘 알려진 바와 같이 워싱턴회의도 파리강화회의와 마찬가지로 제1차 세계대전 이후 강대국 간의 세력균형을 조정하는데 그치고 말았다.17)

세계대전으로 전개된 선진 자본주의 열강의 제국주의 경쟁으로 발전된 근대화의 물질문명이 비판되고, 그 개조를 주장하는 이상주의가 고조되며 정신적인 사회적 문화운동이 주창되었지만 현실은 변한 것이 없었다. 세계대전이 끝난 후에도 여전히 자본주의 선진국의 제국주의적 패권은 변함

---

16) 金丹冶. "레닌회견인상기." 『朝鮮日報』(1925. 1. 23).
17) 전상숙. 2004. 『일제시기 한국 사회주의 지식인 연구』. 서울: 지식산업사, 61-62; 전상숙. 2004b. "제1차 세계대전 이후 국제질서의 재편과 민족 지도자들의 대외 인식." 『한국정치외교사논총』 26-1, 320-324.

이 없었고 또한 그들만의 방식으로 재정비되었다. 따라서 식민지 약소민족의 상황도 민족자결 선언이 무색하게 변한 것이 없었다.

그렇지만 변한 것도 있었다. 세계대전과 개조론을 통해서 식민지 약소민족 내부에서 저항적 민족의식이 고조되고 반제국주의 민족운동이 고양되었다. 또한 제국주의의 패권주의에는 변함이 없었지만 러시아혁명의 성공으로 공산주의 국가가 등장하여 식민지 약소민족의 민족운동을 후원하고 독려하기 시작하였다. 러시아혁명의 성공은, 반제국주의 반자본주의 공산주의 사조가 세계적인 근대 사조의 강력한 하나의 흐름을 형성하고 고전적 자유주의에 부분적이나마 수정이 가해지게 하였다. 그러나 이러한 흐름에도 불구하고 기본적으로 세계적인 패권주의의 흐름이 변한 것은 아니었다. 이제 개조론의 문화주의적 민족운동 방법으로는 더 이상 기대할 것이 없을 것 같았다.

이러한 상황에서 이광수가 1922년 5월 『개벽』에 "민족개조론"을 발표하였다. 이광수는 3·1운동 이래의 변화를 "무지몽매한 野蠻人種이 自覺 업시 推移하여가는 변화"라고 평하였다. 그리고 약육강식의 현실에서 자연도태되지 않으려면 정치적인 주의(主義)보다는 초월적인 개조사업 곧 "사람의 인성을 개조"하여 "全民族의 中樞階級을 成하게" 해야 한다고 역설하였다. 이광수는 세계대전을 통해서 확산되었던 문화주의 개조론의 연장에서 민족개조론을 발표하였다. 그는 3·1 독립만세운동 이래 문화정치가 시행되고, 개조를 비롯하여 다양한 급진적인 사상들이 세계사조의 하나로 급속하게 들어오는 한편 무단통치 아래서 움츠려 있던 조선인들이 정치 사회적인 목소리를 내기 시작한 조선사회의 변화를 무지몽매한 야만인종이 자각 없이 따라가고 있는 변화라고 평가절하 하였다. 그러면서 중요한 것은 정치적인 어떤 이념이나 주의에 휩쓸려서 정치적인 요구를 주장하는 것이 아니라고 하였다. 그보다는 그 모든 것을 초월하는 가장 기본적인 조선인의 인성을 개조하는 민족성 개조 작업을 해야 한다고 하였다. 그것을 통해서 조선인 전 민족이 문화적 사회적으로 중추가 될 수 있도록 해야 한다고 하였다.

문화주의 개조운동의 연장선상에 있는 이광수의 민족개조론은, 문화주의 운동을 주창하면서 이돈화가 개인적인 차원에서 실천의 문제로 근대적인 인간으로 인격을 개조해야 한다고 했던 것에서 더 나아간 것이었다. 이광수는 전근대적인 민족성을 근대적인 민족성으로 개조하는 문화주의 운동을 주창하였다. 문화주의 개조운동을 전 민족적인 차원에서의 민족개조로 확장하여 주창하면서 민족개조를 조직적인 차원으로까지 이끌어갈 것을 제기하였다. 이러한 이광수의 민족개조론은, 그 '민족개조'라는 용어 자체가 의미하는 바에 대한 비판으로부터 개인적인 인격개조를 통해서 민족적 '중추계급(中樞階級)'을 형성한다는 것이 무슨 의미인지 등 논란을 불러일으켰다. 그리하여 3·1운동 이후 발흥한 항일 민족주의 민족운동 선상에서 문화주의 민족개조론에 대한 의미와 방법을 둘러싸고 찬반 논쟁이 불거졌다.[18]

이광수의 민족개조론을 둘러싼 논쟁의 배경에는 3·1운동 이후 광범위하게 보급, 전파되고 있던 다양한 개조의 사조 속에서 급속히 수용되며 강력한 신사조로 부상한 넓은 의미의 '사회주의'가 있었다. 한편으로는 사회주의가 확산되고 사회주의를 수용한 민족해방운동이 대두하는 등 반자본주의 사조가 확산되고 있었다. 다른 한편으로는 그러한 상황을 걱정하고 불안

---

18) 辛日鎔. 1922. 7. "춘원의 민족개조론을 평하." 『신생활』 7, 5-15.

하게 여기는 사회세력들이 있었다. 이광수의 민족개조론을 둘러싼 찬반 논쟁은, 그러한 사회세력들 간의 관점의 차이가 기본을 이루는 것이었다.

다시 말해서 문화주의와 노동문제의 해결을 요구하는 사회개조론으로 대별된 개조의 흐름이 광의의 사회주의 사상의 수용을 통해서 문화주의 민족개조론과 정치적 민족해방운동을 주창하는 사회주의 독립운동으로 분화되어갔다. 3·1운동 이후, 정확하게는 재일 유학생들의 2·8독립선언을 통해서 그 모습을 드러낸 조선인 사회의 공산주의 사조의 유입이 항일 민족독립운동과 접합되어 항일 민족독립운동세력 내부의 민족과 민족운동의 방법에 대한 인식의 차이를 갖게 하고, 그것이 이광수의 민족개조론 논쟁을 통해서 공공연하게 표출되었다.

이광수의 민족개조론 논쟁을 통해서 항일 민족운동 세력 내부의 이념적 균열이 본격적으로 표출되기 시작했다고 할 수 있다. 그리고 그 연장선 상에서 민족운동 세력 내부의 이념적 균열로 인한 일본 제국주의와 민족 문제에 대한 인식과 민족독립운동의 방법에 대한 관점의 차이가 1923년에 전개되기 시작한 조선물산장려운동에 대한 찬반 논쟁을 통해서 보다 확실하게 드러났다. 주지하듯이, 조선물산장려운동은 일본 제국주의 지배 아래에 있는 조선인의 현실적인 경제적 생활고를 타개하기 위하여 '생산력 증대'를 목표로 하여 전개된 것이었다. 그렇지만 그에 대한 찬반논쟁은, 제국주의와 식민지 민족문제에 대한 인식의 차이를 분명하게 드러내는 결정적인 계기가 되었다.

조선물산장려운동을 둘러싼 찬반 논쟁의 핵심은, 제국주의에 대한 식민지 민족의 총체적 무산자론에 입각하여 제국주의 국가에 필적할 수 있는 경제적인 실력을 양성해야 한다는 입장과 그러한 입장을 식민지 민족 내부의 계급문제를 묵과한 탈계급적 엘리트주의 '사이비 데모크라시'라고 비판하는 입장의 차이였다. 당시 언론에서 지적한 바와 같이 민족해방운동의 새로운 이념으로 수용된 공산주의와 전통적인 자유주의 이념을 받아들인, 이른바 진보적 좌파와 보수적 우파가 민족독립운동의 방법을 놓고 이견을 노정한 것이었다. 당시의 용어를 빌리자면 "신 주의와 신 사상의 선전에 맹진하는 전위의 좌와 정치적 협로를 버리고 경제의 광로를 취한 전위의 우"가 대립한 것이었다.19)

조선물산장려운동을 통해서, 항일 민족운동에 새로운 주의와 새로운 사상을 수용하여 전파하고 있던 진보적인 좌파와 민족성을 근대적으로 개조하여 경제적인 실력을 양성해야 한다는 보수적인 우파가 대립하였다. 진보적 좌파 세력과 재래의 근대화를 통한 근대적 실력양성과 문화주의를 주창하던 보수적 우파 세력이 본격적으로 분열하게 되었다. 그런데 조선물산장려운동의 방법을 놓고 이른바 좌파와 우파가 논쟁하는 가운데, 좌파가 주장하는 생산력증대 방법을 놓고 좌파와 대립하던 비계급적인 입장인 우파 민족주의 세력 내부에서도 이견이 표출되어 균열이 발생하였다.20)

그리하여 조선물산장려운동을 통해서 보수적 우파 세력 내부에서도 민족독립운동 주도 세력 간에 이념적인 균열이 세분화되어 본격화되기 시작하였다. 3·1운동 이후 전환된 문화정치를 배경으로 전격적으로 수용된

---

19) 鮮于全. 1922. 12. "우리의 사회에 새로이 비치려하는 經濟思想과 經濟運動의 發現如何." 『개벽』, 15.
20) 방기중. 2002. "1930년대 물산장려운동과 민족 자본주의 경제사상." 『동방학지』 115; 박종린. 2003. "1920년대 전반기 사회주의사상의 수용과 물산장려논쟁." 『역사와현실』 47; 전상숙. 2003. "물산장려논쟁을 통해서 본 민족주의세력의 이념적 편차." 『역사와현실』 47 참조.

진보사상 특히 반제국주의 공산주의 이념과 접합된 민족해방운동의 민족과 민족운동에 대한 인식과 방법을 놓고, 보수적 우파 세력 내부에서 이념적인 균열이 발생한 것이었다.

3·1운동을 통해서 드러난 바와 같이, 일본 제국주의의 식민지배 아래서 지식인을 중심으로 전개된 민족운동 주도 세력 가운데 민족 지도세력이나 민족 지배세력이라고 할 수 있는 권위나 정통성을 가진 특정 인물이나 지도 세력이 부재했던 것이 현실이었다. 그러한 가운데 제1차 세계대전 이후 세계 사조의 변화와 문화정치로의 정치적 유화국면을 배경으로 하여 민족 독립운동의 이념과 방향을 놓고 인민 대중을 이끌어가는 지식인들 사이에서 이념적 균열이 발생하였다. 그러면서 1920년대 초 자치론으로부터 물산장려논쟁에 이르는 논쟁과정을 통해서 1922년 이후 '주의(主義)'라는 말이 유행하며 "민족주의"라는 용어가 일반적으로 사용되기 시작하였다.

3·1운동 이후 문화정치의 유화국면을 배경으로 러시아혁명 사상인 공산주의를 비롯해서 이른바 개조에 이르는 각종 신사조와 신사상이 급속하게 유입되었다. 특히 러시아혁명 이후 세계적인 사상사조의 하나로 널리 확산되고 있던 러시아혁명의 이념이 개조의 논의 속에서 전격적으로 전파되었다. 그것은 '공산주의' 또는 '사회주의'라는 한자어로 번역 통용되면서 민족독립운동에 급격하게 영향을 미치며 확산되었다. 한자어 공산주의(共産主義)나 사회주의(社會主義)라는 번역어로 통용되기 시작한 러시아혁명의 이념인 신사상은, 개조의 사조 속에서 파리강화회의나 워싱턴회의를 통해서 기대했던 자유주의 열강의 약소민족독립에 대한 지원이 실패하자 그 실망감을 대체하며 급속하게 전파되었다.

그리하여, 서양 선진 국가들의 자유주의나 자본주의를 대체하며 민족의 독립과 독립 이후 수립할 새로운 근대적인 민족국가를 지향하는 특정한 이념이자 정치 이데올로기로 받아들여졌다. 공산주의나 사회주의는, 자유주의 열강들과는 달리, 식민지 민족의 독립을 지원하고 후원하는 것으로 여겨졌다. 자유주의 선진 국가들에서 보이는 민족국가 내부의 사회경제적 불평등과 같은 것도 해소해줄 수 있는 이상적인 이념으로 받아들여졌다. 공산주의나 사회주의는 독립 민족국가 건설을 위한 이상적인 이념으로 보급되었다. 민족의 독립과 개인의 평등권을 동시에 실현시킬 수 있는 새로운 이념이자 신념체계로 받아들여졌기 때문이다.

실력양성과 민족성개조를 주창하는 보수 우파의 자유주의 이념은 민족독립운동의 이념으로서 구체적인 방법이나 신념체계를 제시하지 못하고 있었다. 반면에 공산주의는 러시아혁명을 성공으로 이끈 맑스레닌주의를 통해서 민족독립운동의 이념으로서 구체적인 방법과 신념체계를 제시하고 있었다. 뿐만 아니라, 실상은 러시아혁명정부의 공산주의 전파를 위한 것이었지만 식민지 약소민족의 민족독립운동을 지원하는 전략적인 후원까지 하고 있었다. 그러므로 넓은 의미의 사회주의, 공산주의를 수용했던 당대의 공산주의자들에게 공산주의는, 전근대적이고 봉건적이었던 기존의 조선사회와 제국주의 지배 아래 있는 식민지 민족을 근대적으로 전환시키고 독립시킬 수 있는 정치혁명을 이루어서 근대적인 새로운 독립 민족국가를 건설할 수 있는 혁명의 이념이자 변혁의 이념이 되었다.

공산주의를 새로운 민족 독립을 위한 사상이자 민족의 새로운 국가를 건설하기 위한 이념체계로 수용한 사람들은, 국제주의 프롤레타리아혁명을 핵심으로 하는 공산주의 이념을 근거로 기존의 문화주의 개조론을 논하는 세력에 대하여 배타적일 수밖에 없었다. 그들에게 민족과 개조를 논하는 재래의 지식인들은 "광무융희년간의 심성을 그대로 조술(祖述)하는 일부 사림(士林)"과도 같이 여겨졌다. 문화주의자들은 "외래의 사회주의란 순연히 우리와 관계가 없다"는 사람들이었다. 공산주의 세력은, 그들을 공산주의 국제주의 이념과 대비하는 의미에서 '민족주의자'라고 부르고 그들의 이념을 '민족주의'라고 하였다. 공산주의 세력에게 민족주의란 용어는 "외래의 사회주의란 순연히 우리와 관계가 없다고 인정하는 즉 광무융희년간의 심성을 그대로 조술(祖述)하는 일부 사림(士林)을 지칭하는 말"이었다.[21]

주지하듯이, 근대 이념의 하나인 공산주의는 국경과 민족을 초월한 총체적인 노동자계급(프롤레타리아)의 혁명을 통해서 자본주의의 폐해를 없애고 이상적인 '공산(共産)'하는 사회를 이루어야 한다는 이상주의 이념이었다. 다시 말해서 프롤레타리아 국제주의와 제국주의로 전개된 각 민족을 단위로 한 근대 민족국가의 민족주의와는 대립적인 의미를 갖는 것이었다.

한편으로, 개벽에서 비판한 바와 같이, 공산주의 민족해방운동을 전개하는 사람들은 곧 "근래에 새로이 사회주의를 말하는 편에" 있는 사람들이었다. 그들은 민족주의라는 용어를, 프롤레타리아 세계혁명이라는 국제주의에 입각하여, 자신들과 다른 편에 있는 사람들을 식민지 민족의 민족적 독립과 통합을 우선시하지 않는 자들로 몰아세워서 공격하기 위한 용어와 같은 의미로 사용하기 시작하였다. 그 결과 민족주의라는 용어가 한국사회에서는 1920년대 초 공산주의 민족운동 세력에 의해서 "종래의 일부 신

---

[21] "甲申年來의 사상과 壬戌年來의 主義."『개벽』(1924. 3).

사식 미온운동을 공격[急攻]하기 위해 편의적으로 추출한 말"과도 같이 사용되기 시작했다고 할 수 있다.

　3·1운동과 대한민국임시정부의 수립을 통해서 민족의식이 응집된 민족주의가 발현되어 민주공화주의가 민족주의 이념으로 선언되고, 병합 전후부터 본격적으로 민족주의 이념체계를 정립하기 위한 노력이 한편에서 모색되고 있는 가운데, 이렇게 식민지시기 민족운동에서 '민족주의'라는 용어가 공산주의와 대비되는 상대적인 의미로 사용되기 시작한 것이다. 공산주의를 새로운 사상으로 수용한 당대의 공산주의자들은, 공산주의 민족운동을 통해서 전근대적인 조선사회의 봉건성을 극복하는 문제와 일본제국주의의 식민지 지배로부터 독립해야 하는 민족적인 문제를 동시에 해결하고자 하였다. 그러면서 자신들과 반대 입장에 있는 보수적인 정치세력을 '민족주의자'·'민족주의'라고 부르며 비판하기 시작하였다. 그들은 국제주의 공산주의 이념과의 상대적인 관점에서 민족주의와 민족주의자라는 말을 단지 하나의 민족과 하나의 민족국가를 상정하는 이념과 사람들을 비판적으로 일컫는 용어로 사용하였다. 공산주의 민족운동의 민족독립 국가 건설 지향과 맞물려 교차되는 민족주의의 측면은 간과하고 자유주의와 자유주의자들을 비판하는 의미로 민족주의와 민족주의자라는 용어를 사용하였다.

　초기 한국 공산주의운동은 민족문제와 계급문제를 동시에 해결하기 위한 적극적이고 혁명적인 민족독립운동으로 전개되었다. 공산주의 민족운동을 통해서 민족 구성원 개개인이 평등한 인민주권을 이루어내는 근대적인 독립 국가를 수립하고자 하였다. 그러한 식민지시기 공산주의자들에게 비공산주의 민족운동 세력은 일본 제국주의에 대하여 미온적이거나 타협적이고 소극적으로 여겨졌다. 그러므로 전근대적이고 전제적인 식민지 지배체제에 대하여 비혁명적인 세력들을 혁명적인 공산주의와는 대조적인 관점에서 비판하는 의미로 '민족주의'라는 용어가 사용된 것이었다.

그리하여 민족주의라는 용어가 식민지시기 민족운동의 이념으로 새롭게 받아들여진 공산주의와 대립적인 의미에서 "광무융희년간의 심성" 곧 전근대적인 지배세력의 기득권을 유지하고자 하는 사람들 또는 그 연장선상에서 소극적으로 제국주의 일본에 대응하는 자유주의 민족 부르주아의 민족운동을 비판하는 의미로 사용되기 시작하였다. 그 결과, 1920년대 초 항일민족운동 선상에서 민족주의는 넓은 의미의 '사회주의'를 포함한 공산주의에 반대하는 '보수적'인 민족운동을 의미하는 용어로 통용되었다. 그리고 민족주의자는 그러한 보수적이고 반공산주의적인[保守反共] 민족운동세력 일반을 통칭하는 의미로 사용되어 한국사회와 한국어 용례에서 자리를 잡게 되었다.

3·1운동을 통해서 발현된 응집된 항일 민족의식은 민족주의로 발현되었지만 민족주의의 구체적인 내용은 채워져야 할 것이었다. 발현된 민족주의는 거족적으로 항거한 조선인들의 민족적 독립과 근대적인 독립 민족국가건설의 염원을 담아 대한민국임시정부가 수립될 수 있게 하였다. 그러나 식민지의 현실은 대한민국임시정부가 국내에서 수립될 수 없게 하였다. 그리하여 항일 민족운동을 주도하는 지식인들이 중심이 되어 국외에서 대한민국임시정부가 수립되고, 민주공화국을 선포하여 한민족의 민족주의 이념이 민주공화주의라고 공포하였다. 그러나 구체적인 민주공화주의의 민족주의 이념의 내용은 민족 정체성과 민족 통합을 공고히 하는데 활용되어 통일적으로 민족독립운동을 전개할 수 있을 정도로 정립된 것은

아니었다. 그러한 상황에서 항일 민족의식 위에서 국내에 수용된 새로운 혁명의 정치이념은 반공산주의 보수적인 민족 지도층을 반제국주의, 혁명적 민족독립운동에 반대하는 세력이라는 의미에서 '민족주의'·'민족주의자'라는 용어로 비난하였다. 그러한 용례가 식민지시기 조선 사회에서 일반적으로 유통되며 민족주의는 보수반공의 이념이고 민족주의자는 보수반공 세력을 의미하는 것이 되었다.

한국 근대 민족주의는 현실적으로 통합적인 민족주의 이념체계를 구축하기 위한 노력을 필요로 하는 것이었다. 러일전쟁을 경과하면서 자각되기 시작한 근대적인 민족의식이 일본 제국주의의 병합을 전후로 하여 근대 민족국가 단위의 민족주의에 대한 인식으로 각성되며, 한반도를 근거로 한 역사 문화 공동체로서 민족에 대한 인식과 민족주의를 정립하여 독립 국가를 건설하는 이념체계가 되게 하는 노력이 필요하였다. 그리고 그러한 노력이 일각에서 경주되는 가운데 3·1운동을 통해서 독립 민족 국가의 건설을 염원하는 민족의식이 대한민국임시정부의 수립으로 현재화될 수 있었다. 그러나 대한민국임시정부는 국외에 있었고 또한 그 핵심인물들은 국내외 한국인들의 민족적 염원을 임의로 자의적으로 대변하고 대표한 것이지 명실공히 국제법적으로 인정되는 정통성있는 민족대표는 아니었다. 대한민국임시정부의 지도세력은 정부수립 이후 스스로 선포한 민주공화주의 민족주의 이념의 구현을 위한 실천운동을 통해서 대내외적으로 정통성있는 민족 지도자로서 공인받아야 할 것이었다.

그런데 대한민국임시정부 수립 이후 임시정부의 실천 활동이 체계적으로 전개되며 전 민족적인 민족주의 이념체계를 구축하기 위한 노력이 경주되기도 전에 식민지 민족 내부에서 독립될 민족국가에 대한 구상을 놓고 민족 독립운동이 이념적으로 균열되고 분화되었다. 그리하여 민족 독립운동과 독립 민족국가 건설을 위한 민족 통합과 통합적인 민족주의 이념체계를 구축하기 위한 노력이 일각에서 꾸준히 지난하게 이루어졌지만 통일적으로 일관되게 이루어지지 못하고 민족운동과 함께 분열되어서 갈등적으로 전개되게 되었다.

이 과정에서 '공산주의'나 '사회주의'라고 하는 한자어로 수용된 국제주의 신사상이, 전근대적인 구체제와 제국주의 식민지 민족의 상황을 일거에 타파하고 근대적인 독립 민족 국가를 건설할 수 있는 정치이념이자 신념체계로 확산되었다. 그리고 구체제의 지배세력이나 제국주의 지배 아래에 있는 기득권과 관련되어 민족운동에 소극적인 사람들을 비판적인 의미에서 상대화하여 '민족주의' 또는 '민족주의자'라고 불렀다. 이것이 항일 민족운동 선상의 이념적 분열과 접합되어 식민지 조선사회에서 공산주의/공산주의자 대 민족주의/민족주의자라고 하는 이분법적인 대결 구도를 구축하며 공산주의와 민족주의가 마치 진보와 보수, 좌파와 우파와 동의어와도 같이 이분법적인 의미로 통용되게 되었다.

제 2 장
자본주의적 실력양성을 통한 근대 국가 건설 지향의 민주공화주의

앞에서 본 바와 같이, 병합 전후 자각되기 시작한 민족의식은 3·1운동을 통해 민족주의로 발현되어서 비록 민족주의 이념체계를 갖춘 것은 아니었지만 독립 민족 국가 건설의 염원을 현재화시켰다. 그 결과 대한민국임시정부의 수립이라는 결실을 맺을 수 있었다. 인민 대중의 주권과 평등권에 대한 지향을 담아서 민족의 독립을 외치며 분출된 3·1운동은, 보편적인 민족주의의 기본 이념을 구현하기 위한 대한민국임시정부의 수립을 통해서 주권재민의 공화주의를 정체로 한 민주공화국이라는 독립 민족국가의 기본 구상을 정립하였다. 한국 근대 민족주의의 기본 내용을 민주공화주의로 정립되게 하였다. 그리하여 민주공화주의 대한민국이라는 독립 민족국가가 해방 이후 헌법을 통해서 계승되어 오늘에 이르고 있다. 그러므로 3·1운동을 통해서 발현되어 대한민국이라는 민족국가를 건설하는 기본 이념이 된 한국 근대 민족주의는 서양 근대 민족국가의 그것과 마찬가지로 인민의 주권과 평등권을 보편적으로 공유한다.

그런데 상기해야 할 것이 그 민족주의의 구체적인 내용을 갖출 방법과 이념체계가 대한민국임시정부 수립 당시 아직 갖추어지지 않은 상태였다는 사실이다. 민족주의 이념체계를 정립하기 위한 노력은, 근대 국민/민족국가 체제로 정립된 국제정치의 현실을 너무 늦게 자각한 것과 비례하여 일찍이 시작되지 못하였다. 일본의 보호국화라는 사실상 주권을 박탈당한 상태에서 민족국가 체제로 이루어진 국제정치의 실상을 자각하며 민족주의의 이념체계를 정립하려는 노력이 경주되기 시작하였다. 또한 특히 식민지 상태로 전락한 이후에는 독립할 수 있는 자구책의 한계를 절감하게 됨으로써 열강이나 성공적인 새로운 이념체계를 가진 지원 세력을 필요로 하게 되었다.

다시 말해서 자주적으로 자유롭게 독립 민족국가를 수립하기 위한 민족주의 이념체계를 강구하여 정립하기 어려웠다. 대한민국임시정부 수립으로 정립된 민주공화국을 건설하기 위한 구체적인 민주공화주의 이념체계가 한국 민족주의의 내용으로 구체화되어 정립되어야 할 시기에 민족독립을 위하여 민족독립운동을 지원해주는 후원 세력을 필요로 하였다. 그리하여 파리강화회의나 워싱턴회의와 같은 열강의 국제회의에 독립을 청원하고 실패하기도 하는 한편, 그 실망이 자유주의로부터 새롭게 부상한 공산주의 이념으로 경도되는 결과를 낳기도 하였다. 그리고 파리강화회의와 워싱턴회의를 통해서 드러난 바와 같이 자유주의 민족국가로부터 민족운동을 지원해줄 이념체계나 후원을 기대할 수 없게 되자 일본에 대하여 적극적으로 저항하지 않는 자유주의 민족운동세력을 비판하는 의미로 '민족주의'세력이라고 부르면서 민족주의라는 용어가 통용되기 시작하였다.

그러므로 1920년대 초 근대 민족국가를 건설하기 위한 이념체계인 민족주의 없는 민족주의라는 용어가 공산주의 세력과 대비되는 의미로 사용되기 시작했다고 할 수 있다. 여기서 또한 상기할 것이, 3·1운동과 대한민국임시정부의 수립을 통해서 정립된 민주공화국이라고 하는 근대적인 독립 민족국가 건설관이 전 민족적으로 공유되게 되었다는 점이다. 이 점에서는 이른바 세칭 민족주의세력도 공산주의세력도 차이가 없었다. 그런데 문제는, 민주공화국을 건설하기 위한 구체적인 방법과 정치적인 이념적 지향을 전망하는 민주공화주의의 민족주의 이념체계가 구축되지 않음으로 인하여, 공산주의세력과 자유주의적 산업발전을 지향하는 세칭 민족주의세력 간의 이견이 항일 민족운동 방식과 결부되어서 대립하며 분열되었다는 점이었다. 그로 인하여 근대 민족국가 건설의 토대가 되는 민족주의 이념체계는 물론이고 식민지시기 민족 독립운동조차 전 민족을 하나로 통합하는 하나의 이념으로 통합되지 못하고 항일 민족운동 방식과 관련되어 분열되는 결과가 초래되었다.

다른 한편으로, 앞에서 언급했던 바와 같은 민족개조논쟁과 물산장려논쟁을 거치며 드러난 민족운동 내부의 균열은, 1924년 1월 이광수가 『동아일보』에 "민족적 경륜"이라는 논설을 발표하여 "조선 내에서 許하는 범위 내에서 일대 정치적 결사를 조직"하자고[1] 함으로써 분명하게 분화되었다. "조선 내에서 허용하는 범위 내에서 일대 정치적 결사를 조직"하자는 것은 사실상 일본 제국주의 지배체제에 대한 인정 내지는 수용을 전제로 한 것이었다. 그 전제 위에서 정치적인 결사를 조직하자는 것은 곧 일본 제국주의가 허용하는 자치를 모색하자는 것과 다름이 없었다. 이러한 '자치론(自治論)'은 식민지 민족의 현실을 보는 민족문제에 대한 다양한 인식

---

[1] 이광수. "민족적 경륜." 『동아일보』(1924. 1), 1-4.

의 편차가 구체적으로 드러나는 계기가 되었다. 공산주의세력이 '민족주의'와 '민족주의자'라는 용어를 식민지 민족의 반공·보수·우파 기득권층을 비난하는 의미로 사용하게 된 중요한 요인이기도 하였다.

현실적으로 그러한 자치론에 대하여는 다양한 입장의 차이가 있을 수밖에 없었다. 자치론에 대한 입장의 차이는, 이전의 논쟁에서 표출된 민족운동 내부의 균열이 공산주의를 수용한 측과 수용하지 않는 측 곧 공산주의 세력과 공산주의자들이 말하는 이른바 민족주의 세력 간의 균열이었던 데 비해서, 반공산주의 세력이라고 할 수 있는 범 민족주의세력 일반의 내부적인 차이를 분명하게 드러내었다.

일본 제국주의 지배체제가 허용하는 범위 곧 식민지배체제 아래서의 합법적인 정치적 결사를 제창하는 것은, 어떤 식으로든지 식민지배체제와 타협하는 것을 의미하는 것이었다. 항일 민족독립운동의 개량화를 의미하는 것이었다. 따라서 그와 같은 자치론을 주창하는 민족주의자들의 개량성과 타협성을 일본 제국주의와의 일체의 타협을 거부하는 '비타협'적인 민족주의자들이 거세게 비난하였다. 반(反)자치·비타협적인 민족주의 세력의 기본 입장은, 주의고 뭐고 할 것 없이 조선의 현황으로서는 대중의 대동단결만이 가장 필요한 일이니 어떤 방법으로라도 항일 민족의식으로 대동단결할 방법을 모색해야 한다는 것이었다.

이와 같은 민족주의 세력 내부의 분화는, 당시 "민족주의 대 인류주의의 병립"이라고[2] 논의되었던 민족주의와 공산주의의 대립에서 더 나아가 세분화된 것이었다. 그리하여 세간에서는 반자치·비타협적인 민족주의 세력이 민족문제와 일본 제국주의 지배체제에 대하여 입장을 같이한다는 점

---

2) "凡人間的 民族主義." 『개벽』(1923. 1).

에서 "사회주의를 이해하는 민족주의자"라고 하였다. 그리고 자치를 주장하는 민족주의 세력을 "문화파 민족주의자"라고 하였다.3)

식민지시기 자치문제를 계기로 분화된 민족주의 세력 내부의 균열은 이후 민족주의자들을 비타협적 민족주의세력과 타협적 민족주의세력이라고 부르게 하였다. 그리고 이러한 구분은 다시 민족주의 좌파와 민족주의 우파로 외연이 확장되어 한국정치의 이념적 스펙트럼을 나타내는 용어로 사용되게 되었다.

이러한 식민지시기 민족주의라는 용어의 용례는, 민주공화주의로 공포된 한국 근대 민족주의가 구체적인 이념체계도 특정한 민족 지도세력도 갖추지 못한 상황에서 국내의 항일 민족 독립운동이, 공산주의의 수용과 함께 공산주의적 항일 민족해방운동과 반공산주의 항일 민족독립운동으로 균열되어 전개되면서 한국사회에서 일상적으로 통용되었다.

식민지시기 공산주의 민족'해방'운동과 민족주의 민족'독립'운동으로 분화된 항일 민족운동은 이른바 민족주의세력과 공산주의세력이 직접적으로 대립·대결하는 양상으로 전개되었다. 그 결과 한국 사회에서 민족주의라고 하는 용어가 갖는 의미와 내용이 이념체계의 구축을 통해서 정립되기 이전에, 특정한 정치세력을 지칭하는 용어로 정치적·사회적으로 왜곡되어 사용되는 결과를 가져왔다.

그런데, 한국 사회에서 공산주의는 3·1운동 이후에 상실한 자유주의 서양 열강의 민족자결선언에 대한 기대를 러시아혁명정부의 민족해방운동에 대한 지지와 지원으로 대체하면서 새로운 민족 독립을 위한 사상과 방법을 제시하는 것으로 수용되어 급속히 확산되었다. 사실 제1차 세계대

---

3) "癸亥와 甲子." 『개벽』(1924. 1).

전과 러시아혁명을 통해서 공산주의는 한국뿐만 아니라 식민지 약소 민족들에게 민족해방의 새로운 이념으로 복음과도 같이 받아들여졌다. 그리하여 식민지 약소민족의 반제국주의 민족 독립의식이나 민족주의와 결합되어 민족독립운동의 이념으로 전개되었다. 한국도 예외가 아니었다. 공산주의는 러시아혁명을 성공시킨 실제적인 이념체계와 혁명정부라고 하는 적극적인 식민지 민족해방운동을 지원하는 후원자와 실천적인 방법론을 제공하는 것이었다. 그러므로 한편에서 3·1운동을 통해서 발현된 한국 민족주의와 항일민족해방운동 선상에서 접합되어 갈 수 있었다.[4]

또한, 다른 한편으로는 위에서 언급한 것과 같은 현상적인 민족주의 용어의 사용과 병행해서, 대한민국임시정부 수립을 통해 정립된 민주공화국이라고 하는 독립 민족국가를 건설하기 위한 민족의 정체성과 민족주의 이념체계를 정립하기 위한 노력도 면면히 지속되고 있었다. 그러나 식민지 상황에서 아직 이념체계를 갖추지 못한 채 민족운동을 통해서 발현된 민족주의의 실상은 항일 민족 독립운동을 통해서 그 힘을 가질 수밖에 없는 것이었다. 그러므로 여기서는 민족운동선상의 민족문제와 민족의식을 통해서 민족주의의 흐름을 고찰하고자 한다.

앞에서 본 바와 같이, 민족해방운동 선상에 수용된 공산주의 이념이 자치론을 두고 일본 제국주의 지배체제와 식민지 민족의 독립문제에 대한 관점의 차이를 드러냈다. 이와 마찬가지로 조선물산장려 논쟁 과정에서, 민족주의 우파세력 내부에서 자치를 주창하는 타협적 민족주의세력과 자치에 반대하는 비타협적 민족주의세력으로 분화되는 민족문제 인식의 차

---

4) 전상숙. "일제하 한국 민족주의와 사회주의의 접합." 전상숙, 문상석, 금인숙. 2010. 『한국 민족주의와 변혁적 이념체계』. 파주: 나남. 참조.

이가 분명하게 드러났다.5) 민족주의세력 내부의 분화는, 기본적으로 일본 제국주의의 지배 아래에 있는 식민지 조선과 조선인의 민족문제를 보는 관점과 인식의 차이에서 비롯된 것이었다.

'자치'를 논한 민족주의세력의 민족문제에 대한 인식은 식민지 민족이 약육강식의 국제관계에서 실질적으로 살아남을 수 있는 방법을 모색하는 지극히 현실주의적인 것이었다. 오직 민족의 실력을 길러야만 독립을 준비할 수 있다는 그들의 주장은 실용주의적이었다.

> "각 民族의 文化的 愚劣이 懸殊하고 勢力의 强弱이 相反한 때에는 인류평등주의와 세계일가의 이상은 弱者의 哀乞聲이며 貧僧의 空念佛이다. 그러면 정말로 인류평등, 세계일가의 이상을 실현하는 방법은 무엇보다도 각 민족의 文化的 平等을 圖할 것이며, 또한 勢力的 均衡을 要할 것이다."6)

각 민족의 문화적 차이와 힘의 차이가 커서 서로 상반될 때에는 인류평등주의나 세계는 하나라고 하는 구호는 이상일 뿐이라는 것이었다. 이상적인 구호는 약자가 강자에게 애걸하고 기대하는 말일 뿐 결국 공염불이라는 것이었다. 그렇기 때문에 실제로 인류가 평등하고 세계가 하나가 되는 이상을 실현하는 방법은 무엇보다도 약자인 민족이 힘을 길러서 강자와 문화적으로나 실제적인 면에서 동등하게 대접받을 수 있을 정도로 힘의 균형을 이루어야 한다는 것이었다. 이러한 점에서 민족의 힘을 길러야

---

5) 박찬승. 1992.『한국근대정치사상사연구』. 역사비평사; 박찬승. 2000. "일제 지배하 한국 민족주의의 형성과 분화."『한국독립운동사연구』15; 오미일. 2001. "1920년대 부르주아 민족주의 계열의 물산장려운동론."『한국사연구』112 참조.
6) "모든 방법의 근저 (1)."『동아일보』(1924. 2. 18).

한다고 역설하였다.

"먼저 朝鮮民族 자체가 文化上으로 優者가 되고 勢力上으로 强者가 되어야 할 것"

이었다.

이러한 민족문제에 대한 인식은 하루하루 생활이 피폐해가는 상황에서 전 민족이 개인적인 이익보다 민족적인 이익과 힘에 우선순위를 두고 힘을 합쳐서 민족적으로 총동원하는 단체적인 힘을 기를 것을 요구하는 것으로 나아갔다. 민족"團結로 力을 합하고 猛進으로 勢를 作하지 아니하면 救急할 方策이 만무"하다는[7] 현실 인식이었다.

"個人的 利害慾을 잠깐 잊고 民族的 利害를 위하여 財産과 總力을 바치"

는 희생이 요구되었다.

"民族의 總動員"

을 강조하였다. 그것이 "朝鮮人이 最後의 一擧로 할 일"이라고[8] 역설되었다. 약육강식의 국제관계에서는 무엇보다 먼저 "조선 사람", '조선 민족'의 "경제적 실력을 배양"해서 강자가 되어야 한다는 것이었다.[9]

---

7) "모든 방법의 근저 (2)."『동아일보』(1924. 2. 19).
8) "大亂에 처하는 道理-捨己的 努力과 團結."『동아일보』(1923. 11. 3).
9) "물산장려운동에 대한 논쟁-사실을 正觀하라."『동아일보』(1923. 3. 31).

민족의 "경제적 실력을 배양"해야 한다는데 역점을 둔 타협적 민족주의 우파세력의 입장은 조선물산장려운동을 추진하는데도 나타난 것이었다. 민족의 실력을 양성하는 것만이 불평등한 처우를 받지도 않고, 단지 처우의 개선을 요구만 하는 것보다 실질적으로 평등하게 대접받을 수 있는 방법이라는 것이었다. 곧 민족의 실력을 양성하는 것만이 "冷痢하게 堅忍"해서 후일의 모든 기회를 기다리고 또 기회를 만들어 해방되는 현실적인 방법이라는[10] 것이었다. 그러니 현실적으로 실질적인 실력을 육성하기 위해서는 직접 상대할 수 없을 정도로 힘이 센 일본에 대하여 민족감정에 치우쳐서 저항하기보다는 현실적으로 그 힘의 우위를 인정하고 그 지배체제의 틀 안에서 가능한 방식으로 역량을 길러야 한다는 것이었다. 비록 그것이 일본 지배체제를 인정하는 것이 된다고 하더라도 그 합법적인 공간 안에서만 실질적인 경제력의 양성이 가능하니 우선 가능한 방법으로 실용적으로 민족의 힘을 육성하는데 우선해야 한다는 것이었다.

타협적 민족주의 우파는 그렇게 현실적이고 실용적으로 일본 지배체제의 합법적인 범위 안에서 합법적인 방식으로 민족의 경제적인 실력을 양성하는 것이 "政治的 狹路를 버리고 經濟의 廣路를 取"하는 것이라고 하였다. 능력도 없으면서 민족의 독립을 무조건 최우선시 하는 것은 "정치적 협로"라고 비판하였다. 되지도 않을 정치적인 독립, 민족의 독립이나 국권회복을 역설만 하는 것은 단지 이념에 치우친 행위라고 비판하였다. 되지도 못할 정치적인 독립을 요구하는 것은 불가능한 좁은 길을 택하는 것이고 현실 가능하고 실질적으로 삶의 조건을 향상시킬 수 있는 실용적인 경제적인 힘을 기르는 것은 실현 가능한 넓은 길을 택하는 것이라고 하였다.

---

10) "문제의 해결은 自決이냐 他決이냐."『개벽』(1923. 3. 13).

현실적으로 가능한 방식으로 실질적인 경제적 힘을 길러서 직면한 생활고부터 해결하면서 장기적으로는 민족적 독립을 기할 수 있는 민족적 역량을 제고해야 한다는 것이었다. 이것이 "경제의 광로를 취하는 것"이라고 하였다.

그리고 그와 같이 장기적인 안목으로 실현 가능한 넓은 길을 택한 자신들을 "前衛의 右" 곧 우파라고 스스로 칭하였다.[11] 정치도 경제력이 있어야 힘을 발휘할 수 있으니 노예와 같은 식민지 민족의 경제적인 처지에서 벗어나기 위해서는 장기적인 안목에서 거족적으로 경제력을 육성하는데 우선적으로 노력해야 한다는 것이었다.[12] 이것이 바로 민족이 독립으로 나아가는 급선무라고 하였다.

스스로 "전위의 우"라고 칭한 민족주의 우파 타협적 민족주의 세력의 민족문제에 대한 인식은 민족을 역사 문화 공동체로 인식하면서도 역사문화공동체로서의 "조선민족"을 부정적으로 인식하는 관점이 자리하고 있었다. 약육강식의 국제관계를 통해서 보았을 때 조선민족은 과거에 세계 문화에 공헌한 것도 없고 현재에도 국권을 상실하여 피억압 상태에 있으니 민족적 생존 능력이 없다고 하였다. 그러니 권리도 없는 무리가 조선민족이라고 하였다.[13] 그런데도 현실을 직시하지 못하고 실제적인 생존의 문제인 경제문제를 경시하고 산업을 무시하고 있어서 한심하고 문제라고 하였다.[14]

---

11) 鮮于全. 1922. 12. "우리의 사회에 새로이 비치려하는 經濟思想과 經濟運動의 發現如何." 『개벽』, 15.
12) "조선의 특이한 처지와 이에 대한 특이한 救濟策." 『개벽』(1923. 1).
13) 이광수(1917. 12); 魯啞子. 1922. 2. "소년동맹과 조선민족의 부활." 『개벽』, 61.
14) "산업대회의 발기총회를 보고." 『동아일보』(1921. 8. 2); "경제적 각성을 促하노라." 『동아일보』(1922. 1. 4).

타협적 민족주의세력은 이제 조선민족도 세계적인 변화의 추세에 맞추어야 한다고 강조하였다. 일본이 대한제국을 병합한 것은 이미 역사적 사실이 되었다고 하였다. 지나간 역사를 되새겨 과장하며 저항적인 민족감정으로 들끓기보다는 실제적인 "생활의식"을 가져야 한다고 하였다. 현실적이고 실용적으로 먹고살기 위한 방법과 능력을 길러서 민족적 생활을 향상시킬 수 있는 새로운 문화를 건설해야 한다는 것이었다.15)

여기서 새로운 문화, 신문화의 건설이란 조선인들이 민족의식을 각성하기 시작한 것도 국권이 상실된 이후의 일로 그리 오래되지 않았으니 민족만 외칠 것이 아니라 장기적으로 민족이 생존할 수 있는 새로운 조선민족의 문화를 길러야 한다는 것이었다. 조선민족이 "순민족적 의식이 각성하고 발달하기 시작한 것"은 정치적 핵심을 잃고 "異民族의 통치하에 들어간 이후의 일"이어서 민족의식은 강렬해도 아직 조직적이거나 고정적인 것도 아니라고 명시하였다. 새로운 시대에 경쟁력이 있는 "전 민족적 의식"을 '신문화'로 발달시켜야 한다고 하였다.16) 조선인들이 민족과 민족의식을 말하지만 사실 그것도 그리 오래된 것도 아니니 그 내용을 새롭게 새로운 문화로 바꾸자는 것이었다. 일본에 의해서 병합된 후에야 근대적인 민족의식이나 민족주의를 자각하기 시작해서 아직 체계도 이념도 구체적인 게 없으니 생각을 바꿔서 신시대에 걸맞은 경쟁력 있는 "전 민족적 의식"을 새롭게 만들어 조선민족의 신문화를 건설해야 한다는 것이었다.

신시대에 걸맞은 전 민족적 의식으로 변화된 신문화란, 민족은 역사적 산물이지만 우리가 그 민족에 대하여 인식하기 시작한 것은 얼마 되지 않

---

15) "문화건설의 핵심적 사상(민족감정과 생활의식)." 『동아일보』(1922. 10. 4).
16) "민족적 해체의 위기-조선인은 다 맹성하라." 『동아일보』(1923. 10. 27).

앉으니 거기에 얽매이지 말자는 것이었다. 과거의 역사에 얽매이지 말고 새로운 시대에 당면한 '국민적' 역경을 함께 극복해내는 문화공동체로 의식적으로 새롭게 거듭나야 한다는 것이었다.17)

"민족은 역사적 산물이라. 역사의 공통적 생명 곧 국민적 고락을 한 가지로 맛본 경험과 국민적 운명을 한가지로 개척한 사실이 없으면 도저히 민족적 관념을 生하지 못하나니 이 없이 어찌 언어와 습관과 감정과 예의와 사상과 애착 등의 공통연쇄가 있을 수 있으리오. 이는 곧 민족을 형성하는 요소로다."

"민족은 역사적 산물인 고로 혈통관계는 그다지 중요한 문제가 아니니 … . 오직 공통생활의 역사로 공통한 문화를 갖는 자는 곧 한민족이라 칭할지니"

라고 하였다.

민족은 역사적 산물이지만 민족으로서 함께하는 역사를 통해서 공동체적인 좋은 경험과 나쁜 경험을 함께 운명적으로 개척해온 사실이 있어야만 민족이라고 하는 공통의 의식과 관념을 갖게 된다고 하였다. 그래야 언어와 관습, 정서와 예의, 이념 등을 공통으로 한 공감대가 형성되어서 역사적 운명공동체인 민족이 된다는 것이다. 그러한 역사적 운명 공동체로서의 민족은 혈통관계가 중요한 것이 아니라고 하였다. 중요한 것은 오직 공통된 역사적 생존을 통해서 살아남은 공통된 문화라는 것이었다. 한 국가의 국민으로서 경험하게 되는 공통된 경험만이 "한민족"으로서의 민족적 관념, 민족적 의식이 생기게 하고 또한 공통생활의 역사로서 공통된 문

---

17) "세계개조의 벽두를 당하야 조선의 민족운동을 논하노라." 『동아일보』(1920. 4. 6).

화를 갖는 한 민족이 되게 한다는 것이었다.

이러한 민족과 민족문화에 대한 인식은, 일본 지배체제가 허용하는 범위에서 정치적 결사를 조직하자고 한 것으로 알 수 있는 바와 같이, 식민지배체제인 일본을 국가로 전제하고 그 국민으로서 '국민적'인 '고락'과 '운명'을 논한 것이었다고 할 수 있다. 그리하여 국민적 고락의 운명을 통해서 하나의 민족 '한 민족'이라는 의식을 경험적으로 살아내고 그 역사에 기초한 공통된 문화로 정립하자고 한 것이었다.

일본 제국주의에 대하여 타협적인 민족주의 우파의 민족주의 인식은, 공동의 경험(고난)을 거치며 살아남은 공동생활 역사의 시간 속에서 공동체로서의 유대와 연대의식을 공고히 한 것이 민족이라는 것이었다. 그 민족의 결속력있는 공동체적 유대와 연대의식이 민족주의라는 것이었다. 조선인에게 일시동인의 동화주의를 주창하며 이제 조선인은 일본국의 국민, 일본국의 신민이라는 사실을 받아들이라고 강제하는 일본 제국주의 지배체제 아래에서 합법적으로 실력을 양성하면서 경험하게 되는 '국민적 고락'을 통해서 '국민적 운명' 공동체로서의 '한민족'으로 거듭날 것을 촉구한 것이었다. 그러므로 하나의 민족으로 거듭난 민족이 조선인 민족을 전제로 조선인의 민족주의를 의미하는 것이었다고 보기 어렵다. 오히려, 명확하게 표현되지는 않았지만, 실질적인 현실의 국가로 전제된 일본 국가와 일본국의 '국민'으로서의 고락을 같이한 국민적 운명 공동체로서의 조선지역 민족과 민족주의를 의미하는 것이었다고 할 수 있다.

민족주의를 그와 같이 인식하였기에 타협적 민족주의 우파는 '범인간적 민족주의'를 주창할 수 있었다. 그것은, 사회주의(인류주의)는 이타적 사상이지만 비현실적이고 민족주의는 이기주의의 관념을 그대로 민족이라는 관념으로 연장시켜놓은 것이므로 보편적 인류평등주의의 견지에서는 적합하지 않다고 하여 새롭게 제시된 것이었다. 약육강식의 국제관계를 지극히 현실주의적으로 인식하면서도 국제관계의 주체인 민족국가 단위의 국제정치를 움직이는 각 국의 민족주의를 이기주의 관념이므로 보편적 인류평등주의의 견지에 적합하지 않다고 한 것은 스스로 자체 모순을 노정한 것이었다. 일본 제국주의가 채 민족주의와 민족적 관념을 정립하지 못하고 복속된 식민지 조선민족에게 행하는 국가 관념, 국가인식을 강제하고 있는 현실에 대해서는 간과하는 것이었다.

그러면서 보편적 인류평등주의의 견지에서 이기주의적인 민족주의에 대신하여 '범인간적 민족주의'라는 것을 제시하고, 세계적인 민족주의의 시대에 "전민족적 의식"을 발달시켜야 한다고 하였다. 세계적인 민족주의의 시대에 전민족적 인식을 발달시키는 범인간적 민족주의란 바로 조선민족과 일본국민을 일체화시키는 것을 의미한다고 할 것이다. 곧 조선민족만을 논하는 이기주의적인 관념에서 벗어나서 일시동인의 보편적 인류평등주의의 견지에서 일본제국주의 지배체제의 국민으로서 전민족적인 범인간적 민족주의 의식을 가져야 한다는 것이었다. 그것이 곧 신시대에 경쟁력 있는 민족주의 조선민족의 민족주의가 나아갈 방향이라고 제시된 바였다.[18]

타협적 민족주의 우파가 제안한 범인간적 민족주의는, 조선인이 민족의식이 강렬하다고 해도 겨우 병합 이후에야 각성되기 시작하여 아직 운명공동체로서의 민족의식이나 민족주의 이념 또한 제대로 공고하게 갖추어진 것은 아니니 현실적으로 경제적인 실력을 양성하여 공동체로서 살아남

---

[18] "범인간적 민족주의." 『개벽』(1923. 1).

을 수 있는 방법이라고 제시된 것이었다. 그것은 조선민족만을 고집할 것이 아니라 현실의 국가인 일본 제국주의 국가의 국민이라고 하는 국민적인 경험을 통해서 일본인과 하나가 되는 범인간적인 민족의식을 새롭게 갖도록 해야 한다는 것이었다. 그것이 실질적으로 민족의 경제적인 실력을 양성하면서 '구관누습(舊慣陋習)'을 '개조혁정(改造革正)'하여 근대적인 민족성을 갖는 민족주의 곧 신문화를 건설하는 범인간적 민족주의로 거듭나는 것이라는 것이었다. 이는 곧 조선민족이 아닌 일본국 국민으로서의 민족의식과 일본국 국민으로서의 새로운 근대적인 공동체적 문화를 만들어가자는 것이었다.

이와 같이 우파 민족주의자들의 민족 형성과 범인간적 민족주의를 통한 신문화 건설의 기본 입론은 일본 제국주의 지배체제의 국가를 전제로 하였다. 일본 국가를 현실적으로 받아들이고 그 위에서 일본국 국민으로서의 경험을 통해서 새로운 민족을 생성하고 민족의식을 각성할 것을 범인간적인 민족주의라는 이름으로 주창한 것이었다. 그러므로 그들의 범인간적 민족주의는 일본제국 국가의 국민으로서의 민족주의의 다른 이름이라고 할 것이었다. 또한 동시에 범인간적 민족주의를 통해서 거듭 나야 할 새로운 민족성과 신문화 건설 역시 한국인의 역사적 운명공동체로서의 민족성의 갱신을 통한 한국인의 민족적 신문화 건설을 의미하는 것일 수 없었다. 일본 제국주의 통치 아래 있는 범 인간적인 다시 말해서 조선민족을 초월하는 새로운 민족성으로의 개혁과 창출을 통한 신문화의 건설을 의미하는 것일 수밖에 없었다. 새로운 일본 국민국가의 민족주의와 문화 건설을 민족과 범인간적 민족주의라는 이름으로 조선인들에게 제창한 것이었다.

그러한 범인간적 민족주의를 주창하는 '전위의 우파'에게 대한민국임시정부를 통해서 선언된 민주공화국이라는 독립 민족국가에 대한 이상과 민주공화국의 내용을 이룰 민주공화주의라는 한국 근대 민족주의 이념은 찾아보기 어렵다. 물론 이미 지적했듯이 3·1운동을 통해서 그러나 국외에서 항일 민족운동을 지도하던 다양한 세력들이 민족대표를 자임하며 수립한 대한민국임시정부가 3·1운동 이후 국내외를 막론하고 전 민족적인 독립 국가의 이상을 상징하는 것이 되기는 했지만 박탈된 대한제국 국가나 한반도 조선의 조선 민족을 대표하는 정통성을 공식적으로 갖는 것은 아니었다. 국내에서 3·1독립선언을 발표하고 그것이 일본 제국주의 지배체제에 대하여는 비합법적인 행위였으므로 스스로 자수한 조선의 3·1독립선언 민족대표들과 마찬가지로, 자치를 주장한 우파 민족주의세력은 일본 제국주의 지배체제를 어찌되었던 현실의 지배체제라는 점에서 인정하고 받아들인 것이었다. 그러므로 그들에게 국외의 대한민국임시정부와 임시정부의 이름으로 선언된 민주공화국이나 민주공화주의 민족주의는 현실적으로 중요한 고려의 대상은 아니었다고 할 수 있다.

일본 제국주의의 병합을 현실적으로 인정하고 받아들이며 '민족'의 이름으로 행한 합법적 정치운동의 한계는 분명한 것이었다. 자치나 참정권은, 경제적인 실력을 양성한다고 해서 얻어지거나 식민모국의 통치방침에 의거해서 청원한다고 해서 베풀어지는 것이 아니기 때문이다. 백남운이 적시한 바와 같이, 민족적 역량을 결집하여 끊임없이 독립운동을 전개함으로써 식민 통치 당국이 통치하기 어려운 상황이 되어야, 최후의 조치로 자치나 정치적 참여를 허용하지 않을 수 없는 지경이 되어야, 그나마 쟁취될 수도 있는 것이었다. 민족적 독립을 위한 민족운동의 분명한 목적을 가

지고 불굴의 저항의지를 부단한 투쟁으로 전개해야 비로소 기대할 수 있는 것이었다.[19]

이에 반해서, 자치론에 반대하는 입장인 비타협적 우파 민족주의세력의 입장은, 1923년 '조선혁명선언'에서 신채호가

> "일본이 그 강도적 침략주의의 招牌인 帝國이라는 명칭이 존재하는 이상 그 부속 하에서 조선인민이 어찌 구구한 自治의 虛名으로 民族的 生存을 유지할 수 있겠느냐"

고 한탄했던 바였다. 이렇게 일본 제국주의 지배체제를 부정하는 입장을 분명히 견지하는 민족주의 세력도 존재하였다. 어떠한 이유로도 일본 제국주의와 타협하는 것은 반민족 친일행위에 불과할 뿐이라는 입장이었다. 이러한 차이가 제국주의 식민 통치 아래의 합법적인 공간에서 경제적인 실력양성을 논한 민족주의세력을 타협적이라고 하고 그에 반대하는 민족주의세력을 상대적인 의미에서 비타협적 민족주의라고 하는 이유였다.

물론 비타협적 민족주의세력도 조선물산장려운동을 산업에 기초한 문화운동으로 전개하였다.[20] 그렇지만 비타협적 민족주의세력이 물산장려운동에 임한 기본 입장은, 일본 제국주의의 틀 안에서 이루어지는 어떤 경제적인 이권이나 권리 나아가 정치적인 권리를 전망하며 특정한 목적을 쟁취하려고 한 것이 아니었다.[21] 조선인들끼리 조선 물산을 서로 사고 팔 것을 장려하는 민족적인 운동을 통해서 조선민족 구성원에 의한 조선민족

---

[19] 전상숙. 2017. 『한국인의 근대 국가관, '민주공화국' 재고: 식민지시기 국가의 이중성과 민족문제의 상관관계를 중심으로』. 서울: 선인, 221.
[20] 梧村. "물산장려에 관하야 (1)." 『동아일보』(1923. 3. 4).
[21] 梧村. "물산장려에 관하야 (6)." 『동아일보』(1923. 3. 9).

구성원을 위한 조선민족 구성원의 민족적 상업 기반을 구축하기 위해서였다. 그 과정에서 조선인 사회의 산업화가 이루어지게 되고 그렇게 되면 궁극적으로 조선인의 "민족적 경제의 회복" 또한 이루어질 수 있다는 입장이었다.[22]

그러므로 타협적 민족주의세력이 '생산증식론'을 주창하며 일본 제국주의와의 대결적 입장에서 민족 경제의 육성을 강조하면서 사실상 민족 부르주아의 경제적 경쟁력을 높이고자 했던 것과는 민족적 차원에서 다른 것이었다. 비타협적 민족주의세력은 자본의 경쟁력이 아니라 우리가 우리 땅에서 키운 우리 물품을 우리들이 서로 사고팔아 상호 부조하는 민족 경제 공동체와 같은 의미에서 토산장려(土産奬勵)를 역설하였다. 조선인 인민 대중의 생산력 증대를 목표로 하였다.

비타협적 민족주의세력이 물산장려운동을 통해서 주창한 토산장려는 그 실질적인 내용과 관계없는 민족의 총체적인 생산증식론이 아니었다. 조선 민족의 대다수를 차지하고 있는 인민 대중의 실질적인 생활의 향상을 도모할 수 있는 조선인을 위한 생산의 증식을 실천 가능한 방식으로 이루어야 한다는 것이었다.

일본민족 대 조선민족, 식민 제국주의 대 제국주의 식민지 민족이라고 하는 대결적인 이항구도를 강조하며 총체적인 조선민족의 생산력을 높이는 경제력의 향상을 역설하는 것은 결과적으로 민족 자본가 상층을 중심으로 한 자본의 확충으로 나아가는 것이었다. 타협적 민족주의 부르주아 우파세력의 경제력을 높이는 것일 뿐이었다.

이에 반해서 토산장려는 식민지 조선민족의 생활을 현실적으로 조금씩

---

22) 梧村. "물산장려에 관하야 (5)." 『동아일보』(1923. 3. 8).

이나마 실질적으로 향상시키기 위한 대책으로 제시된 것이었다. 비타협적 민족주의세력의 토산장려는 조선민족이 경제적으로 취약한 현실을 타개하기 위하여 제도적인 개선이나 정치적 변혁과 같이 직접적으로 수행하기 힘든 주장을 한 것이 아니라, 조선민족 개개인이 스스로 행하여 힘을 기를 수 있는 자구책을 모색해 제시한 것이었다. "自給自作의 道를 取"하자고 한 것은, 앞에서 설명한 조선민족의 토산장려를 통한 조선민족의 생활의 향상, 경제력의 향상을 의미하는 것이었다. 생활의 근거지이자 터전인 조선 땅에서 조선 민중들이 만들어내는 조선인 생산물품의 생산을 장려하고 또 그것을 조선인이 소비함으로써 조선인 사회 내에서 생산과 소비가 이루어지는 순환구조를 조성하자는 것이었다. 그리하여 조선 민중의 실생활을 향상시키고 그것이 결과적으로 조선민족의 생산력 증식으로 연계되도록 하자는 것이었다.

이와 같은 비타협적 민족주의세력의 입장은, 기본적으로 조선민족의 생산력 증식을 통해서 제국주의의 자본주의체제에 편입되어 그 일원이 될 것을 기대하는 것이 아니었다.23) 이 점에서 결과적으로 조선민족의 생산력 증식을 통해서 자본주의체제의 일원이 될 것을 기대한 타협적 민족주의세력의 생산력 증식론과는 차별되는 것이었다. 그것은, 일본 제국주의 지배 아래서 더욱 피폐해진 조선 인민 대중의 생활을 개선하기 위하여 자급자족적으로 총력을 기울이자고 역설하며 항일 저항적 민족의식을 고취하는 것이었다. 조선인 "一體로 被搾取階級이 되어있는 관계상 ... 자민족 간에 착취여하를 較計할 여가가 없"다는24) 입장이기는 했지만, 그 방점은

---

23) 설태희. 1922. 12. 3. "自給自作의 人이 되어라." 『동명』.
24) 反求室主人. 1923. 11. "물산장려를 비난한 'L君'에게 쵭함." 『개벽』, 35; 전상숙. 2003. "물산장려논쟁을 통해서 본 민족주의세력의 이념적 편차." 『역사와현실』 47, 37-63.

조선민족 인민 대중에게 있었던 것이다.

타협적 민족주의세력의 생산력 증식론도 비타협적 민족주의세력과 마찬가지로 일본민족에 대하여 조선민족이 "일체로의 피착취계급"이라는 관점에서 역설되었다. 그렇지만 타협적 민족주의세력의 기본 입장은 민주공화주의로 선언된 한국 민족주의의 내용을 완성할 수 있는 조선민족 인민 대중의 평등한 권리와 자유를 보장하는 조선민족의 생산력 증식을 의미하는 것인지는 문제시되지 않았다. 다시 말해서 총체적 피착취 계급론에 입각하여 그 증식된 생산력이 누구에게 어떻게 분배되는지는 문제되지 않았다. 이와 관계없이 조선민족 전체의 총체적인 생산력을 증식하고 그 힘을 배경으로 해서 일본 제국주의에 대하여 피지배 민족의 정치적인 요구를 관철시킬 수 있는 권한을 얻어내야 한다는 것이었다. 증식된 생산력을 토대로 얻어진 정치적 권한은 결국 제국주의의 지배체제에 편입되는 것이었다. 또한 그 정치적 권한이 어디까지일지도 알 수 없는 것이었다.

타협적 민족주의세력이 말한 증식된 민족 총생산량의 주체는 전 조선민족이지만 그것을 기반으로 하여 증식된 경제력을 대표하는 것은 민족자본가였다. 식민지 피지배 민족 내부의 경제적인 계급적 차이와 그로 인한 민족 내부의 갈등이나 전통적인 계층 간의 위계 의식으로 인한 문제에 대한 인식도 해결 의지도 유보한 것이었다. 그러므로 대한민국임시정부의 수립을 통해서 선언된 민주공화국 건설을 위한 민주공화주의라고 하는 한국 민족주의의 주권 재민·인민 평등사상과는 거리가 있었다.

타협적 민족주의 우파에게 국가와 민족의 주권이 인민 대중 개개인에게 있고 그 주권이 평등하게 행사될 수 있는 근대 민족주의의 이념은 병합 이전 민족의식을 각성하고 민권과 평등을 논하며 민족운동을 주도하면서도 지식인들이 인민 대중을 단지 계몽의 대상으로만 여기던 것에서 한 발자국도 더 나아간 것이 아니었다. 병합으로 국가 주권이 상실된 상태에서조차 민족을 구성하는 인민 대중 개개인의 처지와 생활상은 물론이고 민족주의에 대한 인식조차 유보하면서 경제적·사회적 지도세력임을 자처하고 민족의 미래를 논하며 쫓아오기만 하라고 하는 것과 다름없었다.

이에 반해서, 비타협적 민족주의세력이 주창한 토산장려의 생산력증식론은, 실질적으로 민족 내부의 경제적 차이와 그로 인한 착취관계를 개선하는 의미를 갖는 것이었다. 바로 이러한 점에서 비타협적 민족주의세력의 민족문제에 대한 인식은 민족 내부의 계급관계를 일본 제국주의에 대한 민족문제와 마찬가지로 문제시하고 이를 민족운동선상에서도 해소하고자 한 것이었다고 할 수 있다. 전통적인 전근대적인 정치사회적 위계관계는 물론이고 자본주의적 근대화를 통해서 촉진된 민족 내부의 경제적 계급문제의 해결까지 고려하고 해결하고자 한 것이었다.

이러한 점이 민족운동 선상에서 새로운 민족운동의 이념이자 방법으로 수용된 공산주의와 공통되는 지점이었다. 때문에 그들을 당시 "사회주의를 이해하는 민족주의자"들이라고 한 것이었다. 또한 바로 이 점에서 비타협적 민족주의세력과 공산주의 민족운동세력은 대한민국임시정부를 통해서 민주공화주의로 선언된 주권 재민·인민 평등사상을 핵심으로 하는 한국 민족주의의 중요한 내용을 구성한다.

비타협적 민족주의세력은 제국주의의 피압박 민족이 된 현실에 대한 전 민족적, 민중적인 인식을 기초로 하여 민족적 생산력과 생활의 향상 곧 민족적 생활상의 개조를 주창하였다. 이러한 비타협적 민족주의세력은, "사회주의를 이해하는 민족주의자"라는 것으로 알 수 있는 것처럼, 민족문제를 제국주의로 전개된 자본주의의 경제적 계급문제라고 하는 관점에서 인식하고 그 해결 방식 또한 민족 대내외적으로 모두 경제적 계급관계의 해소를 통해서 구했다는 점에서 진보적이고 개혁적이었다. 그리하여 타협적 민족주의 우파에 비해서 상대적인 의미에서 민족주의 좌파라고 불렸다.

비타협적 민족주의세력, 민족주의 좌파에게는 '민족'이라는 이름으로 사회/공산주의와 근대적 자본주의 국가 건설의 지향이 혼재되어 있었다.[25] 그들은 세계대전과 함께 고조된 혁명적인 '사회개조'의 신기운이 전쟁의 종결과정을 통해서 좌절되었어도 새로운 이념으로 받아들인 공산주의적 지향을 민족의식과 결합하여 민족해방운동선상에서 실현하고자 하였다. 그들은 "조선민족의 신념-理想, 主義로써 자기를 창조하고 실현하기 위해 쉴 새 없는 노동-勞心力作을 해야 할 것"을 지속해서 강조하였다.[26] 조선민족이 조선민족의 민족주의로 응결되어 쉼없이 노력하고 노동하여 민족주의가 구체적인 민족국가로 창조되고 실현되기를 염원하였다.

이와 같은 비타협적 민족주의세력 곧 민족주의 좌파의 민족과 민족문제에 대한 인식은, 아직 이념체계가 체계적으로 정립된 것은 아니었지만 민족을 독립시키고 이후 근대적인 독립 민족국가를 수립하기 위한 전망을 실질적으로 제시한 민주공화주의의 한국 민족주의가 이념체계를 구축해 가는 과도기 한국 민족주의의 모습을 대변한다고 할 수 있다.

비타협적 민족주의세력을 통해서 보이는 한국 근대 민족주의의 과도기적인 모습은, 세계대전을 통해서 확산된 '민족자결주의'가 전후 워싱턴체

---

25) 전상숙(2003), 51.
26) "신념 희생 노동 - 민중구제의 정신적 표지." 『시대일보』(1924. 5. 17).

제가 출범하면서 그 위세가 꺾이기는 했지만 동아시아, 피식민지 민족에서 민족국가를 단위로 한 민족주의적 국민주의 경향이 전개되고 있다고 본[27] 것이었다.

> "대전란에 인한 舊사회기구의 대파괴와 및 신흥계급의 발흥으로 국민주의는 심대한 저주의 대상이 되었다. 민족주의까지도 그 餘沫 을 입어서 때로 조소와 비난의 거리로 된 바 있었으나 오늘날 극동의 풍운을 계기로 이 국민주의적 경향은 바야흐로 복귀"

하고 있다고 국제정치를 보았다. 국제정치의 흐름이 세계대전으로 인하여 기존의 사회기구가 대거 파괴되고 신흥 프롤레타리아 계급이 발흥해서 국가를 중심으로 한 국민주의와 민족주의가 비난거리가 되기도 했지만 이제 다시 국민주의적 경향으로 되돌아가고 있다고 보았다.

이와 같은 인식은, 세계대전으로 전개된 자본주의적 물질문명의 발전을 본질적으로 비판적으로 인식하기보다는 자본주의적 산업화와 함께 국제체제의 기본 단위로 정립된 민족/국민 국가체제를 주어진 기본 조건으로 전제하는 것이었다. 그리고 러시아혁명을 성공적으로 이룬 공산주의로부터 자본주의적 물질문명에 기초한 자유주의 정치체제를 수정 보완할 수 있는 가능성을 모색하는 영향을 받은 것이었다.[28]

러시아가

> "민족임이 一事實일진대 민족을 걱정하고 문제삼고 그를 一 單位로

---

[27] "東方 諸국민의 覺醒-침략국가의 深長한 번민." 『조선일보』(1925. 6. 28).
[28] "解放戰線을 俯瞰하면서." 『조선일보』(1925. 3. 1).

널리 세계의 進運에 參涉하려 함이 또한 타당치 아니한가"

라고 한 것은 공산주의혁명을 이룬 반자본주의 국제주의 프롤레타리아 혁명에 동조하는 것이 아니라, 러시아 또한 민족을 단위로 이루어진 국가이니 국민적 이익을 위한 '국민주의'를 국제정치에서 실현하고자 할 것이라는 의미였다.

"一 人民이 낙후된 처지에서 진지한 생존노력의 투쟁적인 역량을 길러내는" 것은 "반드시 한 번 지나가는 필요한 계단으로, 同類意識과 連帶感으로서 그 燃燒되는 情熱이 실로 純化·淨化·深化 또는 單一化의 존귀한 작용이 되는 것"이니

"선진국가의 국민주의와 후진사회의 민족주의는 同根異質의 것"

이라고 하였다.29) 국가의 인민 대중이 열악한 환경에 처해있으면 진지하게 생존하기 위한 노력을 경주하여 투쟁적인 역량을 길러내는 것이 꼭 필요한데 이 때 그 동인이 되는 것이 곧 동류의식과 연대감이라고 하였다. 인민 대중이 국민으로서의 동류의식과 연대감을 열정적으로 발휘하여 일체감을 갖게 되는 것이 곧 선진국의 국민주의이고 후진 사회의 민족주의라는 것이었다.

민족국가 체제를 정립한 선진 자본주의 국가와 아직 민족국가 체제를 구축하고 있지 못한 식민지 약소민족의 현실을 '선진국가'와 '후진사회'로 구별하여 비교하고, 민족국가를 이루고 국가를 중심으로 힘을 발휘하는

---

29) "東方 諸국민의 覺醒-침략국가의 深長한 번민," 『조선일보』(1925. 6. 28).

민족주의를 '국민주의'라고 하였다. 그리고 아직 독립하지 못했지만 독립하여 민족국가를 건설하고자 하는 후진사회의 민족주의는 '민족주의'라고 하였다. 민족주의에 의거하여 독립 민족국가 단위로 움직이는 국제체제를 인식하며 '국민주의'와 '민족주의' 양 자가 근본적으로 같은 것이라는 것이었다. 현실적으로는 국가의 행위로 표상되거나 민족의 행위로 표상되는 것을 대조적으로 구별하여 비교한 것이다.

식민 지배 아래서 일정한 단위의 생활공동체인 민족이 동류의식과 연대감을 토대로 하여 국제정세 변화에 대응하며 생존하기 위한 과정을 거치면서 단일화되는 이념체계가 곧 후진사회의 민족주의라고 하였다. 그 민족주의 이념체계에 기초하여 민족국가를 구축하여 경쟁력을 갖추게 되면 그것이 곧 선진국가이고 선진국의 국민주의가 된다는 의미였다. 결국 민족주의와 국민주의는 근본적으로 같은 것이었다.

그러므로 세계대전과 러시아혁명을 통해서 반자본주의, 프롤레타리아 국제주의가 발흥했어도 국민주의/민족주의는 부정될 수 없다는 뜻이었다. 역사적 생활공동체로서의 민족에 대한 인식을 토대로 하여 민족에 대한 동류의식과 연대감이 현실적으로 응집되어 민족을 단일화시키는 존귀한 작용을 발휘하게 되는 것이 곧 후진사회의 민족주의였다. 그리고 그와 같은 민족주의를 통해서 단일화되는 것이 곧 (민족)국가였다. 이 민족을 단위로 한 국가가 "민족을 단위로 널리 세계의 진운에 참섭하려 함이" 곧 '국민주의'였다.

이러한 비타협적 민족주의 세력의 인식체계는, 근대 민족주의에 대한 인식과 이를 토대로 민족주의를 민족 단위의 국가 곧 민족/국민 국가의 형성과 국민/민족 국가를 단위로 한 국제 경쟁관계로서의 국제정치에 대한 인식으로 외연하는 것이었다.

이러한 점에서 식민지시기 민족주의 좌파의 민족주의는, 앞 장에서 논한 것처럼, 인민주권과 평등사상을 추동력으로 하여 민족국가의 성립으로 전개된 근대 민족주의와 그 맥을 같이 하고 있었다. 또한 아직 구체적으로 그 내용이 체계적인 이념체계로 정립되지 않은 근대 한국 민족주의의 과도기적인 모습을 잘 보여준다고 할 수 있다.

그러므로 민족/국민 국가체제를 이룬 '선진국가'와 같이 민족주의를 발현하여 근대적인 국가를 구축하고 국민주의를 발현하여 국제정치의 일원이 되기 위해서는, '후진사회'도 민족주의로 하나되어 민족/국민 국가를 이루고 국민주의/민족주의를 발휘해야한다는 것이었다. '민족주의'와 '국민주의'는 "표현되는 동기와 형태는 매우 서로 다른 것" 같지만 그 근본은 같은 것이었다.30)

이와 같이, 민족주의 좌파의 민족과 민족주의에 대한 인식은, 서양의 근대 국민국가와 같이 민족 → 민족주의 → 민족(국민)국가 → 국민(민족)주의로 연계되는 근대 체제를 체험적으로 분명하게 인식한 것이었다. 그러면서도, 근대의 민족을 단위로 하여 민족주의를 제창하며 성립된 민족/국민 국가가 국제사회의 하나의 주체로 되어서 행해지는 '민족주의의 역설'까지 인지한 것은 아니었다. 국가 내부적으로는 국민에 대하여 '민족(국민)주의'를 고취시키면서 대외적으로 국가적인 팽창과 성장을 꾀함으로 인하여 피침략 후진 사회의 민족주의(인민주권과 평등권)를 억압하게 되는, 근대 민족주의 이념의 정치이데올로기로서의 특성과 기능에 대해서까지 인식한 것은 아니었다고 할 수 있다.

---

30) "東方 諸국민의 覺醒-침략국가의 深長한 번민." 『조선일보』(1925. 6. 28).

민족주의 좌파세력은 독립 민족국가를 이루어서 민족이 독립 국가의 하나의 국민이 되어 그 국민으로서의 국민주의를 발휘하는 국제사회의 일원이 될 수 있는 민족주의를 추구하였다. 민족이 동질적인 민족의식으로 응결되어 민족이 주체가 되는 단일체, 단일 민족국가를 구축하는 것을 최종 목적으로 한 민족주의를 상정하였다. 그러한 민족주의가 민족의 평등권과 민족 구성원의 평등권을 보장하는 인민주권을 실현하는 독립 국가로서의 민주공화국을 의미하는 것은 당연한 귀결이었다.

비타협적 민족주의 좌파도 타협적 민족주의 우파와 마찬가지로 조선인의 민족의식이 아직 발달하지 못했다고 보았고, 따라서 '전민족적 의식'을 발달시켜야 한다는 점을 강조했다는[31] 점에서는 같았다.

> "쇄국적 시대에 있어서는 다만 상하귀천의 別이 있고 國民的 民族的 自覺 熱情 理想 慾望 및 組織 運動 訓練이 缺如하였었고 그것이 곧 눈뜨고 의식하려할 때에 갑자기 外來 勢力의 强壓 하에 다시 지리멸렬한 상태에 빠질밖에 없던 朝鮮人은 불행이었다. 民族的 自覺 熱情 및 組織 運動 訓練, 그리고 그로 인한 民族的 淨化 深化 및 純化는 꼭 한번 지내와야 하였을 일이었다."

개국 이전 신분제 국가일 때는 단지 상하 귀천의 위계적 구별만 존재해서, 국민적인 민족적 자각이나 열정 또는 민족적인 이상이나 욕망을 이루려는 조직적인 운동도 훈련도 없었다는 것이다. 민족적인 의식을 자각하려할 때 국권을 상실했으니 조선인에게는 불행이었다고 회고하였다. 이제 국제체제에 편입된 이상 자각되기 시작한 민족의식과 열정을 조직적인 운

---

31) "解放戰線을 俯瞰하면서." 『조선일보』(1925. 3. 1).

동과 훈련을 통해서 민족이념과 이상으로 정화하고 심화시켜서 응결해야 한다고 하였다.

여기서 비타협적 민족주의세력과 타협적 민족주의세력 간에 조선인의 민족의식의 각성에 대한 관점의 차이가 분명하게 나타난다. 앞에서 보았듯이 타협적 민족주의세력은 민족의식의 각성이 일본 제국주의의 지배 아래에서 시작되었다고 하였다. 이에 비해서, 비타협적 민족주의 세력은 민족의식의 각성이 개국이후 국권 상실 직전에 시작되었다고 적시하였다. 그리고 비타협적 민족주의세력은 각성되기 시작한 민족의식이 일본 제국주의의 병합으로 지속되지 못하고 단절되었다는 점을 분명히 하였다. 이러한 민족주의세력 내의 민족 인식에 대한 차이는 그들이 일본의 보호국화로부터 병합에 이르는 시기에 행한 활동 및 언사와 직결되어 있었다. 당시 비타협적 민족주의세력은, 자치를 청원하고 참정권을 요구했던 타협적 민족주의세력을 비판하는 한편으로 민족의식의 각성을 촉구하며 민족주의를 정립하고자 한민족의 역사를 연구하고 체계화하고자 하였다.

이러한 차이는, 비타협적 민족주의세력이, 타협적 민족주의세력과 마찬가지로, 신시대의 경쟁력 있는 '전민족적 의식'을 발달시켜야 한다고는 했지만 그 실제적인 내용과 지향 또한 다를 수밖에 없는 현실로 재현되었다. 비타협적 민족주의세력의 주장은, 민족적인 조직과 운동 및 훈련을 통해서 민족적으로 정화·심화·순화되어 단일화를 이루고 국민국가를 건설해야 한다는 것이었다. 한민족의 근대 민족주의 정립과 이를 토대로 한 민족국가 건설 지향을 분명히 한 것이었다. 민족의식의 각성이 일본 제국주의의 한국병합으로 인해서 단절되었지만, 민족의식을 각성하고 이를 민족주의로 정립하는 것은 "꼭 한번 지내와야 하였을 일"이라는 점을 적시하였다. 이제 식민지화되었어도 한 민족의 민족적 자각과 열정을 조직적인 운동과 훈련을 통해서 민족주의로 정화하고 심화함으로써 민족국가를 건설하기 위하여 노력해야 한다는 것이었다.

이에 반해서, 일본 제국주의의 지배 아래서 민족의식의 각성이 시작되었다고 한 타협적 민족주의세력은, 식민 지배체제의 합법적인 틀 안에서 다시 말해서 현실 국가의 틀 안에서 새로운 민족성을 창출하는 범인간적 민족주의를 제창하며 전 민족적인 의식을 새롭게 하여 신문화를 건설해야 한다고 하였다. 사실상 한민족 민족주의를 방기한 것이었다. 이는, 비타협적 민족주의세력이 식민지 상태에 처한 '후진사회의 민족주의'를 넘어선 한민족의 전 민족적인 의식의 발달과 민족주의의 정립을 역설함으로써 새로운 한민족의 민족국가 수립을 전망한 것과는 대조적이었다. 타협적 민족주의세력의 범인간적 민족주의가 한민족의 민족주의를 방기 또는 유보하는 것이었던데 반해서, 비타협적 민족주의세력의 전 민족적 의식이 발달된 민족주의라는 것은 새로운 한민족의 민족/국민국가, 근대적인 신국가의 건설을 상정한 것이었다.

바로 이러한 점이 타협적 민족주의 우파와 비타협적 민족주의 좌파의 기본적인 차이였다. 여기서 핵심은 역사적 운명공동체로서의 민족적 조직을 결성하고 이를 통한 조직운동과 훈련을 통해서 독립적인 국민/민족국가를 수립한다는 점에 있었다. 그것은 정부조직과 같은 전 민족적인 조직을 건설해야 할 필요와 그것이 중심이 된 항일민족운동, 그리고 그 과정에서 이루어질 국민적·민족적 자각과 열정 및 이상을 발휘하게 할 조선인 일반에 대한 훈련을 비타협적 민족주의세력이 중시했다는 점이다. 그 일련의 과정을 통해서 근대 민족국가를 건설하는 것으로 상정했던 것이다.

타협적 민족주의세력이 실력의 양성을 주창하고 그 주창자인 지식인과 자본가가 중심이 되는 전 민족적인 경쟁력을 기르며 조선민중을 계몽해야 한다고 한 것과는32) 큰 차이가 있었다.

기본적으로 조선민중을 계몽의 대상으로 상정하는 우민관(愚民觀)을 갖고 있었던 것은 비타협적 민족주의세력도 타협적 민족주의세력과 큰 차이가 없었다.33) 그런데, 비타협적 민족주의세력은, "有識者와 有産者에게도 우리 민족의 전체의 생존을 위하는 殉敎者의 情熱이 필요하다"는 인식을 갖고 있었다.34) 그들은 인민 대중에게 새로운 전민족적인 의식의 각성을 촉구하기만 한 것이 아니라 유식자·자산가도 민족 전체의 생존을 위하여 순교자와 같은 열정을 갖고 인민 대중과 함께 할 것을 역설하였다.

비타협적 민족주의 지식인이나 유산자인 자신들은 스스로 민족적 생존을 위하여 얼마나 실천하고 있는지 자문하고 말뿐이 아니라 민족적 순교자와 같은 실천을 요구하였다. 이러한 인식은 조선민족의 인민 대중을 단지 계몽의 대상으로만 여기지 않고 자신들이 함께 해야 할 동등한 민족의 일원으로 보는 것이었다. 인민 대중은 아직은 비록 '훈련'이 필요한 존재이기는 하지만 훈련을 통해서 민족의식을 각성하고 발달되어 자신들과 함께 해야 할 민족구성원의 일원이라고 보는 것이었다. 전 민족적인 의식을 각성하는 것은 곧 모두 같이 새로 건설해야 할 신국가의 국민으로서 민족주의로 하나된 국민감정을 갖는 국민의 일원이 되는 것이었다.

비타협적 민족주의세력은, 앞에서 본 바와 같이, 동류의식과 연대감의

---

32) 魯啞. 1921. 7. "中樞階級과 사회."『개벽』; 金起瀍. 1921. 12. "우리의 출발점과 도착점."『개벽』; 이광수. 1922. 5. "민족개조론."『개벽』.
33) "민중이여 자성하라."『개벽』(1922. 5).
34) 起瀍. 1922. 6. "먼저 有識 有産者側으로부터 반성하라."『개벽』.

열정이 순화되고 심화되어야 하는 것이 '후진사회의 민족주의'라고 하였다. 그것이 심화 또는 단일화되는 "존귀한 작용"을 이루는 것이 곧 '근대적 국민국가'를 이루는 것이라고 하였다. 때문에 비타협적 민족주의 좌파세력은 조선민족의 조직과 운동과 훈련을 주창하였다. 조선민중, 다시 말해서, 민족의식이 심화된 민족주의를 발현시켜서 국민이 될 조선민중이 견인해내는 선진국과 같은 근대 국민국가를 전망한 것이다. 여기서 조선민족을 일체로 한 제국주의 일본에 대한 전 민족적인 계급의식과 저항의 토대로써 토산장려가 주창되었던 것이다.

이렇게 민족문제와 민족문제의 해결을 일본 제국주의에 대한 전 민족적인 계급의식과 저항을 통해서 이루어야 한다고 한 비타협적 민족주의세력의 민족문제에 대한 인식은 공산주의 민족운동 세력과 공통분모를 이루었다. 따라서 비타협적 민족주의세력은 공산주의 민족운동세력의 민족문제에 대한 이해를 공동의 토대로 하여, 공산주의세력과 연대하여 반제국주의 비타협적 민족운동을 전개할 수 있는 여지가 있었다.

이와 같이, 제국주의의 지배 아래 있는 민족문제를 보는 시각과 공산주의 민족운동에 대한 입장의 차이는 민족주의세력의 분열로 이어졌다. 그렇지만 민족주의세력은 모두 민족의 독립을 위한 조선인의 민족의식을 응집할 구심점 곧 전 민족적인 조직의 필요에는 공감하고 있었다.[35] 때문에 비타협적 민족주의 좌파를 중심으로 하여 사회주의세력과 민족주의세력이 민족해방운동의 통일전선을 구축하며 신간회가 결성될 수 있었다. 그러나 공산주의세력은 물론이고, 민족주의세력 사이에서도 전 민족적인 통

---

35) 타협적 민족주의 우파의 민족단체 결성에 관하여는 윤덕영. 2010. "1920년대 전반 동아일보계열의 정치운동 구상과 '민족적 중심세력'론."『역사문제연구』24 참조.

일전선을 통해서 이루고자 했던 목표도, 항일 민족운동을 전개하는 방식에 대해서도 이견을 좁히는 데는 이르지 못하였다. 그리하여 신간회의 결성을 통해서 해소되지 못한 현실 인식과 이념적 차이는 결국 신간회의 존속을 불가능하게 하였다.

비타협적 민족주의세력 이른바 민족주의 좌파는, 신간회의 결성을 통해서 이후 정치적인 민족독립을 이끌 투쟁단체인 민족단일당을 지향하였다.36) 그러한 비타협적 민족주의 좌파의 지향과 노력은 신간회가 해소되는 것을 경험하면서도 전 민족적 단체의 필요를 지속적으로 강조하며 민족 통합을 위하여 지속되었다. "민족당 계급당이 전연 단일적 결합을 할 수 없는 곳에 차라리 並立할 것"을37) 주장하며 "표현단체"의 재건을 주장하였다.38) 정치적 입장은 다르더라도 식민지배 아래 있는 같은 민족으로서 공동의 목적이자 민족적 이해의 핵심인 민족 독립에 형식적으로라도 집중하자고 역설하였다.39) 이념과 계급을 초월한 통합체는 이루지 못하더라도 나란히 함께 하는 민족적인 단체활동을 통해서 일본 제국주의에 대항하는 통일적인 행동으로 독립운동을 진행하여 국민국가를 건설해야 한다는 것이었다.

여기서 비타협적 민족주의세력에게 민족은, "문화와 전통과 취미와 俗尙"과 같은 "공동한 자연적 유대"를 갖는 생활공동체로 인식했던 것에서 더 나아간 것이었다.40) 이제 민족은 식민지의 경험을 바탕으로 하여 "정

---

36) "민족단일당의 문제." 『조선일보』(1927. 8. 7).
37) "합법 비합법-新幹 紛議 소감." 『조선일보』(1931. 1. 24).
38) "집회 결사문제 再議-조선의 시국에 鑑하여." 『조선일보』(1931. 9. 5).
39) "再각성과 재인식-32년 신협동의 길에." 『조선일보』(1932. 1. 1).
40) "조선인의 처지에서." 『조선일보』(1932. 12. 2).

치와 경제상의 핍박한 공통적 이해"와 같은 "일정한 특수한 생활 경향을 형성한 집단"이라고 확장되어서 정의되었다. 동시에 보다 현실적으로 민족 통합을 설득하기 시작하였다.

비타협적 민족주의세력은 식민지 피지배민으로서 고난을 함께 겪고 있으니, 민족은 본능적인 "동포의식"에 국한하는 것이 아니라 현실적으로 "共同利害感"을 갖게 되었다는 점을 강조하였다. 타협적 민족주의세력이 주장한 바와 같이 현실적인 공동이해의식을 갖게 되었으니 민족적 이해를 달성하기 위해서 하나로 움직이자는 것이었다. 그렇게 하여 국제관계를 형성하게 되면 그것이 곧 민족주의라고 하였다. 러시아혁명의 영향으로 확산된 공산주의에 대한 공감과 착종되어 있던 민족주의와 민족국가에 대한 인식이 명료해지고 현실적으로 근대적 국민/민족국가를 구상하는 방식에 대한 인식이 보다 명확해지고 있었다.

그들은, 한 민족 내에서 이해를 달리하는 두 계급 이상이 생성된다고 해서 민족의 존재가 부인되는 것이 아니라고 하였다. "조화될 범위에서 조화될 것"이라고 하였다. '선진국'의 기만적인 침략주의적 국가주의가 아니라면 민족주의는 그 자체가 유의미하고 존재의 의의가 있다고 하였다. 민족주의가 대외적인 침략의 논리로 왜곡될 수 있는 성격을 갖는다는 것 또한 분명하게 인식되어갔다.

그러므로 비타협적 민족주의세력은, 1931년 신간회 해소 이후, 일본 제국주의의 파시즘화와 함께 사실상 민족적 행동, 민족해방운동이 불가능한 상황에 처하게 되자 개량적인 문화운동이라도 불가피하다는 유연한 사고를 할 수 있었다. 민족단일당을 지향하는 정치투쟁을 기대할 수 없는 상황이 되자 현실적으로 문화적으로 '조선적인 것', '민족적인 것'을 강구하면서 조선민중이 민족의식을 고수하고 고취할 수 있도록 노력하였다. 독립민족국가 건설을 위하여 나아가는 염원이 사상되지 않도록 진력하였다.

이에 반해서 타협적 민족주의세력은 만주사변 이래 일본 제국주의가 파시즘화되며 식민지 피지배 민족에 대한 통제를 강화하고 일체의 정치적인 행위가 엄금되자 "문화의 혁신, 사상의 혁신"을[41] 주창하며 문화운동의 재개를 제창하였다.[42] 이때 타협적 민족주의세력의 문화운동은 이전과는 달리 신문화의 건설을 외치면서 정작 조선의 민족문화에 대해서는 관심을 기울이지 않았다는 자기 반성위에서 제안되었다. 조선의 민족문화에 대하여 관심을 갖고 그 문화를 혁신하여 민족·정치·경제 등 다방면에서 문화운동의 기초를 마련해야 한다는 것이었다.[43] 종래 경제적 실력 양성을 중심으로 신문화 건설을 역설함으로써 부르주아 중심의 기득권 수호운동이라고 비판된 것이 반영된 것이었다고 할 수 있다.

이제 타협적 민족주의세력의 신문화운동은 민족문화에 대한 관심을 주창하면서, 경제적 실력의 양성에 국한되지 않고, 보다 광범위하게 전사회적인 변화와 개량을 제창하는 것이 되었다. 그들이 문화운동을 제창하며 제기한 민족의 혁신이란 종래 정작 민족의 전통적인 정신과 문화에 관심을 기울이지 않았던 것을 회고하며 "조선정신에의 복귀"를 말하는 것이었다. 그렇게 하는 것이 자유주의와 개인주의에 대한 "우리주의"·"전체주의"에의 복귀라고 역설되었다.[44]

---

41) "문화혁신을 제창함-새로운 생활은 새로운 사상에서." 『동아일보』(1932. 4. 18).
42) 이지원. 1994. "1930년대 전반 민족주의 문화운동론의 성격." 『국사관논총』 51 참조.
43) "문화혁신을 제창함-새로운 생활은 새로운 사상에서." 『동아일보』(1932. 4. 18); "다시 우리 것을 알자." 『동아일보』(1932. 7. 12); "조선을 알자." 『동아일보』(1933. 1. 14).
44) 이광수. 1932. 6. "옛 조선인의 근본도덕-전체주의와 구실주의 인생관-." 『동광』, 2-4.

이 때 민족은 "역사를 가진 민족으로서 고유 독특한 민족문화를 완성하는 주체"라고 정의되었다.[45] 이제 타협적 민족주의세력은 조선민족의 문화에 관심을 갖고 '조선정신'이라는 민족 구성원 모두의 공통점을 근거로 하여 '우리주의', '전체주의'로 복귀하자고 하였다. 역사를 가진 민족으로서 고유한 민족문화를 완성하는 주체인 민족이 조선정신에 입각하여 조선민족의 문화를 혁신하고 신문화를 완성해야 한다는 것이었다. 조선민족의 문화를 혁신하여 신문화를 완성하는 것이 조선정신으로 우리가 되는 것, 전체가 하나가 되어 민족주의를 발휘하는 것이라고 하였다. 민족문화를 혁신하여 '신문화'를 완성하는 민족주의를 발휘할 수 있도록 해야 한다는 것이었다.

그와 같이 신문화를 완성하는 것이 조선정신으로 복귀하여 조선정신에 의거해서 조선인을 지도하는 민족주의라고 하였다. 민족주의는, 타협적 민족주의세력에게도 조선민족을 지도하는 이념이자 원리였다. 그런데, 그 민족주의가 궁극적으로 지향하는 것에서, 조선민족의 근대적인 '우리(민족)' 국가 건설에 대한 전망이 유보되어 있었다. 그들이 말하는 민족주의, 다시 말해서, 조선민족의 총체적인 실력을 양성하고 조선정신에 입각하여 조선민족의 문화를 혁신해야 한다는 것은, 당대의 현실에 대한 인정이 전제되는 것이었다. 따라서 상대적인 의미를 갖는 것이었다. 그 비교 상대로서 일본 제국주의가 전제된 것이었다. 기본적으로 민족의 독립과 독립 이후에 대한 구체적인 전망을 모색하며 민족주의가 논의된 것이라고는 보기 어렵다.

조선정신에 의거한 새로운 민족문화의 건설과 이를 위한 실력양성의

---

[45] "조선인의 지도원리-가족주의로서 민족주의에." 『동아일보』(1932. 12. 27).

일차적 대상은 일본이었고, 그 목적은 일본 제국주의에 대항할 수 있는 힘을 길러야 한다는 것이었다. 기본적으로 일본과 같은 '근대화(서양적 문명화)'를 이루고 서양 선진국과 같은 근대 국가가 되어야 한다는 것이었다. 근대화 지향의 의지가 최우선의 목적이 되는 것이었다. 여기서 근대화를 이룰 문화 다시 말해서 혁신해야 할 '민족문화', 거듭날 '신문화'와 그 토대가 되어야 할 민족정신이나 '조선정신'에 대한 역사적 고찰이나 탐구에 대해서는 구체적으로 논의되지 않았다.

"역사를 가진 민족으로서 고유 독특한 민족문화를 완성하는 주체"인 민족이 발현해야 할 민족주의와 그에 의거하여 완성할 독특하고 고유한 민족문화가 구체적으로 어떤 것이고, 궁극적으로 그 목적이 무엇인지는 설명되지 않았다. 또한 그러한 민족문화의 완성을 통해서 양성되는 실력이 누구를 위한 것이고 무엇을 위한 것인지 그 또한 분명하지 않았다. 이러한 근대화 지향에서 분명한 것은 경제력, 경제적 실력을 키워야 한다는 것뿐이었다.

이러한 점에서 일본 제국주의 지배체제의 틀 내에서 합법적인 문화주의 운동을 역설한 타협적 민족주의세력이 강조하는 근대화가 일본 제국주의의 근대적인 개량정책사업과 구체적으로 어떤 면에서 차이가 있는지 차별성을 갖기 어려웠다. 모로 가도 서울만 가면 된다는 식의 근대화 지향주의였다고 할 수 있다.

'문화주의'에 입각한 민족성 개조로부터 민족문화의 혁신을 통한 신문화 건설로 이어지는 타협적 민족주의세력이 주창하는 민족주의의 궁극적인 목표이자 핵심은 근대화에 있었고 그 기준은 일본을 필두로 한 서양적 문명화에 있었다. 이 점에서 타협적 민족주의 우파는 민족의 계몽과 준비론적인 실력양성을 주장한 한말 문명개화론과 애국계몽운동의 연장선상에 머물러 있었다. 조선정신을 말하며 주창한 민족문화의 혁신을 통한 새로운 문화의 건설은 1910년대의 국수보전론을 계승하고 있다고도 할 수 있을 것이다.

그런데 타협적 민족주의 세력의 문화주의적 민족주의 인식에서 수용된 국수보전론은 그들이 조선민족을 지도하는 원리였지, 국수보전의 주체로서 조선민족과 조선민족 구성원을 자신들과 동등한 민족의 일원으로 상정하는 것은 아니었다. 그것은 조선민족이 국수보전의 주체가 되어서 민족주의를 발현하도록 계몽하여 민족문화를 개선함으로써 새로운 독특한 민족문화를 창건해야 한다고 한 민족주의의 상징이자 형식적인 지도 원리일 뿐이었다. 따라서 조선민족에 대한 인식이 애국계몽운동기와 같이 여전히 계몽하고 지도해야 할 대상으로, 피지배자 인식으로 머물러있을 수밖에 없었다. 이러한 타협적 민족주의세력의 민족주의는 자유주의적 '부르주아 민족주의'였고, 근대화 지상주의 민족주의였다고 할 것이다.

비타협적 민족주의세력도 조선민족 대중을 당장에 인민주권의 주체나 민족의식을 각성하여 민족적 이해로써 행동하는 국민이라고 본 것은 아니었다. 그러나 그들은 타협적 민족주의세력과는 달리 대동단결선언과 대한민국임시정부 수립을 통해서 정립된 공화주의적 근대 국민/민족국가 건설을 지향하면서 조선민족을 상정하고 훈련시키려 했다는 점에서 기본적으로 차이가 있었다. 조선민족 대중을 공화주의적 근대 국민국가 건설의 주체로 보고, 그렇게 되도록 훈련시키고자 하였다. 이때 국수보전론은 민권의 주체이자 국수보전의 주체로서의 조선민족이, 민족주의를 정립하여 국민적 행동을 완수할 수 있도록 응집된 민족성의 정수인 국수를 보호하고 지키자는 것이었다.

　비타협적 민족주의 좌파도, 물산장려운동을 통해서 알 수 있는 바와 같이, 자본주의적 근대화를 지향하였다. 이 점에서 이들도 한말 문명개화론과 애국계몽운동의 연장선상에 있었다. 그러나 그들은 거기서 더 나아가 1910년대 항일 민족해방운동의 흐름 속에서 정립된 공화주의적 근대 국민국가 건설의 의지를 실천하고자 하였다. 때문에 자치와 같은 일본 제국주의와의 타협, 민족독립운동의 개량화를 비판하였다. 그들이 가장 중시했던 것은 민족의식이 강화된 민족정신 곧 국수의 보전을 통해서 민족주의를 정립하여 전 민족적인 결사를 이루고 정치적인 독립을 이루어내는 것이었다. 일본 제국주의의 지배 하에서 그러한 민족운동은 반제국주의의 독립 혁명을 이루는 것, 타협적 민족주의 세력이 방기한 정치운동을 하는 것이었다.

　민족의 독립을 목적으로 한다고 하면서 일본 제국주의와도 타협하는 개량적인 민족운동과는 차별되는 것이었다. 비타협적 민족주의세력은 혁명적인 민족의 정치적 독립을 이루기 위해서 조선인들을 민족적으로 단결시키고 국민적으로 통합될 수 있는 에너지(민족주의)를 정립하고 발현시키고자 하였다. 그들에게 조선민족은 아직은 계몽하고 이끌어가야 할 대상이었지만, 종국적으로 민주공화주의가 실현될 독립 민족국가에서 자신들과 함께 평등한 주권의 주체가 될 같은 민족의 구성원들이었다. 이러한 비타협적 민족주의세력의 민족주의에 대한 인식은, 타협적 민족주의세력과 상대적인 의미에서, 오히려 그것이 '전(全) 민족적 민족주의'라고 할 것이었다.

　일본 제국주의 시기 민족주의세력의 민족주의는 식민지 약소민족 일반과 같이 제국주의에 대항하는 저항적 민족주의라는 성격을 갖는다. 그런데 한국의 경우 병합 이후 기존 국가체제는 물론이고 국가를 대표하던 대한제국의 황실조차 일본 제국주의의 지배체제에 의해서 사실상 와해되고 말았다. 반제국주의 저항적 민족의식을 하나로 응집하여 항일민족운동을 이끌어갈 망명정부도 임시정부도 사실상 존재할 수 없게 되었다. 또한 일본 제국주의의 계획적이고 체계적인 한국 병합과정에서 기존의 지배세력과 지식인들 가운데 적극적으로 항일 민족운동을 이끌던 사람들은 일본의 처절한 탄압으로 인하여 국외로 도피하여 항일운동에 종사하였다. 일본은 지배세력 가운데 협조적이었던 사람들을 병합 이후 일본제국의 귀족체계 속으로 끌어들여서 민족지도자로서 기능할 수 있는 가능성을 거세해 버렸다. 그러므로 병합 이후 일본이 강력한 무단통치를 실시하기도 했지만 사실상 적극적으로 항일 민족운동을 이끌어갈 만한 정치적 지도세력도 마땅히 존재하기 어려웠다.

그리하여 일본 제국주의의 무단통치 아래에서 병합 이전부터 각성되기 시작한 민족의식은 한반도에서 민족해방운동을 통해서 민족주의를 체계화하며 발전하지 못하였다. 국외로 망명한 민족지도자들 속에서 독립운동의 방안이 모색되며 실천적으로 민족운동이 전개되는 가운데 민족주의의 내용이 채워지게 되었다. 그 와중에 세계대전의 발발로 발흥하게 된 자본주의적 근대화에 대한 비판적 개조의 이상주의 사조를 배경으로 하여, 전 민족적인 민족의식이 3·1운동으로 분출하여 민족주의를 현재화시켰다. 항일 민족 독립과 독립 민족 국가 건설을 지향하는 민족주의가 분출된 것이다. 3·1운동을 계기로 무단통치 아래서 일본 제국주의의 동태를 예의 주시하던 조선인들이 국내에서도 민족운동을 활성화하며 민족독립운동을 통해서 저항적 민족주의를 현재화하였다.

민족주의세력들은 러시아혁명 이후 세계사조의 일환으로 수용되고 있던 신사상인 공산주의를 받아들이지 않았다는 점, 자본주의적 근대화를 지향했다는 점에서 공통적이었다. 그러나 일본 제국주의 지배체제로부터 민족을 해방시키기 위하여 모색한 '현실 개조'의 방안에는 차이가 있었다. 그 차이는 기본적으로 일본 제국주의와 그 지배 아래 있는 조선민족의 민족문제에 대한 인식의 차이에서 비롯되었다.

경제적인 실력의 양성과 근대화에 우선순위를 두었던 타협적 민족주의세력은 조선민족을 경제적인 측면에서 일본 제국주의의 민족과 비교우위를 측정하는 전민족적인 경제적 일체를 상정하였다. 그리하여 상대적으로 강한 일본 제국주의의 지배 아래 있는 조선민족의 현실을 인정하고 그 지배체제 아래에서 실천적으로 민족의 실력 곧 경제력을 기르는 방식으로 민족문제를 인식하고 해결하고자 하였다. 일본 제국주의 지배체제 아래서도 현실적으로 가능한 방식의 근대화를 주장하였다. 일본 제국주의 지배체제의 틀 속에서 합법적인 방식으로 조선인의 근대적인 실력을 양성하는 것이 현실적이고 타당하다는 것이었다.

이러한 타협적 민족주의세력의 실력양성은 사실상 일본 제국주의 지배체제를 인정하고 받아들이는 것이었다. 일본제국주의 국가를 현실의 실재하는 국가로 보는 것과 다름이 없었다. 결국 조선민족에 대한 인식은 일본국 국민이라는 사실을 전제하는 가운데 일본제국에 귀속된 조선 지역의 조선민족으로 보는 것과 같았다. 이러한 민족문제에 대한 인식은, 일본 제국주의와 타협적임에도 불구하고 민족적이라고 역설하는 자기모순적이었다. 현실적으로 현상추수적인 '식민지 부르주아 민족주의'였다고 할 수 있다.

이에 반해서, 비타협적 민족주의세력의 민족의식과 민족주의는 일본 제국주의로부터의 독립과 독립된 민족 구성원 개개인이 평등한 주권을 갖고 행사할 수 있는 '민족해방'이라는 혁명적 개혁의지를 토대로 하고 있었다. 비타협적 민족주의세력은 조선민족을 일체로 인식하고 민족 구성원 내부의 전근대적인 위계적 계층의식과 경제적인 계급적 차이를 개선하기 위한 방안을 모색하고 실천하고자 하였다. 그러므로 그들은 대한민국임시정부를 통해서 선언된 민족해방 이후 수립될 공화주의적 근대 민족국가에 대한 명확한 인식을 갖고 있었다고 할 수 있다. 이러한 점에서 비타협적 민족주의세력의 민족주의는 '전 민족적인 저항적 식민지 민족주의', '민중적 민족주의'였다고 할 것이다.

이와 같이, 민족주의세력의 민족운동에서 민족주의의 내용이 분화된 것은, 비록 3·1운동을 통해서 대한민국임시정부가 수립되었다고는 하지만,[46] 병합과 함께 병합이전의 국가도 민족적 구심점이 될 지배세력도 모두 해소되어서 형식적으로라도 민족적 결속력을 가질 수 있는 상징적 존재나 조직이 없었던 것이 가장 큰 요인이었다고 할 수 있다. 한국인들은 박탈된 국권을 회복하기 위한 방안을 모색하는 동시에 아직 구체적으로 합의되지 않은 새롭게 재건되어야 할 한민족의 근대적인 국민국가의 상을 갑론을박하며 모색해 가야 하였다.

식민지시기 한국인들은, 제국주의적 근대화의 모체가 된 근대 민족주의와 국민국가체제를 국권 상실과 동시에 체험하게 되면서 조선인·한국인

---

[46] 대한민국임시정부의 국제법적 정통성에 대해서는 전상숙. 2010. "세계대전기 대한민국임시정부 외교활동 현재적 고찰." 고정휴 외. 『대한민국임시정부의 현대사적 성찰』. 파주: 나남.

의 민족의식을 정립하는 민족주의, 한국인의 민족주의를 기반으로 한 근대 한국 민족국가를 창건해야 하는 과제를 안게 된 것이다.

일본 제국주의의 한국 병합은, 결과적으로 그와 같은 한국 근대 민족주의의 목적의식을 분명하게 하는 전환점이었다. 그리하여 일본 제국주의의 식민지시기는 민족주의를 정립하여 그 목적을 달성하기 위한 방법을 모색하고 논하는 과도기가 되었다. 한국 근대 민족주의가 민족운동 선상에서 새로운 이념을 수용하면서 분화된 것은, 근대적인 국민국가체제를 수립하기 위한 민족주의가 정립되는 과도기의 식민지 상황에서, 식민지배정책과 길항관계로 전개된 민족운동의 과도기적인 혼돈을 드러낸 것이었다. 민족주의자들의 반공산주의와 자본주의적 근대화에 대한 지향은 분명했지만, 독립 민족국가를 수립하기 위한 토대가 될 민족과 민족주의에 대한 인식이 정립되기에는 식민지 상황의 한계가 넘기 어려운 산과 같이 존재하여 더 많은 노력이 경주되어야 하는 것이었다.

제 3 장

반제국주의(反帝國主義) 반봉건(反封建) 근대 국가 건설 지향의 민주공화주의

　제1차 세계대전을 통해서 제기된 20세기 초의 자본주의적 근대화에 대하여 개조를 주창한 이상주의 사조는 식민지 조선사회에서 민족의식이 전 민족적으로 각성되는 결과를 가져왔다. 민족자결선언에 대한 기대로 촉진된 3·1운동이 그 전환점이 되었다. 사실상 3·1운동은 일본 제국주의 지배아래 있는 조선사회에서 민족해방운동의 시작점이 되었다. 그리하여 제국주의에 대항한 전 민족적인 민족의식의 각성을 촉구하고 그에 기초한 민족적 독립운동을 이끌 중추기관으로 대한민국임시정부가 수립되는 결실을 맺었다. 대한민국임시정부의 수립에는 병합 이후 조선에서는 실제적인 민족운동이 불가능해지자 국외로 망명하여 러시아혁명 소식을 접하며 공산주의 민족해방운동을 모색하던 이들도 함께 하였다. 이 사실은 한국인 전 민족이 정치이념의 차이를 불문하고 민족독립의 일념으로 하나가 되었음을 의미하는 것이었다.
　이러한 변화를 배경으로 세계대전 이후 세계적으로 확산되고 있던 이상주의적 개조의 흐름 속에서 공산주의가 일본 제국주의 문화정치의 공간

속으로 전파되어 수용되었다. 공산주의는 개조의 논의 속에서 "人類는 一體 平等이라는 人道主義하에서 幸福 歡樂을 工享 共受 하자는 주장"을 펼치며 노동문제를 중심으로 한 사회주의적 사회개조론으로 모습을 드러냈다.1) 사회개조론은, 인격의 개조와 개성의 자각을 논하는 점에서는 문화주의와 맥이 같으면서도, 경제적 조건의 문제를 문제시하며 노동자에 대한 교육과 계몽을 강조하는2) 개조론이었다.

사회개조론은 세계대전 이후 개조운동이 반자본주의운동으로 전개되고 있다고 보고, 인간의 노동 문제를 사회주의적인 방식으로 개선하려는 것이었다.3) 문화운동이 개인 중심의 수양을 중시한 것을 비판하고 사회적인 개조가 수반되어야 한다는 것을 강조하였다. 문화주의 개조론이 "자기의 수양을 積한 후에 사회개선에 착수하라"고 하여 개인 중심의 개선을 우선시한 것을 비판하였다. 사회적인 개선이 개인적인 수양과 불가결하게 같이 실행되어야 한다는 점을 역설하였다. 개인과 사회를 동시에 개선하는 것은 "分離實行"할 수 있는 것이 아니라는 입장이었다. 노동문제의 사회적 해결을 중심으로 조선 사회를 개조해야 한다는 것이었다.4)

이와 같은 사회개조론은, 개조의 논의 속에서 문화주의와 대비되며 인격 수양과 동반한 사회개조를 주창하였다. 사회개조론은 넓은 의미의 사회주의의 흐름 속에 함께 하고 있었다. 사회개조론과 공산주의가 문화주의와는 다른 관점의 차이를 드러낸 것은 1922년 초 고전적인 문인 김윤식

---

1) 김두희. 1920. 10. "전후세계대세와 조선노동문제." 『共濟』 2, 6.
2) 石如. 1920. 9. "평등의 광명과 노동의 신성." 『공제』 1; 변희용. "노동자 문제의 정신적 방면." 『공제』 1.
3) 유진희. "노동운동에 대하여." 『동아일보』(1920. 4. 15).
4) 유진희. 1920. 10. "노동운동의 사회주의적 고찰." 『공제』 2.

의 서거를 계기로 해서였다. 이른바 '김윤식사회장' 문제를 놓고 모든 봉건제적 요소는 극복의 대상이라며 김윤식의 사회장에 반대하면서 민족주의 세력과는 다른 사회적 관점과 민족문제에 대한 입장의 차이를 표출하였다. 그리고 그와 같은 입장의 차이가 의거하고 있는 '신사상'이, 앞에서 본 바와 같이, 1922년 이후 '주의(主義)'라는 말이 유행하는 가운데 통칭 '사회주의'라고 불리기 시작하였다. 그리하여 통칭 사회주의와 민족주의 세력이 갈등·대립하는 민족독립운동의 이념적 균열과 대립구도가 형성되기 시작하였다.

김윤식사회장 문제는 넓은 의미의 사회주의세력들 사이에서도 현실에 대한 인식의 차이가 표출되는 계기가 되어서 1923년 물산장려논쟁으로 이어졌다.[5] 사회주의세력은 모두 자유주의의 사유재산에 기초한 자본주의를 지양하고 공산(共産)과 공유(共有)를 전제로 하는 공산주의를 지향하였다. 그러나 조선물산장려운동을 통해서 이들 사회주의세력 가운데서 이견이 표출되었다. 조선물산장려운동을 민족 내부의 계급투쟁의 관점에서 부르주아운동이라고 보고 반대하는 측과, 이와는 대조적으로 자본주의가 미발달한 조선사회에서 공산주의를 실현하려면 먼저 생산력을 증대하는 운동이 필요하다고 보고 조선물산장려운동에 참여하는 측으로 나뉘어졌다. 공산주의를 실현하기 위한 방법과 식민지 공산주의운동에 대한 인식의 차이가 조선물산장려운동을 통해서 노정된 것이었다.

김윤식사회장 문제로부터 표출되어 조선물산장려운동을 통해서 분명하게 드러난 공산주의운동의 민족운동에 대한 관점과 조선민족문제에 대한 인식 차이는 3·1운동 이후 민족해방운동에 본격적으로 수용되던 공산

---

5) 박종린. 2000. "'김윤식사회장' 찬반논의와 사회주의세력의 재편." 『역사와현실』 38 참조.

주의의 다양한 조류를 보여주는 것이었다. 이들 사조는 공산주의 민족운동이 1919년 국제공산당 코민테른의 결성을 계기로 현실 공산주의 이념인 러시아의 맑스레닌주의로 귀결되면서, 맑스레닌주의 국제공산당의 민족문제에 대한 방침을 받아들이는 인식의 차이와 직결되어서 그 차이를 드러냈다. 러시아혁명을 통해서 전근대적인 짜르체제 아래 복속된 약소민족의 해방을 가져온 공산주의가 민족독립운동의 새로운 이념으로 수용되고 혁명정부의 레닌이즘이 민족해방운동을 실천하는 전략이자 방법으로 받아들여졌다. 그렇지만 그것을 실제로 조선사회에 적용하여 실천하는 방식에 있어서는 편차가 있었던 것이다.

그 차이는, 단순히 개조사조의 흐름 속에서 이루어진 자본주의 사회에 대한 비판으로부터 벗어나서, 자본주의체제의 운영구조를 고찰하며 현실적으로 맑스주의 혁명을 어떻게 이루어야 할지 고민하는 가운데 형성된 것이었다.[6] 기본적으로는 맑스주의를 이해하는 방식의 문제라고 할 것이었다. 그런데, 맑스주의를 이해하는 방법상의 문제에 있어서 차이가 생기는 핵심에는 식민지 민족에 대한 인식과 민족문제에 대한 문제의식의 차이가 있었다. 그리고 제국주의 식민지 민족문제에 대한 인식의 차이는 1924년 이후 공산주의 전위당을 조직하기 위한 활동 및 논의과정과 맞물리게 되었다. 그리하여 1925년 코민테른의 조선지부로 조선에서 최초의 공산당인 조선공산당이 결성될 때 조선 공산주의운동의 전위당을 자임하는 두 개의 당적 기구가 존재하게 되었다.[7]

1920년대 초반 통칭 사회주의자로 불린 이들은, 앞에서 언급했듯이, '비

---

[6] 박종린. 2006. "일제하 사회주의사상의 수용에 관한 연구." 연세대학교대학교대학원 박사학위 논문 참조.
[7] 전상숙. 2004. 『일제시기 한국 사회주의 지식인 연구』. 서울: 지식산업사, 55-78.

사회주의자'들을 민족주의자·우파라고 칭한 것과 상대적인 의미에서 좌파 민족운동가이자 민족해방운동세력이었다. 이들 좌파 민족해방운동세력은 조선의 식민지 민족을 일본 제국주의로부터 해방시키는 동시에 조선인을 식민지 이전의 전근대적인 신분제로부터도 해방시켜서 조선 인민 대중이 평등한 주권을 갖고 경제적으로도 계급적인 차별을 받지 않을 수 있는 새로운 근대적인 독립민족국가를 건설하고자 하였다. 그들이 러시아혁명을 성공시킨 공산주의를 신사상으로 수용한 이유였다. 이들 좌파 민족해방운동세력은, 3·1운동 이래 변화된 문화정치의 주어진 공간 속에서 비사회주의 민족주의세력과 함께 각종 정치·사회단체를 조직하며 민족운동에 임하였다.

그런데 1921년 코민테른의 민족해방운동 지원금을 장덕수 등 동아일보계의 비사회주의 민족운동세력이 전용했다고 하는 이른바 '사기공산당사건'[8]이 발생하였다. 이 사기공산당사건은 각종 단체와 조직에서 함께하던 공산주의세력이 비공산주의 민족주의세력과 조직적으로 결별하여 독자적으로 단체를 결성하고 분리되는[9] 계기가 되었다. 그러던 중 앞에서 본 바와 같이 조선물산장려운동을 통해서 다시 우파 민족주의세력과 인식의 차이를 재확인하게 되었다. 공산주의 민족운동세력은 민족주의 독립운동세력과 조직적, 사회적으로 결별하였다.

조선물산장려운동의 이면에서 경쟁적으로 조직활동을 전개하며 공산주의세력이 우파 민족주의세력과 결별의 수순을 밟은 것은, 기본적으로 민족 독립 이후의 전망 곧 독립 민족국가 건설에 대한 인식의 차이로 인한

---

[8] 이균형. 1989. "김철수 친필 유고." 『역사비평』 5, 352; 배성룡. "조선사회운동소사." 『조선일보』(1929. 1. 17).
[9] 전상숙(2004), 59.

것이었다고 할 수 있다. 그렇지만 조선물산장려운동을 통해서 드러난 공산주의세력 내에서의 민족과 민족문제에 대한 인식의 차이는, 민족주의세력의 경우에서와 마찬가지로, 좌파 공산주의세력도 내부적으로 분화되게 하였다. 공산주의 세력 내의 분화는 어떤 면에서는 역으로 맑스주의 이해 방식을 전제로 한 민족문제에 대한 인식의 차이가 근원이었다고 할 수 있다. 민족주의운동세력의 분화와 같은 것이었다.

조선물산장려운동을 비판하는 공산주의 민족운동세력은, 조선물산장려운동이 무산자의 계급의식을 말살시키고 '중산계급'의 현상을 유지하기 위한 이기적이고 타협적인 민족해방운동이라고 하였다.[10] 먼저 계급투쟁을 전개하여 정치혁명을 성공시킨 뒤에 무산계급의 독재를 통해서 생산력의 발전을 가로막는 자본주의적인 제도와 부르주아 착취계급을 타도함으로써 사회혁명을 이룰 수 있다는 것이었다.[11] 다시 말해서 굳이 그 시점에서 조선물산장려운동은 필요하지 않다는 것이었다. 이에 반해서 조선물산장려운동에 동참하는 공산주의 민족운동세력은, 식민지 민족의 총체적 무산자론이라는 관점에서 조선이 민족적으로 멸망할 위기에 처해있으니 전민족이 단결해서 죽지 않고 살아남기 위한 "면사운동(免死運動)"을 펼쳐야 한다는 것이었다.[12] 그것이 곧 조선물산장려운동이라고 하였다.

조선물산장려운동에 동참하는 공산주의세력은 "사회주의적 혁명을 실현하려면 그 전제조건으로 생산력이 발달되어 노동의 결합이 충분하고 따라서 그 위력이 위대한 동시에 능히 그 사회의 경제적 생활을 만족하게 하

---

10) 李星泰. "중산계급의 이기적 운동."『동아일보』(1923. 3. 20); 李江. 1927. 10. "조선청년운동의 史的 고찰 (중)."『현대평론』.
11) 주종건. "무산계급과 물산운동."『동아일보』(1923. 4. 6-4.17).
12) 羅公民. "물산장려운동과 사회문제."『동아일보』(1923. 2. 24-3. 2).

리만큼 되어야 ... 그 기초는 경제적 진화 생산력 발달에" 있어야 한다고 하였다.13) 그들은, 근대 자본주의체제의 발전과정을 지켜보며 자본주의를 대체하기 위한 근대 이념체계로 정립된 공산주의의 전제 조건이 자본주의가 발달되어 생산력이 높아진 사회에서 대다수를 차지하는 프롤레타리아가 국제적으로 연합하여 혁명을 일으켜야 한다는 이론에 입각하고 있었다. 그들은 민족적 멸망을 걱정해야 할 정도로 식민지 조선인, 조선민족의 생활고가 극에 달해 있는 현실에 주안점을 두었다. 우선 경제적으로 생활상을 개선하여 일본 제국주의의 압제와 맞설 수 있는 생산력의 증식을 이루어야 민족적 독립도 사회혁명도 가능하다는 것이었다.

공산주의 민족운동세력 내에서 김윤식사회장 문제로 이미 표출되었던 그와 같은 민족문제에 대한 인식의 차이는, 계급혁명을 통한 민족해방론과 민족해방을 통한 계급혁명론이 대립한 것이었다고 할 수 있다. 전자가 조선물산장려운동에 찬성하는 입장이었다. 이는 제국주의 일본의 지배체제와 식민지 민족 내부의 계급적 지배를 함께 혁명적으로 일소해야 한다는 것이었다. 이에 비해서 후자는 우파 민족주의세력과는 다른 관점에서 식민지 민족을 총체적인 무산계급으로 보고 항일 제국주의 민족독립을 우선시하고 이후 계급혁명으로 나간다는 단계론적인 민족해방을 상정하고 있었다고 할 수 있다. 여기서 우파 민족주의세력은 민족독립운동 단계에서 연대해야 할 대상이었다. 우파 민족주의세력과 민족독립을 위하여 연대해야 한다는 것은, 기본적으로 반제국주의 반봉건의 계급혁명을 지향하는 공산주의 민족해방운동세력이 공유하는 것이었다. 공산주의 좌파 민족해방운동세력들의 궁극적인 목적은 공히 "혁명적 투쟁 방식에 의해 완전

---

13) "경제조사기관의 필요: 물산장려를 위하야."『동아일보』(1923. 1. 7).

한 독립국가를 얻는 것"이었기 때문이다.[14]

이러한 점에서 3·1운동 이후 민족독립운동 선상에서 새로운 민족독립의 이념이자 방법으로 수용된 한국사회의 공산주의는 맑스주의가 본래 의거하고 있는 자본주의적 생산이 고도로 발달한 사회에서의 프롤레타리아 국제혁명 이념으로부터 빗겨나 있었다고 할 수 있다. 계급투쟁을 의미하는 '혁명적 투쟁 방식'으로 '완전한 독립국가'를 얻는다는 것은 국제주의 프롤레타리아혁명을 의미하기 보다는 식민지 민족의 독립과 독립 민족국가 건설에 최우선의 목표를 두고 추진하는 민족혁명을 의미하기 때문이다. 여기에는 물론 맑스주의 공산주의가, 현실에서는 러시아혁명을 통해서 자본주의가 미발달된 사회에서 노동자 계급의 미발달로 인구의 대다수를 차지하는 농민을 중심으로 노동자가 연대하여 민중의 혁명적 해방을 이룬 맑스레닌이즘으로 전개된 것이 큰 영향을 주었다고 할 것이다.

이러한 점에서 20세기 세계적인 사조로 유통되고 있던 공산주의는 러시아 혁명정부의 민족자결선언을 통해서 알 수 있는 바와 같이 국제 프롤레타리아혁명을 전망하고 있었지만, 현실에서는 식민지 약소민족의 자결과 민족 독립국가의 건설을 지향하는 민족의식·민족주의와 결부되어 수용되고 전파되고 있었다. 한국사회 역시 마찬가지였다.

식민지 조선사회에서 공산주의는 3·1운동을 통해서 발현된 민족주의가 그 구체적인 이념체계를 갖추어 가야 하는 시기에 민족운동과정에서 민족의식과 접합되며 수용되고 확산되어갔다. 이러한 의미에서 식민지시기 민족의식과 접합되어 민족해방운동으로 전개된 공산주의세력의 민족해방운동은 한편으로는 이상적인 근대 국가 건설을 지향하는 민족주의 이

---

[14] 박종린(2006), 72-73.

념의 한 형태였다고 할 수 있다. 보수 우파 민족주의세력의 자유주의적 민족주의와 상대적인 의미에서 진보적 좌파의 공산주의적 민족주의라고 할 수 있을 것이다.

좌파 민족해방운동 다시 말해서 식민지시기 공산주의 민족운동세력의 조선민족에 대한 기본 인식은 민족은 "2천만인의 집합체이며 5천여 년의 유구한 역사를 가진" "문화생활"의 공동체라는 것이었다. 민족의 역사는 그러한 문화생활의 원초적인 역사이고 불후의 역사라고 하였다.[15] 민족을 역사적인 생활문화 공동체로 보는 점은 우파 민족운동세력과 공히 같았다고 할 수 있다. 그러나 민족의 역사를 문화생활의 원초적인 역사이고 '불후'의 역사라고 한 것은, 우파의 타협적 민족주의세력이 조선민족이 인류의 역사에 기여한 것이 없다고 역사적으로 폄하한 것과는 기본적으로 차이가 있는 것이었다. 민족적 자존과 자존감의 측면에서 근대 민족주의 이념을 볼 때 큰 차이가 있었다. 때문에 공산주의 민족운동세력은 민족에 대한 열등의식에 의거하여 민족개조를 논하는 것은 자기모멸적인 역사관을 갖고 제국주의를 추수하며 강자를 옹호하는 현상유지론이라고 비난하였다. 그것은 민족의 독립과 해방으로 나가는 길이 아니라는 것이었다.[16] 참정을 논하거나 자치를 논했던 타협적 민족주의 우파를 비판하였다.

기본적으로 공산주의 좌파 민족운동세력은 우파의 민족개조론이 반민중적이라고 비난하였다. 그들은 사적유물론(私的唯物論)에 입각하여 인구의 절대 다수인 노동자(민중)의 노동의 신성함을 제기하였다. 궁극적으로 실존적인 인권 평등, 보편적인 인권 평등의 문제를 환기시켰다.[17] 그

---

15) 申相雨. 1922. 6. "춘원의 민족개조론을 讀하고 그 일단을 논함." 『신생활』 6.
16) 辛日鎔. 1922. 7. "춘원의 민족개조론을 평하." 『신생활』 7.
17) 유진희(1920. 10); 이성태. 1922. 3. "생활의 불안." 『신생활』 1.

러한 입장에서 노동의 신성함을 제기한 것이다. 바로 이 점 곧 실존적이고 보편적인 인권 평등의 문제를 역설했다는 점에서 대한민국임시정부를 통해서 천명된 민주공화주의 한국 근대 민족주의 이념과 그 본질을 같이 한다고 할 수 있다.

공산주의 민족운동세력은 조선민족의 절대 다수인 민중 곧 농민의 문화인 '노동문화'·'평민문화(平民文化)'를 봉건적인 구(舊)문화가 아닌 전 인민의 행복과 자유를 고취하는 '신문화(新文化)'로 건설해야 한다고 강조하였다.[18] 봉건적이고 전근대적인 재래의 문화를 신문화로 건설해야 한다는 것은 우파 민족주의세력과 공히 같은 것이었다. 그렇지만 그것은 전통적으로 농민이 절대 다수였던 구 사회를 인권과 노동의 신성성이 존중되어 보편적 인권 평등이 실현되는 근대적으로 발달한 사회의 신문화로 건설하자는 것이었다. 공산주의 좌파 민족운동세력의 주안점은 '전(全) 인민'의 동등한 행복과 자유를 고취하는 신사회의 신문화 건설에 있었다. 이 점에서 비타협적 민족주의세력과는 같이하지만 타협적 민족주의세력과는 같이할 수 없었다.

이와 같이 공산주의 민족운동세력의 민족주의 인식은, 비타협적 민족주의세력과 마찬가지로, 대한민국임시정부를 통해서 선언된 민주공화국의 민주공화주의 민족주의와 그 맥을 같이 하였다. 때문에 대한민국임시정부의 수립에 함께 할 수 있었다고 할 것이다. 근본적으로 공산주의 민족운동세력이 지향한 바는 경제적으로 자본주의의 발달로부터 전개되어 간 제국주의의 문제를 문화주의의 입장이 아닌 경제적 계급주의의 입장에서 비판

---

18) 정태신. 1921. 6. "민중문화의 제창." 『공제』 8; 김명식. 1922. 3. "구문화와 신문화." 『신생활』 2; 鄭栢. 1922. 9. "唯一者資와 그 중심사상." 『신생활』 9.

하고 평등한 민중(노동자)의 문화를 건설해야 한다는 것이었다. 노동자(민중)의 평등한 인권, 평등한 민권의 문제를 환기시키고 실현하고자 했다는 점에서 공산주의 민족운동세력의 민족주의는 민주공화주의로 천명된 한국 민족주의의 한 부분을 이룬다.

그러나 그것은 대한민국임시정부의 수립을 통해서 선언된 민주공화국의 민족주의 이념이 아직 체계를 갖추지 않은 상태에서 타협적, 비타협적 민족주의세력의 민족주의와 마찬가지로 다양하게 논의된 민족주의론과 민족주의를 실현하기 위한 방법이자 내용의 하나일 뿐 한민족 전체를 하나로 엮어내는 민족주의로 전개된 것은 아니었다. 식민지 공산주의 민족해방운동에서 민주공화주의의 민족주의 내용은 전 민중을 포함하는 전 민족적인 연대를 통해서 식민 지배체제와 전근대적인 민족 지배세력을 모두 전복하는 계급혁명을 통해서 이루어질 때 가능한 것이었다. 공산주의가 민족해방의 이념으로 수용되어 공산주의 민족해방운동이 전개되고는 있었지만 그것이 공산주의의 전 민족적 계급혁명에 대한 이해와 합의를 폭넓게 이끌어내며 전개된 것은 아니었다.

이렇게 공산주의 민족운동세력의 민족문제에 대한 인식은, 국권을 박탈당한 식민지 현실에서 맑스레닌주의를 기본적으로 제국주의 식민지배체제에 대항하는 민족해방, 민족혁명의 정치이데올로기로 받아들인 것이었다. 공산주의 민족운동세력에게 공산주의는, 한편으로는 러시아혁명정부가 적극적으로 식민지 민족의 해방운동을 실질적 전략적으로 지원하고 다른 한편으로는 러시아혁명의 이념이었던 맑스레닌주의가 코민테른을 통해서 식민지 민족의 현실을 타개하고 근대적인 독립 민족국가를 수립하기 위한 전략과 전술을 제공해주는, 든든한 이념체계로 받아들여졌다.

공산주의 민족운동세력은, 문화주의자들과 마찬가지로 자본주의적 근대화 자체는 불가피한 것으로 인정하더라도, 민중의 평등한 인권과 노동의 신성성에 기초하여, 민족적·국가적 주권이 민족을 구성하는 인민 대중에게 있는 국가를 건설하는 실천의지와 의식을 공고히 하였다. 이러한 의미에서 물산장려운동에 찬성한 공산주의 민족운동세력의 입장에서는, 그와 같은 주권재민에 대한 실천의식이 우파 민족주의세력에게도 있다면 민족운동을 함께 할 수 있는 것이었다. 제국주의를 전복시켜서 민족을 독립시키는 것이 최우선이었기 때문이다. 그렇지만 완전한 민족 독립 국가의 건설은 혁명적 투쟁 방식을 통해서 이루어져야 할 것이었다. 이것이 바로 일반 민중이 생활의 주체로서 살게 되는 '신사회'를 건설하는 것이었기 때문이다.[19]

공산주의 식민지 민족 해방운동은 제국주의의 식민지 지배체제로부터 벗어난 민족의 독립과 새로운 국가 건설을 목표로 하였다. 맑스레닌주의를 반제국주의 민족해방의 혁명적 이데올로기로 수용하여 봉건적 신분관계의 해소와 더불어서 민중을 본위로 한 독립국가·신사회를 건설하고자 하였다. 따라서 제국주의와 타협적인 민족주의세력은 배척의 대상이 되지만 주권의 주체로 평등한 민중을 상정한 민족주의 좌파, 비타협적 민족주의세력은 혁명적 민족해방운동 과정에서 연대의 대상이 되었다. 식민지 민족의 현실에서 사회운동과 정치적 민족독립운동을 병행하는 것은 당연한 당면과제였다.[20] 그러므로 반제국주의 민족협동전선운동 선상에서 민족적 협동 단일체로서 신간회가 결성될 수 있었다.

---

19) "사설." 『동아일보』(1924. 4. 21).
20) "사설." 『동아일보』(1924. 11. 29).

그렇지만, 공산주의 민족운동 좌파의 민족해방운동은, 프롤레타리아 국제주의에 입각하여 궁극적으로 지향하는 계급해방의 문제와 식민지 민족이 처한 최우선의 과제인 민족의 독립이라는 근본적으로 대립하는 두 과제를 언제까지나 지속하며 봉합해서 가져갈 수는 없었다. 여기서 관건은 민족운동의 이념적 통일전선체로 결성된 신간회에서 함께 하고 있던 부르주아 민족주의세력과 당면한 민족해방운동을 계속 함께 할 것인지 여부였다. 결국 이 문제는 자체적으로 봉합되지 못하고 신간회해소론으로 표출되어 어렵게 이룬 우파 민족주의세력과의 민족협동전선을 와해시키고 말았다.

신간회의 해소를 주창한 공산주의 민족운동 좌파의 입장은, 민족혁명운동에 계급성을 부여하고 강화하여 민족운동보다 프롤레타리아 혁명운동의 성격을 일층 강화하라는 일명 '코민테른의 12월테제'[21])에 입각하고 있었다. 그들은 민족독립운동 차원에서 민족적 이념의 균열을 봉합하고 민족독립을 위한 조직적 통합체를 결성하고자 했던 신간회의 부르주아 민족주의세력과의 통일전선운동을 부정하고 말았다.[22]) 코민테른은 공산주의가 민족해방의 이념으로 수용된 이래 식민지·약소민족의 자결을 강조하며 민족해방운동을 지원해왔다. 식민지 민족운동의 현실은, 그 기본적인 정향으로 받아들인 맑스레닌주의를 통한 신사회의 건설을 포기하지 않는 한, 코민테른의 물질적 이념적인 지원과 후원을 필요로 하였다. 코민테른의 지시와 방침은 부정하기 어려운 현실적인 것이었다. 때문에 신간회해소논쟁을 통해서 좌파 공산주의 민족운동세력 내에서도, 이미 물산장려운

---

21) Dae-sook Suh. 1970. "To the Revolutionary Workers and Peasants of Korea." *Documents of Korean Communism 1918-1948*. New Jersey: Princeton Univ. Press, 250.
22) 전상숙(2004), 158-62.

동에 대한 찬반 과정에서 표출된 바와 같이, 민족해방운동 상의 민족주의 세력과의 관계 및 입장에 대한 차이가 명확하게 노정되어 분열되었다.23)

식민지시기 공산주의 민족운동세력에게 중요한 사실은, 그들이 제국주의의 식민지배 아래서 성공한 러시아혁명의 이념을 항일 민족 독립 의식 위에 받아들이기는 했지만, 실제로 항일민족운동을 전개할 수 있게 된 것은 코민테른의 물질적, 이념적, 전략적인 지원 덕분이었다는 점이다. 그들은 코민테른의 지시와 방침으로부터 자유로울 수 없었다.

공산주의 민족운동세력은, 우파 민족주의운동세력에 비하여 사회적 명망으로나 실제적인 물적 토대 면에서 상대적으로 약세였다. 국제공산당의 물질적 전략적인 지원이 없다면 그들이 공산주의 민족운동을 역설하며 조선 인민 대중을 이끌어갈 명분도 실질적인 기반도 사실상 유명무실한 것이 될 수 있었다. 따라서 공산주의 혁명을 위한 전략적인 차원에서 민족협동전선이 강조되고 신간회를 통해서 성과를 이루었어도, 한편으로는 공산주의 민족운동세력 내부에서 민족문제를 둘러싼 균열이 현저해졌고 다른 한편으로는 코민테른이 인정하지 않는 민족의 독립과 해방을 궁극적인 목표로 한 민족적 정치적 협동전선운동은 지속되기 어려웠다.

코민테른은 조선공산당에 대하여 조선공산당을 통해서 공산주의 민족운동세력이 전개한 반제국주의 민족협동전선론을 원론적으로 부정하고 전위당의 재건을 지시한 일명 12월테제를 내렸다. 12월테제는 공산주의 민족운동과정에서 민족문제에 대한 입장의 차이로 인해서 생성된 공산주의 민족운동세력 내부의 균열이 더 이상 미봉상태에 있는 것을 허용하지 않는 것이었다. 공산주의 민족운동이 더 이상 항일 민족 독립운동으로 전

---

23) 전상숙(2004), 129-137.

개되어서는 안된다는 것이었다. 명실공히 공산주의운동을 전개해야 한다는 것이었다.

코민테른의 12월테제는 3·1운동 이후 식민지 민족운동 선상에서 전개되던 한인 공산주의 민족해방운동세력이, 일면에서 민족독립운동의 맥을 이어가는 측과 민족해방운동을 통해서 공산주의혁명의 기반을 조성하고 준비하는 공산주의운동을 본격적으로 전개하는 측으로 나뉘는 결정적인 전환점이 되었다.

코민테른의 12월테제는 종래와 같이 "조선의 혁명"은 제국주의 타도와 토지문제에 대한 혁명적 해결이 중요한 객관적, 역사적 의미를 갖는다는 의미에서 "부르주아 민주주의 혁명"이 될 수밖에 없다는 점을 분명히 하였다.[24] 그러나 이제 그것은 프롤레타리아의 독자적인 정치투쟁과 토지혁명을 강조함으로써 독립국의 부르주아 민주주의혁명과는 달라야 한다는 것을 명시하였다.[25] 프롤레타리아의 '독자적'인 정치투쟁을 강조한 것은, 신간회와 같은 민족통일 협동전선에 함께 하던 민족부르주아를 부정적으로 평가한 귀결이었다.[26]

이제 공산주의 민족운동세력에게 부여된 중요한 임무는, 혁명운동에 계급적 성격을 부여하여 부르주아 민족혁명운동으로부터 독립적인 프롤레타리아 혁명운동을 강화하는 것이었다. 식민지 부르주아 민족주의혁명은 제국주의적 노예화에 반대하는 민족해방투쟁과 조직적으로 불가분한 것이지만[27] 프롤레타리아가 민족혁명운동의 지도권을 획득할 수 있도록,

---

24) Dae-Sook Suh(1970), 243.
25) "植民地及半植民地諸國に於ける革命運動似ついて." 朝鮮總督府警務局. 1936. 『共産主義運動に關する文獻集』, 175.
26) Dae-Sook Suh(1970), 247-48.

토지문제의 해결과 민족혁명을 조직적으로 결합해야 한다는 것이었다. 프롤레타리아와 농민의 독재(소비에트 형태의)를 수립하고, 이 노농독재를 통해서 "프롤레타리아가 헤게모니를 갖는 부르주아 민주혁명을 사회주의혁명으로 전화"하여 궁극적인 프롤레타리아혁명의 완성을 이루어야 한다는 것이었다.28)

이러한 12월테제의 지령에 입각하여 공산주의 민족운동세력은, 식민지 민족의 독립을 위한 제국주의의 타도와 전근대적이고 봉건적인 조선의 정치경제적 실정을 근대적으로 개혁하는 문제로 토지문제를 혁명적으로 해결하는 것이 중요한 객관적이고 역사적인 의미를 갖는다고 역설하였다. 이러한 의미에서 공산주의 민족해방운동이 반제국주의 반봉건 부르주아민주주의혁명운동으로 전개되었다.

ML계의 대표적인 논객으로 꼽히는 한위건은 한국혁명의 성격과 임무를 다음과 같이 논하였다.29)

"제국주의의 박멸과 토지문제의 근본적 해결이 조선혁명발전의 제1단계에 있어서 근본적, 객관적, 역사적 내용이다."... 따라서 일본 제국주의로부터의 완전한 해결-혁명에 의한 완전한 독립국가를 건설함이 조선혁명의 당면 중심문제이다. 그러나 전조선의 토지는 ... 봉건유제는 거대하게 잔존한다. 이로 인해 농촌 생산력의 발전은 극히 저지되며, 광대한 농민은 노예화되고 있다. 따라서 "조선혁명은 그 사회, 경제적 내용에 있어서 다만 일본 제국주의뿐만 아니라 조선의 봉건주의

---

27) "植民地及半植民地諸國に於ける革命運動似ついて." 朝鮮總督府警務局. 1936. 『共産主義運動ニ南スル』. 文獻集, 175.
28) Dae-Sook Suh(1970), 248.
29) 李鐵岳. 1929. 5. "조선혁명의 특질과 노동계급 전위의 당면임무." 『階級鬪爭』 11; 朴慶植 編. 1982. 『朝鮮問題資料叢書』 第7卷. 東京: アジア問題研究所.

까지 반대하는 방향으로 나아가게 되는 것이다. 조선혁명은 토지혁명이 아닐 수 없다." 이러한 의미에서 "조선혁명은 자본주의적이 되는 것이다. 동시에 이 두 개의 투쟁은 교호관계를 가지고 있으니, 반봉건투쟁 즉 토지혁명의 전개에 의해서 광대한 농민 대중이 투쟁에 동원되지 않는 한 민족해방혁명은 성취되지 못할 것이며, 일본제국주의를 완전히 구축하지 않고서는 토지혁명은 성취될 수 없을 것이다."

서울계 역시 같은 입장을 "현하 조선정세와 혁명의 특질에 관한 테제"와 "민족해방협동전선에 관한 테제"를 통해서 밝혔다.

"18. 그러므로 조선혁명은 그 사회경제적 내용에 있어서 단순히 일본제국주의뿐만 아니라 조선의 봉건주의까지 반대하는 방향으로 나아가게 된다. … 조선혁명은 토지혁명이 되지 않으면 안된다. 제국주의의 박멸과 토지문제의 근본적 해결이 조선혁명 발전의 제1단계에 있어서 근본적, 주관적, 역사적 내용이므로 이런 의미에서 조선혁명은 자본주의적이 된다.…
20. 현단계의 조선혁명은 부르조아 민주주의적이다."30)

"조선혁명은 그 발전의 제1계단에 있어서 제국주의 박멸과 토지문제의 근본적 해결, 철저한 민주주의적 해결이 그 근본적, 역사적 내용이 된다. 그런 의미에서 조선혁명은 부르조아 민주주의적이 된다."31)

는 것이었다.

이러한 식민지 공산주의 민족운동이 전개하는 반제국주의 반봉건 부르

---

30) "朝鮮共産黨再建設整理委員會事件檢擧의 件." 朝保秘第300號(1931. 4. 18). 姜德相, 梶村秀樹 編. 1982. 『現代史資料』第29卷. 東京: みすず書房, 305.
31) "民族解放協同戰線に關するテゼ." 姜德相, 梶村秀樹 編. 1982. 第29卷, 310.

주아 민주주의혁명운동은, 당연히, 자유주의 독립국에서 자본주의적 발전을 통해서 부르주아가 권력을 갖게 된 부르주아 민주주의혁명과는 다른 것이었다.

"그러나 조선의 '부르조아' 민주주의혁명은 그 자체의 특질에 의하야 과거 선진국의 그것과 심히 구별된다. 그것은 반제국주의적 혁명인 점에 잇서서 특질을 가지고 잇슬뿐아니라 또 첫째로 자산계급이 극도로 미약한 것, 둘째로 자본주의의 세계적 파멸기-세계무산계급혁명기에 발생한 것, 셋째로 '소비에트'로서아가 존재하는 것 등에 의하야 특징을 가지고 잇다. 미래의 요구하는 권력이 노동계급독재일 수 없다는 점에 있어서 '부르조아'민주주의 권력형태일 것은 물론이지만 그것은 결코 자본주의적 발전에 귀결하고 말 권력형태는 아닐 것이다. 제국주의와 투쟁하여 일체 봉건유제를 일소할 뿐만 아니라 사회주의적 혁명에의 과도기를 발전식히는 권력이 되어야 할 것이다."[32]

"20. 현계단의 조선혁명은 부르조아 민주주의적이다. 그러나 조선의 부르조아 민주주의는 선진국의 그것과 심히 구별된다. 그것은 민족해방을 제1의 요의로 하며, 또한 조선의 봉건주의에 반대한다. 그러나 세계무산계급의 혁명기에 있어서 그것과 약소민족 및 소비에트연방의 지지와 연합으로, 미약한 민족자산계급측에 대하여 투쟁하면서 노동계급의 지도하에 노동계급과 농민의 혁명적 결합에 의하여 사회혁명의 과도기를 준비하는 바의 노농민주독재의 수립을 목표로 하는 특질을 갖고 있다."[33]

자본주의적 발전이 미흡하고 또한 식민지 상태에 있다는 특성상 무엇

---

32) 李鐵岳(1929. 5), 11.
33) "現下の朝鮮情勢と革命の特質に關するテゼ." 姜德相, 梶村秀樹 編. 1982. 第29卷, 305-306.

보다도 민족해방 곧 민족의 독립을 최우선으로 하면서 또한 조선의 전근대적인 신분제적 위계질서를 탈피해야 한다는 것이었다. 그러면서 세계무산계급의 혁명기에 소비에트 러시아의 지지를 받는다는 점에서 노동자와 인구의 절대 다수를 차지하는 농민이 혁명운동의 주체가 되어야 한다는 점이 특히 강조되었다.

그러므로 공산주의 민족해방운동을 통해서 이루어질 정치형태도 노동자와 농민이 함께하는 소비에트로 설정되었다. 혁명의 동력이 프롤레타리아 계급의 헤게모니 아래 농민(중농 이하)과 도시 소자산계급(도시수공업자와 소상인층)이 동맹(민족해방협동전선)을 조직하며 움직여가는 것이었다.34) 이러한 민족해방협동전선 방식을 통해서 공산주의 민족해방투쟁이 "노동자계급독재의 수립을 준비하는 전략"이 되고, 그 협동전선은 공산당의 반제국주의 반봉건 협동투쟁으로부터 산출되는 대중적 · 전투적인 조직이면서 동시에 "항구적 또는 일시적"인 조직이 된다고 하였다.

12월테제 이후 전개된 민족해방협동전선은, 공산주의 민족운동에 계급성을 부여하여 공산당을 재결성할 토대를 강화하기 위한 전략이었다. 이에 따라서 공산주의 민족해방협동전선에서는 코민테른이 원칙적으로 부정한 민족부르주아와의 협동전선이 배제되었다. 동시에 조선인 대지주 자산가가 이미 일본 제국주의와 연계되어 있는 민족개량주의라는 점을 중점적으로 부각시켰다.

---

34) 鐵岳(1929. 5), 12-15; "現下の朝鮮情勢と革命の特質に關するテゼ." 姜德相, 梶村秀樹 編. 1982. 第29卷, 305; "朝鮮無産階級運動の現段階." 朝保秘第300號. 『朝鮮共産黨再建設整理委員會事件檢擧の件』(1931. 4. 18). 姜德相, 梶村秀樹 編(1982), 313-14; "三・一運動十一周お期し全朝鮮勞力大衆に檄す." 朝保秘第1025號. 『火曜派朝鮮共産黨再組織事件に關する件』(1930. 7. 25). 姜德相, 梶村秀樹 編(1982), 261; "三・一運動十一周年紀念に當り全朝鮮民衆に檄す." 姜德相, 梶村秀樹 編(1982), 263.

"특히 "조선의 토지문제는 다만 혁명적 평민적 방법으로만 해결할 수 잇슴"에 불구하고 "조선의 자본가는 대토지소유자와 연결되어서 토지소유에 종속되어잇슴으로 과격한 토지강령을 내세우지 못할 것이니 농민을 자기의 수중으로 직접 인도함에 큰 곤란이 잇슬 것이다." 혁명운동이 광범한 대중을 획득하야 유력하여지고 노농혁명이 직접적인 당면의 위협으로 화하게 될 때에 그들의 반혁명진영으로의 移去는 필연이다. "대토지소유자와 연결 혹은 일본자본에 직접 종속된 도시자본가는 점차 일본제국주의에 접근하고 잇고" 자본계급은 "다수가 벌써 현재-특히 중국혁명의 발발후에 잇서서 잘되어야만 일본제국주의의 민족개량주의적 반대파를 대표한다.""35)

"따라서 조선의 민족해방운동은 노동계급의 패권하에 반제반봉건과 동시에 민족자본가와도 투쟁하는 것이 된다."36)

이러한 민족해방협동전선을 통해서 앞으로 이루어야 할 정치형태로 제시한 소비에트 정권은 공산주의가 궁극적으로 지향하는 프롤레타리아 독재가 아니었다. 사회주의혁명의 과도기를 준비하는 노농민주독재를 상정한 것이었다.37) 12월테제에서 제시된 바와 같이 프롤레타리아의 헤게모니 아래에서 부르주아 민주주의혁명이 공산주의혁명으로 전환되는 과도기적인 정부형태로 프롤레타리아와 농민이 민주적으로 통치하는 소비에트를 상정했던 것이다.

이와 같은 혁명단계 인식과 정치권력구조에 대한 인식 속에서 12월테제 이후 공산주의운동은 12월테제로 해소된 조선공산당을 대신하는 전위

---

35) 李鐵岳(1929. 5), 11-12.
36) "民族解放協同戰線に關するテゼ." 姜德相, 梶村秀樹 編(1982) 第29卷, 310.
37) "民族解放協同戰線に關するテゼ." 姜德相, 梶村秀樹 編(1982) 第29卷, 310.

당을 재건하고자 하였다. 공산주의자들의 실천 혁명론은 프롤레타리아가 헤게모니를 갖고 민족부르주아와 대지주를 배제한 반제반봉건 민족해방 협동전선론이었다. 이 혁명전략은 1935년 코민테른 제7회 대회에서 반파쇼 인민전선전술이 채택될 때까지 지속되었다. 이러한 혁명전략의 변화는, 공산주의 민족운동세력이 전개한 민족운동의 한계와 동시에 코민테른의 영향력을 잘 보여준다. 그리고 코민테른의 12월테제를 전환점으로 한 한인 좌파 민족해방운동의 공산주의 혁명운동으로의 좌경화를 나타낸다.

세계적으로 파시즘의 공세가 격화되어가던 1935년에 개최된 코민테른 제7회 대회는 파시즘의 위협이 증대하고 있는 "변화된 정세를 고려하여, 새로운 방법으로" 공산주의운동을 적용할 것을 결의하였다. 각국 공산당에게 반파시즘·반제국주의 세력의 행동을 통일하기 위한 반파시즘 통일전선을 결의한 내용이 전달되었다. 이제 코민테른 제7회 대회는 파시즘의 위협을 강조하고 경고하였다. 코민테른 제6회 대회의 결의를 극좌적이었다고 비판하였다. 그리고 제국주의 국가의 파시즘 공세를 극복하기 위해서는 통일전선정책이 필요하다고 결의하였다. 파시즘에 반대하여 효과적으로 투쟁하기 위한 통일전선전술이 제기된 것이었다. "단기 또는 장기의 협정에 근거하여 프롤레타리아 계급의 敵에 반대하는 사회민주당, 개량주의적 노동조합, 기타 노동자의 제조직과 공동행동을 달성"하도록 "노력"해야 한다는 것이 다시 강조되었다.[38]

코민테른 제7회대회의 결정은, 코민테른 제6회 대회에서 제시한 민족해방협동전선과는 또 다른 방식으로 통일전선을 결성해야 한다는 것이었다. 코민테른의 핵심은 파시즘에 대한 역공을 도모하여, 파시즘의 공세로

---

38) 전상숙(2004), 167-68.

부터 소연방과 공산주의를 수호하는데 있었다. 따라서 코민테른은 근로 농민과 도시 소부르주아 및 피억압민족 노동대중의 투쟁을 프롤레타리아의 지도 아래 통합하는데 노력하였다. 그리고 이들 노동자층의 특수한 요구 가운데서 "프롤레타리아의 근본적 이익과 일치하는 모든 요구"를 지지하는 방식으로 프롤레타리아 통일전선의 기초를 형성하고자 하였다. 그 위에서 "초당파적 계급적 통일전선"을[39] 이루어내야 한다고 결의하였다.

반파시즘 통일전선은 "모든 종류의 예속과 민족적 억압에 반대하여 투쟁하는 노동자계급이야말로 민족의 자유와 국민의 독립에 유일하고 진실한 전사임을 드러내 보이고"자 하였다. "공산주의자는 모든 종류의 부르주아민족주의에 대해서는 비타협적인 원칙적 반대자이지만 결코 민족적 허무주의나 자국민의 운명을 경시하는 태도의 지지자는 아니다"는 점을 과시해야 한다고 역설되었다. 궁극적으로 대중 가운데서 공산주의 지지세력을 확보해야 한다는 것이었다. 민족해방협동전선에서 배제되었던 민족부르주아 가운데서도 반파시즘·반제국주의적인 부분을 포함해야 한다는 것이었다. 그 결과 코민테른 제7회 대회에서 제시된 장래의 정치권력 형태 또한 바뀌었다. 그것은 "파시즘과 반동을 억누르는 단호한 조치를 실시할 수 있는 정부"로 규정된 "프롤레타리아 통일전선 정부 또는 반파시즘 인민전선 정부"였다.[40]

그러므로 식민지·반식민지 국가의 공산주의자의 임무 역시 반제국주의 인민전선의 결성을 위해서 활동하는 것이라고 규정되었다. 이를 위하여 식민지·반식민지 국가의 공산주의자들에게 제시된 당면 임무는 민족

---

39) 전상숙(2004), 169-70.
40) 전상숙(2004), 170.

개량주의자가 지도하는 대중적인 반제국주의운동에 적극 참여하는 것이었다. 그리하여, 구체적인 반제국주의 강령에 입각하여 민족혁명조직과 민족개량주의조직이 공동행동을 달성할 수 있도록 노력하는 것이었다.[41] 이러한 코민테른의 반파시즘 통일전선방침은 여러 경로를 통해서 국내에도 수용되었다.

코민테른의 12월테제로 공산주의 민족운동의 전위당이었던 조선공산당이 해산됨으로써 전개된 전위당 재건운동선상에서 이 방침이 수용되었다. 그 과정을 잘 보여주는 것이 이재유를 중심으로 전개된 전위당 재건운동이었다. 이재유를 중심으로 한 전위당 재건운동은 파시즘의 위험을 강조하며 반파시즘·반제국주의세력의 행동통일을 결의한 코민테른의 결정을 수용하고 실행하였다. 그러나 혁명의 결과 수립될 정치권력의 형태에 있어서는 "노동자·농민의 소비에트 정부수립"을 주장하였다.[42] 코민테른 제7회 대회에서 결정한 인민전선정부 또는 통일전선정부와는 다른 형태였다. 통일전선정부는 광범위한 근로대중이 파시즘과 반동에 대하여 격렬하게 반대하지만 아직 소비에트권력을 위해서 투쟁에 나설 만큼 준비되지는 않았다고 판단하였다. 그러한 상태에서 파시즘과 반동세력을 제압할 수 있는 견고한 조치를 취하기 위해서는 아직 프롤레타리아가 집권하는 것은 시기상조라고 판단한 것이었다.[43]

코민테른 제7회 대회의 결정에 비추어 볼 때, 국내의 공산주의 혁명운

---

41) 전상숙(2004), 173.
42) 전상숙(2004), 124.
43) "ファシズムの攻勢とファシズムに反對し勞動者階級の統一をめざす鬪爭における共産主義インタナショナルの任務." 村田陽一 編. 1979. 『コミンテルン資料集』第6卷. 東京: 大月書店, 170.

동세력이 혁명 단계와 주체에 대하여 코민테른의 지침과 다른 결정을 내린 것이었다. 그렇지만 이는 공산주의운동에서 전반적인 현상은 아니었다. 코민테른의 지침은 여전히 식민지 조선의 한인 공산주의자들에게 결정적이었다. 1938년 4월에 조직된 적색노동조합원산좌익위원회는 중국과 한국에서 일본제국주의의 위기에 동반하여 파시즘이 급속히 대두하는 것을 강조하였다. 그리고 그에 대처하여 타도하기 위해서는 코민테른 제7회 대회에서 결정된 인민전선운동 방침에 기초하여 민족해방통일전선을 결성하고 강화해야 한다고 역설하였다.[44] 민족해방통일전선에는 노동자계급뿐만 아니라, 농민·소부르주아·학생·인텔리겐차 및 각종 종교단체, 기타 모든 유식층 민족개량주의와 각종 반동단체 등 모든 반일세력이 포함되었다. "계급·성·직업·당파를 구별하지 않는 초당파적" 통일전선이었다.[45] 이재유가 민족부르주아 가운데 투쟁의식을 소유한 자라고 평가한 학생과 인텔리만 통일전선의 대상으로 삼은 것보다 일층 확대된 것이었다. 코민테른의 반제반파시즘 통일전선론의 기본 취지를 정확하게 시행하는 것이었다.

반면에, 『노동자신문』을 통해서 장래에 수립될 정치형태로 제시된 노동자·농민 및 "전 인민의 정권"인 소비에트정권은,[46] 궁극적으로 소비에트정권을 목표로 한 것이기는 했지만 전 조선적 통일전선을 통해서 즉각적으로 수립되는 것은 아니었다. 이러한 입장은, 일본의 중국침략을 계기

---

44) 村田陽一 編(1979), 188.
45) 村田陽一 編(1979), 188; "日中武裝衝突と朝鮮勞動階級の任務." 『勞動者新聞』 7. 이재화, 한홍구 편. 1989. 『한국민족해방운동사자료총서』 제4권. 서울: 경인문화사, 508-10.
46) "當面中心問題の件數-鬪爭目標お正しい定めよ-." 『노동자신문』 33.(1938. 9. 17). 이재화, 한홍구 편(1989), 638-39.

로 하여 그에 대한 중국공산당의 민족해방통일전선을 분석하고 당면한 일본 제국주의 타도를 공통분모로 한 한국 공산주의자 통일전선을 강조한 글에서 분명하게 나타난다. 공산주의 혁명운동세력은 중국문제에 대하여 과거의 봉건적 잔재를 일소하고 토지문제를 주로 하는 부르주아혁명단계로 설정하였다. 당면한 과제는 일본 제국주의의 타도였으므로, 노동자·농민·도시빈민·소부르주아 인텔리겐차·토착부르주아 등 전 인민의 통일전선 결성이 강조되었다. 그리고 이와 같은 맥락에서 "조선의 피가 흐르고 있는 전 인민은 공동 躍起"해야 한다고 하였다.[47]

이 투쟁은 곧 "자본민주주의혁명의 수행"이므로 그 결과 "민주주의 공화국 건설"로 이어질 것이라고 하였다.[48] 공산주의 민족혁명세력의 '민주주의 공화국 건설론'은 일본 제국주의 타도라는 식민지 민족 공동의 목표 아래서 결성된 전 민족적인 통일전선론에 기초하여 제시된 정부형태였다. 민주주의 공화국은 그들이 궁극적으로 추구한 프롤레타리아 독재로서의 소비에트정권의 전단계로 상정된 정치형태라고 할 수 있다. 또한 코민테른이 파시즘과 반동을 억압하는 단호한 조치를 실시할 수 있는 정부로 규정한 프롤레타리아 통일전선 정부 또는 반파시즘 인민전선 정부와 같은 성격을 갖는 것이었다.

그러므로 일본 제국주의는 공산주의 혁명운동 세력이 "수뇌부의 공산주의 의식이 깊고, 인민전선전술을 정확히 파악"하고 있다고 판단하였다.[49] 그러한 한인 공산주의세력의 혁명에 대한 인식은 경성콤그룹으로

---

47) 이재화, 한홍구 편(1989), 501-10.
48) 이재화, 한홍구 편(1989), 508.
49) "咸鏡南道元山府お中心とする朝鮮民族解放統一戰線結成並支那事變後方攪亂事件の槪要."
   이재화, 한홍구 편(1989), 180.

이어져서 해방될 때까지 공산주의운동의 기본방침이 되었다.

이와 같이, 식민지시기 공산주의 좌파 민족해방운동으로부터 공산주의 혁명운동으로 전화되어간 공산주의 민족운동세력이 주창한 계급혁명의 기저에는 일본 제국주의에 대한 항일 반제국주의 민족의식이 근본적으로 강력하게 자리하고 있었다. 식민지시기 공산주의 민족운동은 저항적 민족의식에 입각하여 수용된 프롤레타리아 국제주의에 대한 관념적이고 낙관적인 인식이 결합된 '민족해방운동'으로부터 '공산주의 민족혁명운동'으로 분화되며 점진적으로 계급적 혁명의식을 강화해 갔다. 그것은 제국주의로부터 빼앗긴 식민지 국가의 주권을 회복하는 동시에 식민지 민중에게 평등한 인간으로서의 권리와 자유를 부여하고자 한 민족적 정치운동의 일환이었다. 식민지 국가의 주권을 회복하는데 주안점이 주어진 민족운동/민족독립운동과 궁극적인 지향을 달리한 정치운동이었다. 민족 구성원 개개인이 평등한 인권과 자유를 향유할 수 있는 근대 국가를 지향한 '민족해방' 운동이었다.

그러한 '민족해방'의 지향은, 전근대적이었던 식민지화 이전의 계급적 민족 내부의 불평등을 해소하여 인민 대중에게 평등한 주권이 있는 근대적인 민주공화국을 건설하기 위한 민주공화주의 민족주의 운동의 일환이었다고 할 수 있다. 위에서 보았듯이, 비록 코민테른으로부터 자유로울 수 없었던 구조적인 한계로 인하여 공산주의 민족운동이 12월테제 이후 공산주의 혁명운동으로 경도하며 좌경화되었다고 하더라도 그 근본적인 지향에는 큰 차이가 없었다고 할 수 있다. 공산주의 혁명운동세력이 주창한 계급혁명은 근본적으로 식민지 민족의 독립을 추구한 민족의 독립, 민족의 해방을 위한 정치적 혁명운동의 성격을 갖는 것이었다.

바로 이 점에서 일본 제국주의 식민지시기 저항적 민족의식은 공산주의 이념과 접합되고 민족해방운동으로 전개될 수 있었다. 또한 면면히 지속적으로 식민지시기 동안 민중과 함께 할 수 있었다. 바로 이 점에서 대한민국임시정부의 수립을 통해서 민주공화국, 민주공화주의로 공포된 근대 한국 민족주의가 정치 이념의 차이를 불문하고 민주공화주의를 공통분모로 공유하고 있었던 것이다. 그리하여 식민지시기 내내 항일 민족운동이 민주공화주의를 전제로 하면서도 민족문제와 계급혁명에 대한 인식의 차이로 인하여 비공산주의 민족운동세력과 공산주의 민족운동 세력으로 분리되어 전개될 수밖에 없었던 것이기도 하였다.

제4부

민족 '해방(解放)'과 민족분단 그리고 대한민국의 민족주의

제 1 장

주어진 '해방(解放)'과 분출한 '민족(民族)담론'

1945년 8월 15일 쇼와[昭和] 일본 천황은 연합국에 항복을 선언하였다. 이에 따라서 9월 2일 일본 도쿄만 요코하마에 정박 중이던 미국 전함 미주리호 선상에서 일본 대표가 항복문서에 정식으로 서명하였다. 이로써 제2차 세계대전이 종결되었다. 이러한 제2차 세계대전의 종결은 한반도가 일본 제국주의의 식민지배로부터 '해방(解放)'되었음을 의미하는 것이었다. 한국인에게 해방은 무엇보다도 일본 제국주의로부터 주권을 박탈당했던 '민족의 독립'을 의미하는 것이었다. 동시에 "스스로 자신의 문제를 결정할 수 있는 기회"를[1] 드디어 갖게 되었다는 것을 의미하는 것이었다. 제2차 세계대전의 종결에 따른 한국의 해방은 한국인이 민족적으로 독립되어 일본 제국주의 치하에서 금지되었던 정치참여(참정권)를 포함한 일체의 권리와 자유를 갖게 되었음을 의미하는 것이었다.

그와 같은 해방의 기쁨은 "두 사람이 각각 하나의 정당을 만들고 두 사

---

[1] Bruce Cumings. 1974. "American Policy and Korean Liberation." Frank Baldwin, ed. *Without Parallel: The American Korean Relationship Since 1945*. New York: Pantheon Books.

람이 합쳐 또 하나의 정당을 만들"2) 정도로 정치적 주권을 행사하는 형태로 분출되었다. 일본의 병합으로 더 이상 발전될 수 없었던, 한말 만민공동회 이래 막연하게나마 서서히 자각되기 시작한 근대적인 개인의 권리와 정치참여에 대한 욕구가, 일본 제국주의 치하에서도 3·1독립운동 이래 지속된 항일 민족운동을 통해서 직·간접적으로 응축되었다가 해방을 맞아 폭발적으로 분출된 것이었다.

그와 같이 민족해방의 가장 큰 의미는, 무엇보다도 항일 민족독립이 이루어졌다는 것이었다. 일본에 의해서 일본 제국주의의 관점에서 전개되어 온 근대적 변화가, 이제 한말 이래 전사회적으로 발아되어온 자주적인 근대적 변혁에 대한 지향 속에서, 한국인 본연의 주체적인 관점에서 추진될 수 있게 된 것이었다. 또한 스스로 문제를 결정할 수 있게 된 민족해방의 의미는, 한국인 개인의 근대적인 권리와 참정권의 행사가 가능해진 것이었다. 대한민국임시정부와 공산주의 민족운동을 통해서 선언되고 주창된 민주공화국의 민주공화주의의 민족주의가 새로운 국가 건설을 통해서 구현될 수 있게 된 것이었다.

일본 제국주의로부터 민족적으로 해방됨으로써 식민지시기를 통해서 자각되고 염원해온 한인(韓人),3) 한민족(韓民族) 개개인이 독립적인 주체가 되어 근대적인 개인으로서 자유와 권리를 행사할 수 있게 되었다. 해방공간에서 우후죽순처럼 등장한 수많은 정당·사회단체는 바로 그러한 한민족 민중의 해방에 대한 기대를 총체적으로 대변하는 것이었다.

각종 정당·사회 단체의 이름으로 분출된 한민족 민중의 엄청난 정치적

---

2) 조덕송. 1991. 『증언』 2. 서울: 다다미디어, 53.
3) 박한용. 1999. "한국의 민족주의." 한국학중앙연구원. 『정신문화연구』 77, 17-22.

열망의 동력은 독립을 지향하면서도 일본 제국주의의 무력적 탄압에 움츠릴 수밖에 없었던 민족적 에너지를 탈식민 근대 민족국가 건설에 참여함으로써 건국(建國)의 일원이 되고 싶은 민족적 염원이었다. 비록 지하에서 공산주의 민족운동이 면면이 전개되고는 있었더라도 해방 하루 만에 조선건국준비위원회가 전국적인 조직으로 신속하게 구성될 수 있었던 것도[4] 바로 그와 같은 한국인의 독립 민족국가 건설을 위한 민족적 에너지가 응집되어 있었기 때문에 가능한 것이었다.

식민지시기 한국인들은, 비록 이론적으로나 사상적으로 체계적으로 습득하여 정립된 것은 아니었지만, 한말 애국계몽운동으로부터 식민지시기 항일 민족운동 및 그것을 억압하는 일본 제국주의의 차별적인 민족탄압정책을 체험하면서, 역사문화적 공동체로서의 '민족'에 대한 인식이 강고해졌다. 해방 이후 한국인들이 정치적 사회적인 욕구를 분출한 것은, 민족의식에 기초하여 역사적으로 한민족이 생활하며 국가와 문화를 건설하고 살아온 특정한 공간인 한반도에서 한민족이 배타적인 주권을 행사하는 정치공동체로서의 근대 국가에[5] 대한 인식과 열망이 체험적으로 누적되며 습득된 민족주의가 발현된 것이었다고 할 수 있다.

인구수를 넘는다고 할 정도로 많은 정당·사회 단체는 일본 제국주의에 의해서 박탈당했던 한국인들의 참정권과 국가 재건에 참여하고 싶은 의지를 반영하는 것이었다. 또한 식민지시기 민족운동을 통해서 간접적으로 접하며 익숙해진 독립된 민족의 근대 국가 구상인 민주공화국이 한민족

---

4) 홍인숙. 1985. "건국준비위원회의 조직과 활동." 『해방전후사의 인식』 2. 서울: 한길사.
5) Samuel Finer. 1975. "State and Nation-Building in Europe: the Roles of the Military." Charles Tilly, ed. *The Formation of National States in Western Europe*. Princeton: Princeton University Press, 85-88.

개개인이 주인이 되고 주권자가 되는 민주공화주의에 의거하여 수립될 것이라는 확신에서 나온 자연스런 정치참여 욕구를 표출한 것이었다.

한민족의 근대적인 민족 독립국가 건설 지향은, 기본적으로 1910년 일본에 병합됨으로써 일본제국헌법이 적용되지 않는 이른바 '외지(外地)'로 위치 지워져서 무권리한 상태에 있던 '조선'의 대한민국임시정부를 명실공히 대한민국 국가로 재건하는 것이었다. 한국인 일반의 권리를 국권의 주체가 되는 인민주권으로 실현하는 것이었다. 3·1운동을 통해서 독립 민족국가를 건설하기 위한 민족주의로 분출되었던 민족의식이, 한민족이 주체적으로 권리를 행사하여 대한민국임시정부를 통해서 공포되었던 민주공화국을 건설하는 민주공화주의 민족주의로 정립하는 것이었다. 이제 '조선인'이 한국인으로서 일본 제국주의에 의해서 유린된 한반도 생활권의 주체가 되어 병합으로 단절되었던 자주적인 근대화의 노력을 민주공화국의 독립 민족국가 건설을 통해서 새롭게 확충하며 발전시킬 수 있게 된 것이었다.

1945년 8월 15일은 일본 제국주의의 패전과 해방으로 "역사가 바뀐 오늘"이었다. 그리고 '오늘'부터 한반도에 간직된 오천년의 역사를 탈식민화하여 민족의 독자적인 국가를 재건하고 한반도를 민족의 공간으로 민족의 동질성을 회복하기 위한 각종 노력이 경주되었다.[6] 이와 함께 다양한 민족담론이 분출되었다.

한 사회에서 생산, 유통되는 담론은 일종의 권력이 된다. 다시 말해서 한 사회에서 유통되는 담론은 그것이 유통되는 상황의 필요와 직결되어서 영향력을 발휘한다.[7] 담론의 언어는 일종의 사회적 실천이고 그 실천은

---

[6] "남국의 신비경을 자처, 제주도 한라산 학술조사대 파견." 『자유신문』(1946. 2. 26).

사회구조에 의해서 규정되기8) 때문이다. 해방공간에서 각종 정당 사회단체가 결성되며 '민족담론'이 분출된 것은, 단지 개인이나 집단의 선택이나 욕구를 반영한 것이라고만 할 것이 아니었다. 그것은 일본 제국주의의 지배 아래에서 3·1운동을 통해서 현재화되어 발현된 민족주의 의식을 토대로 형성된 탈식민 자주적인 민족 생활권의 구축을 갈망하는 독립된 근대 민족국가 건설에 대한 묵시적 공감대가 투사된 것이었다.

또한 해방 직후의 민족담론은, "조선이 해방되든 날 불행히도 건국이 못되고", "그 지긋지긋한 다른 민족의 통치"가 앞으로 얼마나 더 걸릴지 모르는 군정이9) 실시되었기 때문에 더욱 강력하게 분출되었다고 할 수 있다. 민족담론은 일본 제국주의가 세계대전에서 패전한 결과 주어진 해방 공간이 민족 독립의 공간이 아니라는 당혹감 속에서 거세게 분출되었다. 해방공간이 민족 독립의 공간이 되어야 한다는 염원을 표출하고 요구하는 것이었다.

일본이 패전하여 민족이 해방되었는데도 불구하고, 아무리 민족의 해방을 이루어준 승전국이라고는 해도 외국, 미국의 군대가 주둔하여 일본을 대신하는 군사정부를 이루고 한민족을 통제하기 시작하였다. 해방정국은, 비록 한민족이 스스로 독립을 이루지는 못했지만, 식민지시기 동안 일본 제국주의에 저항하고 숨죽이며 기대했던, 앞에서 본 바와 같은 의미의 해방이 실현되는 중요한 결정적인 시기가 아닐 수 없었다. 그런데 이민족 서양 열강의 군부통제 하에 놓이게 되었다.

민족담론은 해방정국이 독립 민족국가 건설을 위하여 "민족 천년 雄遠

---

7) M. 푸코·이정우 역. 1993. 『담론의 질서』. 서울: 새길, 16-17.
8) "옮긴이 서문." 1992. 다이안 맥도넬·임상훈 옮김. 『담론이란 무엇인가』. 서울: 한울.
9) 金翠汀. 1946. 1. "민족반역자진단." 『대조』 1-1, 136.

한 新發足"을 해야 하는 중요한 때라는 시국인식 속에서 만들어지고 유통되었다. 해방정국의 민족담론은 민족해방의 의미를 실현시키기 위한 것이었다. 그것은 "잠시도 우리 민족의 염두를 떠나지 않는 민족국가 창건의 대의를 완성"10)하는 "완전독립"을 이루어야 한다는11) 염원을 표출하는 것이었다.

이념과 계층을 막론하고 분출된 민족담론은 민족의 이름으로 해방공간의 민족적 과제였던 독립 민족국가 건설을 주창하는 전 민족적인 '사회적 · 정치적 실천'의 한 형태이자 요구의 표현이었다. 해방공간의 민족담론에는 러일전쟁 이후 일본 제국주의의 한국 식민화 야욕을 실질적으로 체험하면서 자각되기 시작한 항일 민족의식이 식민지배 아래에서 3·1운동을 통해서 일본 제국주의에 대한 대자적인 저항적 민족주의로 그리고 대한민국임시정부의 수립으로 발현되었던 역사적 경험이 투사되어 있었다.

앞에서 보았듯이, 한국은 개국 이래 전근대적인 국가체제 아래에서 근대적인 개혁을 모색하기 시작한 단계에서 일본 제국주의에 의하여 '병합'되었다. 이른바 일본제국의 한반도 병합은 섬나라의 한계를 극복하고 '대일본제국 대륙국가'로 팽창하려는 분명한 국가적 목적을 가지고 계획적으로 추진되어 단행된 것이었다. 일본의 한국에 대한 식민지배는 자국의 위로부터의 근대적 신국가 건설 혁명에 왕조를 정치적인 구심점으로 하여 적극 활용했던 경험을 반면교사하여 이루어졌다.

일본은, 한국인들의 각성되기 시작한 민족의식을 응집할 구심점이 되어 전 민족적인 차원에서 항일 민족운동을 전개하고 민족 독립국가 건설의 상징이 될 수 있는 대한제국 황실을 형해화하였다. 또한 전통적인 지배층

---

10) 嚴雨龍. 1946. 1. "신민족주의와 신민주주의." 『개벽』 8-1, 54.
11) 안재홍. 1946. 1. "내외정세와 건국전망." 『대조』 1-1, 14.

은 물론 신지식을 습득한 지식인과 신진 지배층을 회유하고 포섭하여 분열시키는 정책을 시행하였다. 동시에 일반 조선 민중에게는 이른바 일시동인의 동화주의를 표방하면서 조선을 일본제국헌법이 적용되지 않는 지역으로, 차별을 법제화한 이른바 '외지'로 규정하고서도 일본과 동등하게 보는 듯이 정치적인 수사를 펼치며 기만하였다.

일본 제국주의 지배정책의 본질은, 일본의 본토 이외의 지역에는 일본제국헌법을 시행하지 않고 외지라고 명시한 것으로 알 수 있는 바와 같이 식민지 민족의 차별을 정책적으로 법제화하고 이른바 '일시동인의 동화주의'를 표방하면서 식민지 조선민족의 말살을 기한 것이었다. 전통적인 대한제국 황실을 정략적으로 일본 황실과의 혼인을 통해서 형해화하고, 조선인의 사상도 민족의식도 박멸시켜 버리려 한 것이었다.

그러한 일본 제국주의의 전사회적인 통제정책은 항일 민족운동을 모색하는 한국인들이 한반도를 떠나 국외의 객지에서 독립의 방략을 모색하지 않을 수 없게 하였다. 또한 러시아혁명의 성공과 뒤이은 민족자결선언에 고무된 3·1운동이 실패한 이후에는 세계사조의 하나로 수용된 공산주의가 항일 민족독립운동의 새로운 방략의 하나가 되었다. 공산주의는 민족의 독립과 민중의 인간적인 권리의 해방을 동시에 주창하는 공산주의 민족해방운동을 전개하며 한민족이 이념적으로 분화되는 결과를 낳았다. 식민지시기 일본의 제국주의 지배는 한국사회가 일본 제국주의와 식민지 민족문제, 그리고 민족 내부의 계층적 경제적인 차이를 놓고 결과적으로 이념적·민족적으로 분열되는 데 결정적인 요인이 되었다.

그러므로 일본 제국주의의 식민지시기에 한민족은 일본 제국주의의 무단적 군부통치체제나 일본 제국주의의 성장을 담보하기 위하여 기획되고 실행된 한국사회의 예속적 근대화와 수탈에 적극적으로 대항할만한 체계적이고 일체화된 중심세력도 체계도 형성하기 어려웠다. 그러나 일본의 식민지배를 경험하면서 대자적으로 각성된 '우리' 의식은 3·1운동을 통해서 '우리' 곧 민족의 독립과 독립 민족국가를 수립하고자 전 민족이 한반도에서 봉기할 정도로 강렬해졌다. 그리하여, 러일전쟁 이래 각성된 민족의식이 독립국가 건설을 요구하는 민족주의로 발현되는 성과를 낳았다. 그 성과가 바로 대한민국임시정부의 수립이었다.

3·1운동을 통해서 국외에서 민족지도자를 자임한 민족운동 주도세력들에 의해서 수립된 대한민국임시정부는 근대 국제법적으로 용인되는 임시정부로서의 자격 요건을 갖춘 것은 아니었다. 그렇지만 대한민국임시정부의 수립은 개국 이래 점진적으로 모색되어간 한민족의 근대적인 민족국가 건설 구상을 구현하는 한국 근대 민족주의가 발현되어 이룬 결실이라고 할 수 있다. 대한민국임시정부의 수립은 러시아혁명 이후 세계사조의 하나로 이미 한국 지식인들 사이에서 수용되고 있던 공산주의를 포함해서 이념적인 차이를 불문하고 전 민족적인 통합과 독립 민족국가 건설을 염원하는 민족적인 열망이 실현될 것을 상징하는 것이었다. 대한민국임시정부의 수립을 통해서 선언된 민주공화국은, 한말 민주정 구상으로부터 점진적으로 발전되어온 한국인의 근대 민족국가에 대한 상이 민주공화주의를 통해서 구현되는 것이 되었다. 그리하여 한국 근대 민족주의의 내용을 규정하는 것이기도 하였다.

또한 다른 한편으로는 3·1운동을 통해서 전 민족적인 항거가 갖는 위력을 경험한 한국인들은 일본 제국주의의 침략과 억압적이고 차별적인 식민지배체제에 대응하여 반식민·반봉건을 지향하는 저항적 민족의식을 응축하며 민족적 정체성을 환기하였다. 그리고 저항적 민족주의의 내용을 민주공화주의로 받아들여갔다. 일본의 식민지배와 민족운동의 이념적 균열로 인하여 민주공화주의 민족주의의 이념을 체계화하고 그 내용을 구체적으로 갖추어갈 수는 없었다. 그렇지만 한국 근대 민족주의는 일본 제국주의 지배체제의 전복을 꾀하는 변혁의 이념이자 민족 구성원 개개인의 인민주권과 평등권을 확보하는 변혁의 이념으로서 민주공화주의를 지향하는 것으로 상정되고 받아들여졌다. 기본적으로 그것은 민족에 대한 대자적인 인식을 토대로 독립 민족국가를 수립하여 자주적인 국가 주권을 확립하는 것이었다.

식민지시기를 거치면서 규정된 그러한 한국 근대 민족주의의 프레임은, 천황제를 활용한 일본의 제국주의적 내셔널리즘이 한국인에 대한 일본인화를 강제하는 식민정책을 강화할수록 견고해졌다. 식민지배체제의 억압과 비례하여 강화된 한국인의 에쓰닉 민족의식은 제국주의 지배제제의 전복을 꾀하는 혁명적 변혁의 이념으로서 저항적 민족주의로 증폭되었다. 그 과정은 한국인이 "국가의 주권과 구성원의 인권을 빼앗긴 상황에서 민족해방운동의 주체로서 자각하는 과정"이었다.[12] 또한 한국인의 민족적 자각이 심화·확산되는 과정이었다.[13] 그리하여 민족해방과 민족독립을 위한 한국인의 민주공화주의 민족주의가 한국사회에 내재화되는 과정이었다.

그 결과 해방 공간에서 분출된 민족담론이 일본 제국주의 지배 아래에

---

12) 정태헌. 2003. "일제 하의 노동자 인식." 역사학회. 『제46회 전국역사학대회 자료집』, 70.
13) 오타 타카코(大田高子). 2003. "한국 내셔널리즘에 대한 고찰: 내셔널리즘 이론에서 본 한국 '민족주의'." 『한일민족문제연구』 5, 19.

서 에쓰닉 민족의식 위에서 형성된 식민지 민족의 저항적 민족주의의 연장선상에서 전개되었다. 민족담론 가운데에는 간혹 민족은 단순한 종족적, 인종적 존재가 아니고 사회적 존재라고 제기하는 주장도 있었다.14) 그렇다고 그것이 근본적으로 한민족의 에쓰닉한 성격을 부정하는 것은 아니었다. 한국인들은 민족을 한말 이래 식민지시기를 거치며 받아들여진 사회진화론과 제국주의 타민족에 대항하는 저항적 민족의식의 연장선상에서 에쓰닉한 것으로 인식하였다. 민족은 "같은 피" 곧 "순수한 단일 혈통" 공동체이거나15) 언어와 풍습 등을 공유하는 역사공동체, 지역공동체로 인식되었다.16)

민족담론은, 식민지시기를 거치며 형성된 저항적 민족의식을 표출한 것이었다. 또한 기성지배체제의 변혁을 지향한 민주공화주의의 민족주의를 의식하면서 외부로부터 들어온 타자를 나와는 다른 민족, 다른 국가로 상대화하여 인식하는 것이었다. 그리하여 한민족도 민족적으로 독립하여 근대적인 민족국가를 건설하는 해방을 이루어야 한다는 염원을 표현하는 것이었다. 그러므로 해방정국에서 분출한 민족담론은 "잠시도 우리 민족의 염두를 떠나지 않는 민족국가창건의 대의를 완성"하기 위한 "초인적 努力"을 역설하고 전 민족이 총결집하여 완전한 통일을 이루어야 한다고17) 강조하는 것이었다.

---

14) 朴宇天. 1946. 4. "전민일체론: 우리의 민족이념과 계급문제 管見."『개벽』8-2.
15) 손진태. 1947. "서설."『조선민족사개론』. 서울: 을유문화사.
16) 전봉덕. 1947. 1.『법학통론』. 국제문화관, 67; 이인영. 1947. 1. "민족의 정의."『대조』2-2; 안재홍. 1947. 12. "역사와 과학과의 신민족주의."『한성』.
17) 嚴雨龍(1946. 1), 54.

제 2 장

해방정국시기 한국 민족주의의 지향과 혼돈

일본 제국주의의 항복과 그에 따른 한민족의 해방은 예상보다 갑작스럽게 주어졌다. 다시 말해서 1945년 8월 15일 일본 천황이 항복을 선언할 당시 한국사회는 일본의 패전을 예상하며 독립 민족국가를 이룰 준비가 되어있지 않았다. 3·1운동을 통해서 민족이 독립운동의 주체라는 인식이 대중 차원으로까지 확산되고 정착되는[1] 한편 민족적 정부기구인 대한민국임시정부가 수립되어 민족주의와 주권재민의 공화주의에 대한 인식이 정립되었다고는[2] 할 수 있었지만, 그것이 일본 제국주의의 패망을 준비하며 독립 민족국가를 구축할만한 체제를 갖추고 신국가 건설을 위한 구체적인 방안까지 갖추고 있던 것은 아니었다.

해방 직후 독립 민족국가를 건설할만한 민족주의의 이념체계는 아직 구축되어 있지 않았다. 정확하게는 대한민국임시정부의 수립을 통해서 선언된 민주공화주의의 한국 근대 민족주의의 내용조차 우파 민족주의세력

---

1) 박찬승. 2010. 『민족·민족주의』. 서울: 소화, 91-93.
2) 전상숙. 2017. 『한국인의 근대 국가관, '민주공화국' 재고: 식민지시기 국가의 이중성과 민족문제의 상관관계를 중심으로』. 서울: 선인, 4장 2절 참조.

의 자유주의적 민주공화주의와 좌파 공산주의 민족운동세력의 공산주의적 민주공화주의로 그 내용이 균열되어 있었다.

게다가, 일본 제국주의 지배아래에서 일본 제국주의의 지배에 대항할만한 체계적이고 일체화된 체계나 중심적인 지도세력을 형성하기 어려웠던 한민족은 일본의 갑작스런 항복 선언의 결과 주어진 해방에 적극적으로 임했지만 체계적으로 대응하지는 못하였다. 민족담론이 분출된 것도 한편으로는 그러한 상황을 대변하는 것이었다. 민족정신의 공유자로 국민화된 민족에 대한 인식과 욕구를 응집하여 공화주의를 천명하며 수립된 대한민국임시정부도 사실상 그 정부적 정당성에 대해서는 민족적 염원을 담은 항일 민족독립운동의 상징적 구심체라는 것 이외에 달리 내세울 수 있는 합법적인 근거가 없는 것이나 마찬가지였으므로 속수무책이었다.

대한민국임시정부는, 식민지로 전락된 상태에서 국외에서 민족지도자들이 수립하여 독립을 선언하고 활동한 것이었다. 국제적으로 일국의 임시정부로 인정받는데 필요한 요건을 갖춘 것은 아니었다. 대한민국임시정부는 민족독립을 위하여 국외에서 일본과 전쟁을 한 것도 아니었고 국제관계를 통해서 근대 국제법에 의거하여 대한제국의 뒤를 잇는 임시정부로 인정받은 것도 아니었다. 대한민국임시정부는 국제법상 국가로서 권리를 행사할 수 없었다.[3] 때문에 대한민국임시정부 요인들은 해방 후 미군정으로부터 인정받지 못하고 개인 자격으로 귀국할 수밖에 없었다.

또한, 당시 한 논자가 해방되던 날 건국하지 못했다고 한탄했던 것처럼, 한민족은 스스로 독립되지 못하고 주어진 해방을 맞이하였다. 그리고 주

---

[3] 국제법상 임시정부가 정당성을 인정받는 내용에 대해서는 전상숙. 2010. "세계대전기 대한민국임시정부 외교활동의 현재적 고찰." 고정휴 외. 『대한민국임시정부의 현대사적 성찰』. 서울: 나남. 참조.

어진 해방은 해방과 더불어서 독립 민족국가를 건설할 수 있게 된 것이 아니라 패전한 일본 제국주의에 대신하여 '38선'이라고 하는 뜻하지 않은 한반도의 분단 경계선과 마주하게 된 것이었다. 그 분단 경계선을 중심으로 하여 일본군에 승리한 연합국의 미·소 양국 군대가 각각 주둔하였다. 보호국화 이래 사십여 년이나 겪었던 "그 지긋지긋한 다른 민족의 통치"가 앞으로 얼마나 더 걸릴지도 모르는 군정의 실시가 주어진 해방의 현실이었다.[4]

사실상 민족 독립으로 맞이한 1945년 8월 15일 한민족에게 주어진 해방은 일본 제국주의의 군사적 통치와 다름없는 또 다른 이민족의 군사정부의 지배가 새로 시작된 것이었다. 국제정치의 현실은 냉혹했다. 독립의 지원을 기대하고 바랐다고 해서 그것이 독립으로 주어지는 것은 아니었다.

비록 식민지배체제에 대하여 단일한 지도체계를 갖추어 조직적·이념적으로 항전한 결과 독립한 것은 아닐지라도, 한민족 누구도 해방이 38선을 중심으로 한반도가 남과 북으로 분리되고 강대국의 군정이 시행되는 것은 상상도 못한 일이었다. 3·1운동으로 천명했던 민족 독립국가 건설의 의지는, 제국주의에 대한 분명한 인식과 그에 대항할 유일한 길로 인식된 평등한 인민주권 의식과 결합된 민족의식, 그리고 그 민족의식에 기초하여 국가 주권을 획득하고 행사하는 민족주의에 대한 인식이 응집된 것이었다. 대한민국임시정부가 수립되어[5] 인민주권의 민주공화국, 민주공화주의를 천명한 것도 그와 같은 한민족의 자주적인 민족국가 건설에 대한 지향과 한민족 개개인의 평등한 자유와 주권에 대한 소망을 결집한 것

---

[4] 김취정. 1946. 1. "민족반역자 진단." 『대조』 1-1, 136.
[5] 전상숙(2010), 437.

이었다.6)

그러므로 한민족에게 해방은 비록 이념적으로 구체화된 것은 아니었다는 의미에서 막연했다고 할 수는 있어도 대한민국임시정부로 정립된 '민주공화국'을 '대한민국'으로 건설하는 것이어야 하였다. 또한 동시에 자주적인 근대 민족국가로 대한민국을 건설하기 위한 이념체계를, 민족의식을 토대로 3·1운동과 대한민국임시정부의 수립으로 발현되었던 민족주의의 이념체계로 정립하고 공고히 해야 하는 것이었다.

그런데, 해방의 현실은 달랐다.

> "해방은 일제의 철수를 가져왔으나 38선 분할점령이라는 우리민족 사상 稀有의 國難을 주고있다. … 세계 최강의 양대국 군대가 우리 국토의 人民을 半分하야 占居하고 各自의 主觀的 政策을 實施 … 우리 앞에 닥쳐오고있는 前古未有의 困難을 우리 사회는 이를 輕視하랴하지도 않고 따라서 적극적인 극복의 열의도 없는것 같아보임은 참으로 한심한 일이다."7)

한탄이 저절로 나오는 지경이었다.

주어진 민족의 해방은 일본 제국주의의 철수를 가져왔다. 그러나 38선을 중심으로 한반도가 자유민주주의 국가 미국과 공산주의 국가 소련이 분할하여 점령하는 민족 역사상 초유의 사태에 직면하게 하였다. 해방된 민족의 독립 국가가 수립되어야 할 한반도가 상호 대척점에 있는 정치이념을 가진 강대국들에 의해서 분할점령되어서 각 지역에서 각기 다른 양

---

6) 강만길. 1982. "독립운동과정의 민족국가건설론." 강만길, 송건호 편.『한국민족주의론 I』. 서울: 창작과비평사, 102-107; 전상숙(2017), 4장 2절 참조.
7) 安東赫. 1948. 3. "민족의 흥망과 공업."『개벽』10-2, 41-42.

국의 정치이념을 구현하기 위한 정책이 시행되었다. 미·소 양국은 제2차 세계대전의 종전으로 현재화될 수밖에 없는 상황에 처한 자유주의와 공산주의의 대립을 한반도의 분할점령 지역을 통해서 자국에 유리한 방향으로 이끌어가고자 하였다.

그런데 위의 인용문에서 드러나는 것처럼 한민족은 해방을 독립 민족국가 건설의 시작으로 맞이하였다. 한국인들은 그러한 민족적 분단상태를 한탄하고 두려워하였다. 그런데도 민족적 분단과 이로 인한 혼란을 적극적으로 극복하려는 열의가 없는 것 같아 보였다. 걱정하지 않을 수 없는 지경이었다. 독립 민주공화국 건설과 민주공화주의를 선언하고 염원했지만 분출된 민족담론에서 보이는 바와 같이 각 정치·사회세력들은 자신들의 주장과 입장만 논하고 주장하였다. 다양하게 분출되고 있던 논의와 입장을 실질적으로 통합하기 위한 실천적인 모색은 부족하였다.

비록 막연하게나마 민주공화주의라고 하는 민족주의의 기본 프레임이 설정되어 있었지만 이념적으로 대립하는 두 강대국에 의한 분할점령과 군정의 실시는, 식민지시기 민족운동에서 균열된 이념적 갈등이 해방정국의 정치적 역학관계와 맞물리는 작용을 하였다. 정치이념적 균열이 현저해지는 결과를 가져왔다. 그리하여 식민지시기 민족운동과정에서 균열된 이념적 갈등이 해방정국에서 한국 근대 민족주의가 지향하는 민주공화주의의 내용이 민족담론을 통해서 공론화되고 통합됨으로써 민족적 분단을 극복하고 통일 민족국가를 건설하기 위한 노력으로 집중되어서 해소되지 못하였다. 역으로 한반도를 분할 점령한 두 강대국의 정치 이념과 맞닿으며 민족분단의 구조화와 접합되어갔다.

"寒暖兩流가 합치는 곳엔 물고기가 많다 한다. 꼭 마찬가지로 세계의 二大思潮가 부드치는 朝鮮엔 바야흐로 많은 思想의 물고기가 꿈틀거리고 있다. … 가지각색의 물고기가 조선민족의 관념 속에서 헤엄… 어느때인들 우리 겨레가 자유를 마다하였으리오만 擧族的으로 自由를 부르짖기 오늘날보다 深刻한 때는 없었다. 더욱이 인제는 民族의 自由가 아득하나마 바라다 보히는 곳에 있지 않은가. 그래서 難破船이 섬을 바라본 것처럼 보다들 興奮하고 있는 것이다."[8]

찬물과 따뜻한 물이 만나는 곳에 물고기가 많듯이 국제적인 냉전을 가져온 상호 대척적인 두 이념이 대치하고 있는 한반도에는 다양한 민족담론만큼이나 다양한 사상적 흐름이 혼재하였다.

그러므로 38선 이북의 공산주의 소련군사정부와 38선 이남의 자유민주주의 미국군사정부, 그 점령 아래서 민족의 독립을 외치는 38선 이북의 자유민주주의세력과 공산주의세력, 그리고 38선 이남의 공산주의세력과 자유민주주의세력, 이들은 모두 독립 민족국가의 수립을 주창했지만 그 내용은 제각각이었다. 같은 자유민주주의세력이라고 하더라도 38선 이북과 이남에서 처한 상황과 처지에 따라서 민족의 자유와 독립을 주창하는 내용이 같지 않았다. 같은 공산주의세력이라고 하더라도 38선 이북과 이남에서 독립국가 건설을 주창하는 내용이 같지 않았다.

해방정국은 민족의 자유와 주권을 확립할 수 있는 고지를 코앞에 두고 있는 상태였다. 그러니 38선을 경계로 한 미·소 군정 치하에서 민족운동세력들은 물론이고 모든 한국인들이 도달해야 할 고지를 눈앞에 두고 대한민국임시정부를 수립했던 것과 같이 통합된 민족주의를 발휘했어야 했다. 그렇지만 인구수보다도 많다고 할 정도로 분출된 정당·사회단체 조

---

8) 金東錫. 1946. 8. "민족의 자유." 『신천지』 1-7, 40.

직과 다양한 민족담론은, 해방정국에서 각자의 입장과 정치적 역학관계에 따라서 각기 다른 주장과 내용을 역설하며 다양한 이념적 스펙트럼을 형성하였다.

물론 그와 같은 해방 정국에서도 한반도를 거점으로 살아온 역사적인 종족 문화공동체로 실존해온 한민족은 모두 민족 자주 독립국가를 건설하여 완전한 독립을 이루는 것이 급선무라는 것은 분명히 알고 있었다.9) 그것은 분출된 민족담론 속에서 민족주의 이념체계를 정립하여 독립 민족국가를 구축하기 위한 노력으로 나름 경주되고 있었다. 이는 해방정국기에 분출된 민족담론 속에 내재되어 있는 한국 민족주의의 지향을 분석하여 정리해 보면 잘 나타난다.

무엇보다도 한국 민족주의의 지향은 새롭게 건설할 민족 자주 독립국가가 38선의 경계가 없는 결단코 통일된 국가이어야 한다는 것을 분명히 하고 있었다. 민족 통일국가 건설에 대한 지향은 의심의 여지가 없는 당연한 것이었다.10) 앞에서 본 바와 같이, 민족 '해방'의 의미를 완성하는 것은

---

9) 안재홍. 1946. 1. "내외정세와 건국전망."『대조』1-1, 8; 嚴雨龍. 1946. 1. "신민족주의와 신민주주의."『개벽』8-1, 54; 憂國樵夫. 1946. 4. "자주독립에 備할 기본국책으로 본 '민족통일'의 가능성: 국민건의 제2호."『개벽』8-1, 80; 백남운. 1946.『조선민족의 진로』, 25.
10) 박헌영. 1945. 12 "민족통일정부를."『백민』1-1; 안재홍(1946. 1); 朴宇天. 1946. 4. "전민일체론: 우리의 민족이념과 계급문제 管見."『개벽』8-2; 박치우. 1946. 6. "민족문화건설과 세계관."『신천지』1-5; 김삼규. "민족통일론."『동아일보』(1946. 7. 18); 崔垣烈. 1948. 1. "세계약소민족과 조선."『개벽』10-1; 이갑섭. 1948. 2. "UN조선위원단에 부치는 말! 민족자결을 보장하라."『신천지』3-2; 오기영. 1948. 4·5. "민족위기의 배경: 冷靜戰爭에 희생되는 조선독립."『신천지』2-4·5; 김구. 1948. 5. "조국흥망의 關頭에 임하야: 남하한 이북동포에게 畣함."『개벽』10-3; 이극노. 1948. 5. "조선민족성과 민주정치."『개벽』10-3; 안재홍. 1948. 7. "민정장관을 사임하고: 기로에 선 조선민족."『신천지』3-6; 壽光. 1948. 8. "(卷頭言) 民族自彊一路로."『개벽』10-4; 이윤영. 1948. 8. "남북통일의 당면과제."『대조』3-3; 이범석. 1948. 8. "대한민국과 건국."『대조』3-3; "민족통

통일 민족독립 국가를 건설하는 것이었다. 그것이 완전한 민족의 독립을 이루는 것이라는 사실은 분명했다. 그것이 바로 임시정부로 수립된 대한민국을 명실공히 독립 민족국가의 대한민국으로 확립하는 것이었다. 이는 또한 대한민국임시정부의 수립을 가능하게 한 근대 한국 민족주의를 완성하는 것이었다. 통일 민족국가 건설을 통해서 민족주의 이념체계 또한 정립될 것이었다.

그러므로 해방정국기 민족담론에 내재된 한국 민족주의 지향의 두 번째는 '민주공화국'의 건설이었다. 한반도의 전 민족이 완전하게 통일된 민족국가를 건설하여 식민지시기에 대한민국임시정부를 통해서 선언된 '민주공화국'을 건설해야 한다는 데 대한 공감대가 이루어져 있었다. 해방정국에서 분출한 민족담론과 그 속에서 외쳐진 '자유'에 대한 열망은 바로 그러한 지향을 제각각의 방식으로 표출한 것이었다.

김동석은 "擧族的으로 自由를 부르짖기 오늘날보다 深刻한 때는 없었다"고 하였다. 해방정국에서 한국인들은 한 번도 가져본 적이 없었던 '자유',[11] 식민지 항일 민족운동을 통해서 민주공화국으로 정립된 근대 민족국가의 평등한 인민주권의식에 입각한 '자유'를[12] 외치고 향유하고자 하

일의 지표." 『동아일보』(1948. 10. 9) 사설; "민족진영의 단결." 『동아일보』(1928. 12. 28) 사설; "사상과 민족." 『경향신문』(1949. 8. 1) 사설; "민족진영의 단결." 『동아일보』(1948. 12. 28) 사설; 김삼규. 1948. 12. "남북통일에 대한 전망." 『대조』 3-4; 남국희. 1949. 3. "남북통일을 지향하는 민족과업." 『백민』 5-2; "민족정기 일층발휘: 국치기념일을 거울삼아." 『경향신문』(1949. 8. 29) 사설; "통일과 실천성: 문화인권을 옹호하라." 『동아일보』(1950. 1. 1) 사설.

11) 오기영. "민족의 지향을 찾자." 『경향신문』(1947. 1. 1).
12) 오기영. "민족의 지향을 찾자." 『경향신문』(1947. 1. 1); 김삼규. "민족사회주의 서곡 (1)." 『동아일보』(1947. 3. 7); 김삼규. "민족사회주의 서곡 (4)." 『동아일보』(1947. 3. 12); 이인영. 1948. 10. "우리 민족사의 성격." 『학풍』 1-1.

였다. "인민의 자유"는 해방 정국에서 분출된 민족담론의 핵심이자 민족적인 "지향"이었다. 인민의 자유에 대한 요구는 병합 이전 신분제사회와 병합 이후 식민지시기를 통해서 가져보지 못했던 그러나 근대화의 흐름 속에서 각성되어 성장한 민족의식 속에 내재된 것이었다. 식민지 지배체제의 타도와 변혁을 요구하는 민족 독립국가 건설의 지향 속에서 한국인들의 뇌리에 민권의식과 함께 자리하며 당연히 누려야 할 권리이자 획득해야 할 권리로서 내재된 것이었다.

그러한 자유에 대한 주장은, 다른 한편으로는 독립 민족국가를 수립하는데 필수적인 대외적인 민족의 자결을 대내적인 민주공화주의 정부/국가 형태를 통해서 이루어야 한다는 염원과 기대를 역설하는 것이었다.[13]

> "국제연합총회에서 채택된 조선문제에 대한 결의안에 의하면 ... 이 결의안에 있어 특히 명료해진 것은 조선인 대표자의 참가없이는 조선 국민의 자유와 독립은 공명정대히 해결될 수 없다는 점으로서 ...
> 그렇기 때문에 우리는 이 경우에 있어 U.N.조선위원단의 임무는 어데까지 민족자결주의를 보장하는데 있다고 한마디로써 표현할 수 있는 것이다. ... 적어도 외국의 간섭이 없이 순전히 그 民族의 總意에 의하여 정치문제를 처리하는 것이라는데는 아무런 이의도 없을 것이오 ... 순전히 우리 민족 자신의 자유의사에 의하야 "조선국민의 자유와 독립의 긴급달성에 관하야 협의할 수 있는 대표자"를 선출하는 것이

---

13) 안재홍(1946. 1); 김동석(1946. 8); 김용준. 1947. 1. "민족문화문제."『신천지』 2-1; 김병덕. 1947. 1. "민족문화건설의 방도."『신천지』 2-1; "민족진영의 적극성."『동아일보』 (1947. 6. 15). 사설; 김오성. 1947. 8. "민주개혁과 남북통일."『개벽』 9-1; 崔垣烈(1948. 1); 이갑섭(1948. 2); 白熊. 1948. 4. "민주주의와 민족적 냉정."『민주조선』 2-3; 오기영 (1948. 4·5); 이극노(1948. 5); 안민세. 1949. 8. "신민족주의와 과학성과 통일독립의 과업."『신천지』 4-7; 김광섭. 1949. 11. "조국재건과 3대주의해설: 일민주의 소론."『민성』 5-11; 김두헌. 1950. 2. "민족과 국가: 민족적 도의국가론 서설."『학풍』 3-2.

아니면 안될 것이다. …

　대내적으로 국민의 자유로운 의사의 표시에 대한 國民總意로써 樹立되는 政府가 아니면 이런 정부는 국민의 지지를 받을수도 없는 것이오 따라서 국가의 번영과 민족의 행복을 기대할 수도 없는 것이다. 우리는 民主主義가 각개인의 자유의사표시가 가능한 민주주의가 오늘의 조선을 건설하는 일인 것을 이저서는 안될 것이다."[14]

한국인들은 국제연합총회에서 조선문제에 대한 결의안을 채택할 때도 '조선국민'의 의사가 가장 중요하다는 사실을 적시하였다. 국내에서 실제로 조선문제를 해결할 때도 한국인의 '민족자결주의'를 보장하는 것이 가장 중요하다고 하였다. 내 손으로 내 의사를 대변할 수 있는 대표의 선출을 역설하였다. "순전히 우리 민족 자신의 자유의사에 의하야 조선국민의 자유와 독립의 긴급달성에 관하야 협의할 수 있는" 민족 대표의 선출을 요구하였다. 한민족이 정당한 독립 민족국가를 수립하려면 '대내적인 대표성'을 갖는 정부가 수립되어야 하고 이것이 바로 대외적인 주권의 독립을 뒷받침하는 민족자결을 완성하는 것이라는 의미였다. 이 과정에서 미·소 군정이 대변하는 것이 아니라 한민족 개개인이 자유의사를 표현하는 민주주의 또한 이루어질 것이고, 그러한 민주주의 국가를 건설하는 것이 해방정국에서 당면한 과제라는 것이었다. 명실 공히 민주공화주의의 민족주의를 완성하는 민주공화국을 건설해야 한다고 역설하였다.

해방정국기 민족담론에 내재된 한국 민족주의의 지향 세 번째는, 무엇보다도 혼란한 해방정국을 수습해야 한다는 것이었다. 민족이 통일하기 위한 선결 과제는 "민족적기강문제"가 확립되어야 한다는 것이었다. 그리

---

14) 이갑섭(1948. 2), 39-41.

고 민족적기강문제의 확립은 친일파청산으로부터 시작되어야 한다고 하였다. 친일파청산에 대한 요구는 국민적 공감대를 이루고 있었다.15)

> "親日派民族反逆者의 規定問題가 民族的綱紀問題로 上程되는 理由는 過去現在를通하야 全民族에게 끼처노흔그들의 罪惡이 特히光復前夜의 이緊迫한時機에잇서서 民族統一을攪亂하고 大業의進?을 妨害遲延식힌다는一點에잇다 따라서 이親日派民族反逆者의嚴正한處斷이업시는 明朗한、健全한建設이 잇슬수업다는것이 全人民의主張이오決意인 것이다"16)

친일민족반역자들은 식민지시기는 물론이고 해방을 맞은 시점에서도 그들이 전 민족에게 끼친 폐해가 크기 때문에 그들의 존재 자체가 전 민족의 통합과 통일 민족국가를 수립하는데 민족적 균열의 요인이 된다는 것이었다. 그러니 친일민족반역자 문제를 엄정하게 판결하여 해결하는 것이 전 민족이 통합을 이루고 통일 민족국가를 수립하는 큰 일을 성사시키는 선결과제가 된다고 하였다. 해방정국기의 민족담론에는 이러한 친일문제에 대한 인식과 해결 의지가 분명하게 내재되어 있었다.

식민지시기 친일의 문제는 피억압 당하고 있는 민족에게 같은 민족의 일원이 억압자의 편에서 억압자의 시정을 집행하는 민족적 반역 행위였다. 반민족적인 민족 배반행위였다. 그러므로 식민지 지배체제가 종식된 상황에서 친일반민족 행위는 분명히 밝혀서 그에 대한 민족적 대가와 사죄를 통해서 용서와 화해를 이루어 민족통합으로 나아가야 할 것이었다.

---

15) 사설 "민족적기강숙청."『동아일보』(1945. 12. 9); 金翠汀. 1946. 1. "민족반역자진단."『대조』1-1; 김오성(1947. 8); 이광의. 1948. 12. "反民法의 波紋: 民族正氣 살아있다."『개벽』10-5; 사설 "민족기강의 확립과 신중."『동아일보』(1949. 1. 13).
16) 사설 "한민족의 독자성."『동아일보』(1945. 12. 8).

해방정국기 민족담론에 내재된 한국 민족주의 지향은 자의가 아닌 타의에 의해서 38선을 경계로 분열된 민족을 하나의 민족으로 통합하기 위한 민족정체성의 확립이었다. 자주적인 독립국가를 건설하기 위해서는 민족의식 곧 '우리'라고 하는 민족적 정체성을 확립해야 할 필요가 있다는 것이었다. 정치이념적인 분열을 극복하고 하나로 통합된 '우리'라고 하는 민족적 정체성을 정립하는 민족주의의 필요를 분명하게 의식하고 있었던 것이다. 한국인들은 일본 제국주의의 병참이 가시화되면서 본격적으로 근대적인 민족의식을 각성하기 시작했지만 식민지의 경험은 한국인의 한반도를 근거지로 생활해온 역사와 문화공동체로서의 '우리'의식을 더욱 강렬하게 하였다.

그러나 주지하듯이 '우리'라고 하는 민족 공동체를 이념적으로 공고히 뒷받침할 수 있는 통합된 민족주의 이념체계는 채 구축되어 있지 않았다. 민족주의 이념체계를 구축하는데 기초가 될 한민족의 역사나 문화공동체의 특성 등이 체계적으로 정립되어 막연히 '우리'로 인식되는 한민족의 정체성을 하나로 묶어낼 수 있게 정립되어 있었다고 하기 어려운 상황이었다. 미·소의 분할 점령과 그에 따른 자유주의와 공산주의 정치이념에 따라서 한국 민족주의 또한 각기 다른 방향으로 전개되고 있었다.

그러므로 "결단코 통일된 국가" 완전독립을 이루기 위한 대한민국 건설의 지향은 민족적 통일을 위한 '민족 문화'에 대한 논의를 수반하였다.[17]

---

17) 김삼규. "민족통일론."『동아일보』(1946. 7), 17-19; 김남천. 1946. 8. "해방후 문화운동의 방향: 민족문화건설의 태도정비."『신천지』1-7; 이병도. 1946. 9. "조선민족의 단일성."『신천지』1-8; 신남철. "민주문화와 민족문화."『경향신문』(1946. 10. 17); 손진태. "조선민족사의 진로."『경향신문』(1946. 10. 17); 김용준(1947. 1); 사설 "민족문학의 수립."『동아일보』(1947. 2. 10); 김동주. 1947. 6. "단일민족주의국가와 다민족주의국가."『신천지』2-5; 김기석. 1947. 8. "민족문화의 구조와 세계문화."『개벽』9-1; 박종화.

"民族意識의 고양을 위하여 민족문화의 문제를 운위한다는 것은 … 결과에 있어서는 현명한 일이다. 왜냐하면 民族文化라는 것을 떠나서 민족의식이 생겨질 수 없으니 민족의식이 없는 곳에서는 민족은 있어도 없는 것이나 다름이 없는 것이기 때문이다. …

… 따라서 문화공동체와 민족과의 우리가 우에서 누차 지적해온 불가분적 관계에 想到한다면 이같은 상태를 그대로 남겨준채로 참된 의미의 民族의 統一을 바란다는 것은 이론적으로만이 아니라 현실적으로도 기대하기가 대단히 곤란한 그 의미에서 거의 불가능한 일이라"[18]

민족담론에 내재한 민족문화에 대한 인식은 기본적으로 해방정국이 열강의 정치이념 대결의 장이 되었다는 문제의식에 입각하고 있었다. 대내외적으로 민족자결을 완성하는 독립 민족국가를 건설하자면 무엇보다도 '우리'라고 하는 한민족으로서의 민족의식을 고양해야 한다는 문제의식에 입각하고 있었다. 그 문제의식은 민족의식 없이는 민족도 없으니 민족독립의 의미와 독립된 민족의 국가를 건설하기 위해서는 열강의 정치이념에 의거한 정치적 역학에 휘둘리지 않을 수 있는 민족의식을 고양해야 한다는 것이었다. 이것이 약소민족에게 절실한 필수 요건이라는 것이었다.

한반도를 통해서 생존해온 한민족 공통의 민족사를 밝혀서 정리하고 그것을 토대로 하여 민족적 정체성을 공고히 하는 동시에 생존한 민족에 대한 자긍심을 고취할 수 있는 민족문화로 정리해 내야 한다는 것이었다.

1948. 4. "민족적 긍지를 고양하라." 『백민』 4-3; 김동리. 1948. 8. "민족문학론." 『대조』 3-3; 문화계 諸씨. 1949. 1. "1949년도 민족문화운동의 새로운 구상." 『백민』 5-1; 김광섭. 1949. 3. "민족주의정신과 문화인의 건국운동." 『백민』 5-2; "민족정신의 이념과 그 앙양방법론(간담회)." 『민족문화』 1-1. 1949. 9; "통일과 실천성." 『동아일보』(1950. 1. 1). 사설.
18) 박치우(1946. 6), 6-10.

민족문화는 민족적 정체성을 공고히 하고 식민지시기를 살아낸 민족에 대한 자긍심을 고취하기 위한 것이었다. 그러한 민족문화의 정립을 통해서 민족적 정체성과 민족문화가 더욱 공고히 양성되어 가는 선순환하는 민족 역사의 체계화와 정립을 지향하였다.

그와 같은 민족문화에 대한 논의는, 에쓰닉 공동체에 근거하여 민족적 균열 이전 곧 식민지화 이전의 공동체 역사 속에서 찾아낼 수 있는 요소를 포괄적인 의미의 '문화'라는 이름으로 찾아내서 민족주의로 '재구성'하고 '창조'하여 민족적 정체성을 구축해야 한다는 것이었다. 그러므로 에쓰닉 공동체의 공동의 역사와 혈연적·문화적 공동체를 전제로 하는 '민족단일체', '통일체'로서의 '우리'의식이 역설되었다.19) 이와 함께 '우리'의식에 토대를 두고 한반도에서 실재했던 '우리' 국가를 의미하는 '조국(祖國)'이라는 용어가 그 어느 때보다 강조되고 사용되었다.20)

이와 같이, 해방을 맞아 분출된 민족담론은, 식민지시기 대한민국임시정부의 수립을 통해서 정립된 민주공화국이라고 하는 근대적인 독립 민족국가의 상을 구현하기 위한 한국 민족주의 이념체계를 구축하고자 모색한 출발점이자 과정으로서 중요한 의미를 갖는다. 그것은 민족주의 이념이 근대 세계를 구성하는 인류의 근본 사상이라는 것을 분명하게 인식한 것이었다.21) 그리하여 한민족이 주체가 되어 염원하던 독립 민족국가 건설

---

19) 사설 "한민족의 독자성."『동아일보』(1945. 12. 8); 이병도(1946. 9).
20) 사설 "一柱를 일타! 민족의 금일 一哭."『동아일보』(1945. 12. 31); 함상훈. "민족적 위기의 際하야 (하)."『동아일보』(1947. 6. 24); 오기영(1948. 4·5); 김구(1948. 5); 안재홍(1948. 7); 이범석(1948. 8); 사설 "민족통일의 지표."『동아일보』(1948. 10. 9); 김광섭(1949. 3); 사설 "사상과 민족."『경향신문』(1949. 8. 1); 사설 "민족정기 일층발휘: 국치기념일을 거울삼아."『경향신문』(1949. 8. 29).
21) 김용준(1947. 1).

의 의미를 공고히 하고 민주공화주의 민족주의의 이념체계를 구축하는 한 민족의 민족적 정체성과 세계관을 체계적으로 정립함으로써 대내외적으로 민족자결을 이루는 통일 민족국가의 건설을 완수하려는 것이었다.

"민족이념을 구명하는 것이 곧 우리의 국가문제 정치문제 내지 문화문제를 규정짓는 기반이 될 것"22)

이라고 여겼던 것이다. 이는 앞에서 언급한 바와 같이 식민지시기 이래 끊임없이 경주해온 민족자결주의를 대내외적으로 완결하여 민족국가를 수립하는 것이었다. 그것이

"정당한 역사관 정당한 세계관에 입각하여 우리 민족의 지향할 바를 엄숙히 생각할 필요"23)

였다. 다시 말해서 해방을 맞이했지만 식민지민족운동을 통해서 지속적으로 추구해온 실질적인 민족의 해방은 아직 현재화되지 않았다. 또한 해방정국에서 민족국가를 건설하지 않으면 열강이 한반도를 정치이념적으로 분할 점령한 결과가 어떻게 전개될지 알 수 없는 상태였으므로 통일 민족국가 건설의 기회를 놓칠 수는 없었다.

그런데 한국의 민족주의는 아직 그 이념체계가 정립되어 있지 않았다.

"조선의 민족주의는 한 개의 주의로서 무엇보다도 이론이 빈곤하다고 말하지 않을 수 없다. 이론이 빈곤한 때문에, 그것에는 따라서 條理

---

22) 박우천(1946. 4).
23) 오기영. "민족의 지향을 찾자." 『경향신문』(1947. 1. 1).

찬 일정의 이상체계가 서 있지 못하다. … 조선의 현실 민족주의는 現 수까지 아직 일정한 사상체계를 명시하지 못한 것"[24]

특히 해방정국에서 보인 민족주의 운동세력의 혼돈상은 통일 민족국가를 수립해야 한다고 생각하는 한국인이라면 누구나 민족주의 이념체계의 정립을 더욱 긴요한 과제로 인식하지 않을 수 없게 하였다. 그리하여 "민족진영의 정치적 이념확립과 독립정신의 재인식", "민족진영의 '이데올로기'의 확립"이 정치적 사회적 "급선무"로 제기되고 또 회자되었다.[25]

그런데도 민족주의 운동세력은 "덮어 놓고 뭉치자"고만 할 뿐이었다. 어찌되었든지 나름의 이념체계를 갖추고 항일민족해방운동의 한 축을 이뤄온 공산주의 민족운동세력과 대조적이었다.[26] 그도 그럴 것이, 앞장에서 보았듯이, 비타협적 민족주의 운동세력을 제외한 타협적 민족주의세력은 해방정국의 민족담론과는 다른 의미에서 민족문화의 건설을 역설하며 일본 제국주의에 적극적으로 저항하지 않음으로써 결과적으로 피식민지 민족의 편에 서지 않는 타협적인 태도를 취하였다. 그러니 민족의 단결이 무엇보다 긴요했던 해방정국에서 당위적으로 민족의 단결을 주창하기는 하지만 스스로 민족단결을 주창하는 정당성도 근거도 빈약하였다.

때문에 식민지시기의 민족주의 우파세력은 반탁투쟁에 대거 참여하여 애국을 자처하고 친탁으로 돌아선 공산주의세력을 매국노로 몰아붙이면서 반공·반소련운동을 펼쳐서 미군정 하의 해방정국에서 정치·사회적인 입지를 구축하고자 하였다. 또한 자신들의 식민지시기 민족운동의 문제를

---

24) 최재희. 1948. 5. "민족주의의 비판." 『민성』 4-5, 12.
25) 사설 "민족진영의 이론을 확립하라." 『경향신문』(1947. 12. 11).
26) 최재희(1948. 5).

상쇄하기 위하여 김구의 중경 임시정부를 추대하였다. 식민지시기 일본 제국주의와의 타협적인 행태를 대한민국임시정부의 민족적·역사적 정통성을 통해서 탈색하고자 하였다. 민족주의세력의 임시정부 추대는 중경 임시정부의 추대를 강력하게 주장하는 김구가 민족자주정신의 발로로 임했던 반탁투쟁과 맞닿아 김구의 해방정국 상황 파악의 오류로 연계되어서 한때 양 자가 함께 하는 결과를 낳기도 하였다.27)

해방정국은, 여운형과 김규식을 중심으로 전개되었던 좌우합작운동과 같이, 외국의 힘에 주체적으로 대응하여 주변 강대국의 협조를 받으면서도 좌와 우, 남과 북이 합작하거나 민족통일전선을 형성하여 프롤레타리아 독재도 독점 자본의 독재도 반대하고 한민족 민중이 중심이 되는 한민족이 중심이 된 민족의 통일과 진보적 경제정책을 통한 민족경제의 건설이 필요한 때였다.28) 또한 백남운이 분명하게 지적했듯이 민족국가를 건설하기 위해서는 식민지시기 민족해방운동에서 가졌던 공산주의세력과 민족주의세력의 역사적 동맹관계를 상기하여 재현·확장하여서 '민주공화국'의 이상을 연합성 민주주의의 내용으로 실현하는 노력이 필요한 때였다.29)

그렇지만 주어진 해방정국에서 한민족의 민족국가 건설을 위한 노력은 외국의 힘에 주체적으로 대응하며 강대국의 협조를 받는 것이 되지 못하였다. 한반도를 분할점령하고 있는 강대국과의 정치이념적 친화성에 기초한 협조와 후원을 통하여 강대국의 힘에 편승하여 국가건설의 주도권을 장악하는 방향으로 전개되었다. 그리하여 1948년 대한민국 정부가 수립

---

27) 서중석. 1991. 『한국현대민족운동연구』. 서울: 역사비평사, 302-531.
28) 서중석. 2000. 『남북 협상 김규식의 길, 김구의 길』. 서울: 한울, 13.
29) 서중석(1991), 367-373.

되어서 민주공화국이라고 하는 대한민국임시정부 수립 이래 한민족 독립국가의 이상형이 구현되었지만 그 민족주의 이념체계는 한반도 전체를 대상으로 한 것이 되지 못하였다. 38선을 경계로 하여 민족이 정치이념적으로 분단된 분단체제 속에서 38선 이남과 이북에서 공히 자유주의적 민주공화국과 공산주의적 민주공화국이라는 서로 다른 민주공화국을 주창하는 것으로 귀결되었다.

개국 이후 모색된 한국 근대 민족국가 체제를 수립하기 위한 민족주의 이념의 기본 프레임으로 정립된 민주공화주의 이념에 형성된 균열은, '냉정전쟁(冷靜戰爭)'을[30] 거치면서 정치적으로 분열되어 대한민국과 북조선인민공화국이라는 두 공화국체제의 민주공화주의 민족주의 이념체계로 각각 정립되었다. 결과적으로 한국 근대 민족주의는, 일본 제국주의 식민지사회의 민족독립을 위한 정치운동과 주어진 해방 정국의 국제적 냉전체제의 구조화와 대내외적으로 결부되어서, 전 민족적인 민족주의 이념체계를 구축하지 못한 채 분단체제 아래서 정치이데올로기화 되고 말았다.

국제적 냉전체제와 결부된 분단체제의 자유주의적 민주공화주의와 공산주의적 민주공화주의라고 하는 한국 근대 민족주의의 이분화는 한국 민족주의가 전민족적인 통합의 이념으로 체계화되지 못하고 정치적으로 부유하는 정치이데올로기화 되게 하였다. 남과 북에서 공히 주창된 한민족의 민족주의는, 자유민주주의와 공산주의라고 하는 근대 시기를 통해서 상호 대척적인 정치이념으로 구축된 이념의 본질적인 특성보다도, 현실 정치의 미국식 자유민주주의와 구소련식 공산주의, 그리고 그와 직접적인 이해관계 속에서 구축된 38선 이남 대한민국의 자유민주주의 민주공화국

---

30) 오기영(1948. 4·5).

과 38선 이북 북조선민주주의인민공화국의 대내외적인 정치적 역학관계에 따라서 그 내용이 변화되는 조작적인 정치이념이 되었다.

그리하여 정권의 변화에 따라서 한국 민족주의를 표현하는 수식어가 바뀌고 그 수식어에 민족문제 다시 말해서 분단체제에 대한 문제의식으로부터 민족 통일에 대한 입장에 이르기까지 정치적인 관점의 차이가 반영되었다. 이것이 한국 민족주의 이념체계가 미정립된 현실이다. 또한 해방에도 불구하고 '민족문제'가 여전히 한민족에게 해결되지 않은 문제로 남아있다는 사실을 여실히 보여주는 증거이기도 하다. 어떠한 방식으로든지 민족문제의 해결을 통해서 민족주의 이념체계를 구축해야 할 필요가 있다는 의미라고도 할 수 있다. 그 연후에, 그 토대 위에서 탈근대와 탈민족주의를 어떤 조건이나 제한 없이 자유롭게 논하게 될 수 있을 것이다.

제 3 장

분단체제와 한국 민족주의

　스스로 독립하지 못한 한국인들은, 예기치 못한 시기에 갑작스럽게 맞은 해방에 당황하여 미·소 양 군정이 실시된 해방공간의 국제정치적 현실을 실제적으로 파악하지 못하였다.[1] 오히려 해방에 도취되어 다양한 민족담론을 분출하며 갑론을박하였다. 식민지시기에 신간회와 같은 민족통일전선단체를 결성했었음에도 불구하고 민족과 독립 및 독립 민족국가 건설 지향 등에 대한 이념적 갈등과 분화가 조정되어 정립되지 못했던 상황이 그대로 해방정국에서도 재현되었다. 독립 민족국가를 건설하기 위한 방안을 전 민족적인 차원에서 모색하며 의견의 일치를 보기 위한 노력이 절실했지만[2] 실질적으로 실현되지는 못하였다.

　여기에는 연합군으로 함께 하기는 했지만 러시아혁명 이래 구조화되기 시작한 미국과 소련을 중심으로 한 국제적인 냉전의 기본 구조가 한반도에서 현재화된 해방의 상황이 큰 영향을 미쳤다. 38선을 경계로 한 미·소 양국 군정의 실시는 일체화된 체계나 중심세력을 갖지 못했던 한국사회가

---

1) 嚴雨龍. 1946. 1. "신민족주의와 신민주주의." 『개벽』 8-1.
2) 憂國樵夫. 1946. 4. "자주독립에 備할 기본국책으로 본 '민족통일'의 가능성: 국민건의 제2호." 『개벽』 8-1, 80.

다양한 민족담론을 쏟아내며 역설했던 해방의 의미를 실현하는데 현실적, 정치적으로 작용하였다. 한국인들은 정치 이념과 정치적인 입장의 차이를 불문하고 통일된 독립 민족국가를 건설해야 한다고 주장하였다. 그러나 미국과 소련의 분할점령은 한민족의 독립국가 건설이 대한민국임시정부로 결집되었던 해방의 의미를 실현하는 방향으로 전개되도록 보고만 있지 않았다.

잘 알려진 바와 같이, 갑자기 일본천황의 항복 선언과 직면하게 된 일본제국주의 지배체제[遠藤柳作 정무총감]가 한국인 지도세력에게 요청한 일본인의 한반도 철수를 위한 치안질서 유지를 맡게 된 것은 건국준비위원회였다. 그러나 1945년 9월 8일 한국인들이 환호하며 해방군으로 맞이한 미군은 한국 측 대표로 마중 나간 건국준비위원회 대표들을 거부하였다.[3] 건국준비위원회 대표들에 대신하여 미군은 패전국 일본 경찰의 경비를 받으며 일본인 조선군 부참모장의 출영 인사를 받고 한반도 이남에 진주하였다.[4] 이때 환영 나간 한국인 한명이 일본 경찰의 탄환에 맞아 사망하는 불상사까지 있었다.[5]

미군은 한반도에 주둔하기 전에 세계전쟁의 적국이자 패전국인 일본으로부터 해방된 피압박 민족 한국인과 한반도에 관한 정보를 얻었다. 전승국 미국의 군대가 패전국 일본으로부터 얻은 정보는 한반도 북측을 점령할 공산주의 구소련국가에 대하여 대비하는 의미를 갖는 것이었다. 여기서부터 이미 국제적인 냉전은 한반도에서 구조화되기 시작했다고 할 수

---

3) 리차드 로빈슨·정미옥 역. 1988.『미국의배반』. 서울: 과학과사상, 27.
4) 송남헌. 1985.『해방3년사 I』. 서울: 까치, 91-92.
5) United States Armed Forces in Korea. 1988. *Chuhan Migunsa: History of the United States Army Forces in Korea(HUSAFIK)*. Vol. I, Chap. 4. 서울: 돌베개, 6.

있을 것이다. 일본이 미국에 제공한 정보의 핵심은 한반도가 공산주의자들로 가득하다는 것이었다.[6] 반공주의자로 잘 알려진 하지장군이 이끄는 미군은 한국을 "미국의 적이며 따라서 적국에 취하는 관례에 따라 모든 것을 수행"한다는 방침을[7] 갖고 점령군으로서 한반도에 입성하였다. 미군의 한국에 대한 기본적인 입장은 공산주의 소련과 국경을 접하고 있는 한반도가 식민지시기 민족운동을 통해서 공산주의가 득세하고 있다는 것이었다. 그에 따라서 미군정의 대한정책은 한반도가 공산주의의 영향권에 들어가는 것을 경계하여 "공산주의에 대한 방벽을 형성"하는[8] 것이었다.

일본군의 항복을 정식으로 접수하고 군정청 조직을 결성한 미군은 "군정청은 "인민의, 인민을 위한, 인민에 의한" 민주주의 정부를 건설할 때까지 38도선 이남의 한국지역을 통치, 지도, 지배하는 연합군 총사령관 휘하에 있는 미군정 임시정부"[9]라고 선언하였다. 그리고 미군정이 첫 번째로 행한 일은, 건국준비위원회를 비롯해서 일본의 패전 직후부터 한반도의 치안 임무를 수행하던 각종 단체의 활동을 금지시키고, 식민지시기 조선총독부의 일본인 고용인들을 현직에 유임시킨 것이었다.[10] 그리고 이미 해임된 일본인들을 '행정고문'이라는 이름으로 다시 고용해서 미군정의 직무 수행을 지원하게 하였다.[11]

---

6) 전상숙. 2011. "식민지시기 전후의 연속성 속에서 본 한·일 독도문제의 역사성과 정치적 함의." 『영토해양연구』 1 참조.

7) Han-mu Kang. 1970. "United States Military Government in Korea, 1945-1948: An Analysis and Evaluation of Its Policy." Ph.D. dissertation. Univ. of Cincinnati, 34-35.

8) Meade, E. Grant. 1951. *Amerian Militry Government in Korea*. New York: King's Crown Press, Columbia University, 52.

9) 『시사자료 광복30년사(1945-1975)』. 1976. 서울: 세문사.

10) 맥아더 미 태평양 육군총사령관 포고 제1호. "조선 인민에게 고함." 송남헌. 1985. 『해방 3년사 I』. 서울: 까치, 97 재인용.

또한 미군정은 여운형을 비롯하여 인민공화국 등 한국인 좌파세력 일체를 소련과 직결된 공산주의자들로 보고 배제하였다. 그리고 식민지시기에 친일했거나 민족독립운동에 소극적이었던 한민당을 비롯한 민족주의 우파세력과 관계자들을 믿을만한 한국인 집단으로 여겼다.12) 미군정이 일본인 행정고문을 대신해서 임용한 한국인 고문 11명 대부분이 한민당계였다. 사회주의나 공산주의의 이름으로 항일민족해방운동을 지도했던 세력은 일절 배제되었다. 이러한 미군정의 시책은 각종 정당 사회 단체를 결성하고 민족담론을 분출하며 독립 민족국가의 건설을 열망하던 대다수 한국인들의 기대와는 거리가 멀었다. 한국인들은 미군정의 피지배 민중일 뿐이었다. 미군정의 "명령에 순응하지 않으면 독립의 날을 지연시키고 처벌의 원인을 만들 뿐"이라는13) 것을 알아야 하는 것이 해방정국의 실정이었다.

이와 같은 미군의 주둔과 군정의 실시는, 한국인들이 민족담론을 통해서 지향했던 민족주의 정립에 필수적인 친일파문제의 해결을 미루었다. 그 대신에 일본 제국주의시기 타협적이었던 민족주의 우파세력들이14) 일선에 나서게 되었다. 그들은 조선총독부가 철수하는 일본 제국주의 지배

---

11) *HUSAFIK*, Vol. I, Chap. 4, 36; Chap.7, 17.
12) "Benninghoff to Secretary of State, September 15, 1945." Office of the Historian in the United States Department of State. *Foreign Relations of United Nations(FRUS) 1945*. Vol.VII, 1, 049-1, 053; "Benninghoff to Secretary of State, September 29, 1945." 1 061-1, 065, 061, 063.
13) 송남헌(1985), 100.
14) 당시 해방 공간에는 잠재적인 정치세력으로 보수적 인사들과 사회주의계열, 국외의 임시정부와 직·간접적인 유대를 맺고 있던 세력, 온건좌파의 조선건국동맹 등이 존재하고 있었다. 진덕규. "미군정의 정치사적 인식." 송건호 외. 1979. 『해방전후사의 인식』. 한길사, 59.

체제에 대신하여 진공상태에 이르게 될 공권력을 대행하여 일본인의 안전한 철수를 위한 치안 질서 유지를 요청했을 때도 선뜻 나서지 않았다. 아니 선뜻 나설 수 없었다. 1920년대 중반 이래 공산주의 계열이 적극적, 지속적으로 항일민족해방을 전개한데 반해서 민족주의 우파세력은 앞에서 본 바와 같이 문화적 민족운동을 표방하며 조선총독부와 일정한 관계를 유지하였다. 때문에 예기치 못한 해방공간에서 친일파라는 비판으로부터 자유로울 수 없었다.

그러나 해방을 안겨준 미국과 미군정의 철저한 반공산주의 대한정책은 38선 이북의 소련 공산주의와의 대결적 관점에선 자유민주주의의 방벽을 설치하는 것이었다. 미군정의 방침은, 38선을 경계로 분할된 한민족의 통일이나 친일문제 청산과 같이 당시 한민족이 최우선의 '급선무'로 여겼던 민족적 과제의 해결과는 거리가 있었다. 이러한 상황에서 일본 제국주의 지배 하에서 한민족의 민족주의 발현체로 민족독립운동의 정신적 구심체와도 같았던 대한민국임시정부도 속수무책이었다.

앞에서도 언급했듯이 대한민국임시정부는 국제법상으로 임시정부로 인정받지 못하였다. 때문에 샌프란시스코강화회의에도 참여하지 못하고 미군정의 인정도 받지 못해 임시정부 요인들이 개인 자격으로 귀국해야 하였다. 이러한 상황에서 임시정부의 이름으로 귀국한 중경임시정부의 주요 인물들 또한 미군정 하에서 유리한 정치적 입지를 확보하기 위하여 해방정국의 정치적 역학관계 속으로 기꺼이 휩쓸려 들어갔다. 엔도정무총감의 치안유지요청을 받고 건국준비위원회를 발족한 주역이자 상해임시정부 출범의 일원이며, 민족 통일국가 건설을 주창하며 좌우합작운동을 이끌었던 여운형이 임시정부의 파벌 싸움과 '무능무위(無能無爲)'를 비판

하며 임시정부를 부정할 정도였다.15)

　그렇지만, 해방정국에서 구심점 없이 자유와 평등의 민족 담론을 분출하는 한국인을 민족적으로 결집하여 새로운 독립 민족국가를 건설하는데 사실상 중심적인 역할을 할 수 있는 것은 대한민국임시정부뿐이었다고 할 수 있다. 대한민국임시정부는 일본의 식민지배 아래서도 한민족의 독립의지를 전 민족적으로 결집해낸 귀결로 수립되어서 식민지시기 내내 항일민족해방운동의 민족주의적 상징과도 같이 자리하고 있었기 때문이다. 그렇기 때문에, 해방 직후 임시정부를 부정하는 여운형의 건국준비위원회에 대하여, 허정과 장덕수를 중심으로 한 식민지시기 타협적 민족주의 우파세력은 대한민국임시정부를 민족역량의 결집체라고 추대하였다. 그 민족적 정통성에 기대어서 새로운 국가와 정부를 수립하기 위한 정치운동에 나서고자 하였다.16)

　그리하여, 식민지시기의 경험을 토대로 정신적으로나마 독립 민족국가를 상정한 유일한 민족적 상징체였던 대한민국임시정부의 정통성 인정 여부를 기준으로 해방정국에서 민족주의세력이 분열되었다. 사실상 '자치정부' 구성 의도를 갖고 있던 진보적인 건국준비위원회17) 측과 그에 대신하여 임시정부의 정통성을 근거로 새로운 정부 수립의 주도권을 장악하려는 동아일보를 중심으로 한 보수적 민족주의 우파세력으로 양분되었다. 이와 같은 정치 지도세력의 현실적이고 정치적인 이념적 균열은 식민지시기 항일민족해방운동과정에서 민족문제를 놓고 공산주의와 연합했던 비타협적 민족주의 좌파세력과 그에 대하여 대척적인 입장에 있던 타협적 민족

---

15) 허정. 1979.『내일을 위한 증언』. 서울: 샘터사, 97.
16) 허정(1979), 66, 95-96.
17) 서중석. 2004.『한국현대민족운동연구』. 서울: 역사비평사, 201.

주의 우파세력으로 균열되었던 것과 같은 구조를 이루었다.

식민지시기 민족운동 선상에서 형성된 민족문제를 중심으로 한 정치이념적 균열구조는, 전자가 식민지 민족의 해방을 위하여 무조건 민족독립을 최우선으로 통합하고 단결할 것을 주장했던데 대해서 후자는 일본 제국주의에 대한 민족 역량의 역부족을 현실적으로 인정하고 장기적으로 민족의 실질적인 힘을 키우며 민족의 독립을 도모해야 한다는 실용주의적인 입장에 의거한 것이었다. 이를 외연시켜서, 식민지시기 상해에서 수립된 대한민국임시정부의 존재 의미와 관련해서 볼 수 있다. 전자는 3·1운동과 대한민국임시정부의 수립을 통해서 현재화된 민족독립과 독립 민족국가 건설을 위한 민족주의적 의지를 관철시키고자 한 것이었다고 할 수 있다. 이에 비해서 후자는 그러한 민족주의적 의지를 부정하지는 않지만 그 가능성을 부정적으로 판단하고 현실적으로 가능한 방법을 모색하는 타협적 또는 현실적으로 유연한 입장이었다고 할 수 있다.

그런데 맞이하게 된 민족의 해방과 민족의 해방을 맞이하게 한 국제적 냉전의 구조는, 그와 같은 민족운동의 균열구조에 미묘한 변화를 가져왔다. 물론 이미 언급했듯이 새로운 독립 민족국가와 정부를 건설하는 이념과 정치적 입장을 놓고 보면 1945년 8월 15일 해방 직후 8월 16일 이후 시점에서 그 기본 구조는 식민지시기와 동일한 것이었다고 할 수 있다. 그러나 식민지시기 민족운동의 정신적 결집체로서 상징적인 의미를 갖고 있던 대한민국임시정부의 정통성에 대한 인정 문제를 중심으로 보면 차이가 있다. 식민지시기의 공산주의·비타협적 민족주의 우파세력이 이유 여하를 막론하고 임시정부의 정통성을 인정하지 않은 것은 아이러니이자 대한민국임시정부가 한민족 민족주의의 발현체로 수립된 이후 보여준 정치적 갈등의 현주소를 보여주는 것이기 때문에 비극적인 현실이었다.

그렇기 때문에 식민지시기에 임시정부 수립을 통해서 발현되었던 민족주의의 실질적인 독립운동에 대해선 현실적으로 유보적이었던 타협적 민족주의 우파세력이 해방정국에서 임시정부의 정통성을 인정하고 추대하여 자신들을 중심으로 새로운 정부의 수립을 꾀했다는 사실 또한 한국 민족주의세력의 현실주의적이고 유연한 타협적인 실용주의를 여실히 보여준다고 할 수 있다. 다시 말하면 '민족주의'를 표방하는 정치세력들이 갖는 이념적 무정형성, 비이념적 정치적 실용주의를 보여준다고 할 수 있다. 정치적으로 생존하여 기득권을 유지하고 정권 획득을 중심으로 한 그들의 정치적 역학을 보여준다고 할 수 있다. 민족주의는 그러한 정치적 역학관계를 드러내는 정치이데올로기화되었던 것이다.

이로 인하여 해방정국에서 분출한 민족담론에서도 "민족진영의 정치적 이념확립과 독립정신의 재인식", "민족진영의 '이데올로기'의 확립"이 정치적 사회적 "급선무"로 제기되었다.[18] 그리하여 "덮어 놓고 뭉치자"고 고창만 할 뿐이었던[19] 민족주의세력이 찾은, 정치적 이념의 확립에 앞선 실용주의적이고 현실적인 명분이 임시정부의 민족적 정통성을 추대하는 것이었다. 그들은 식민지시기 항일 민족운동의 민족통합과 독립 민족국가의 상징적 의미를 갖는 임시정부를 추대하여 자신들의 정치적 정당성을 만회하고 정치적 혼란을 최소화하며 나름의 질서있는 정부를 수립하고자 하였다.[20]

이렇게 한국 민족주의세력이 갖는 일관된 '민족주의' 이념의 비이념적

---

[18] 사설 "민족진영의 이론을 확립하라." 『경향신문』(1947. 12. 11).
[19] 최재희. 1948. 5. "민족주의의 비판." 『민성』 4-5, 14.
[20] 허정(1979), 66.

정치적 실용주의와 이념적 무정형성은 식민지시기 타협적 민족주의 우파세력과 연속성을 갖는다. 해방정국의 민족주의세력, 민족진영이 갖는 일관된 현실주의적 실용주의를 보여준다고 할 수 있다.

또한 해방정국의 진보와 보수, 좌파와 우파의 정치세력, 양 측의 균열이 '민족문제', '민족독립 최우선주의'라는 입장의 차이에서 비롯되었다는 점도 식민지시기 민족운동 선상의 이념적 균열과 같았다. 여운형의 주도로 식민지시기 항일민족해방운동 선상에서 함께 했던 공산주의·비타협적 민족주의자들이 건국준비위원회를 결성한 것이나 이후 김규식과 좌우합작운동을 전개한 것은 미·소 양군이 민족을 분할점령하게 된 해방의 현실에서 민족 분할 정부가 아닌 통일 민족정부를 수립해야 한다는 강력한 지향을 갖는 것이었다. 때문에 비록 임시정부가 민족의식의 결정체이기는 했지만 수립 이후 보인 파벌투쟁으로 인하여 그 연장선상에서 해방된 민족의 새로운 국가를 건설하고자 하지 않았던 것이다.

민족 통일정부를 수립해야 한다는 것은 해방 정국의 당면 과제였고 이 점에 대해서 부정하는 사람은 없었다. 그렇지만 식민지시기 타협적 민족주의 우파세력의 연장선에 있는 민족주의 우파세력은[21] 공산주의·비타협적 민족주의세력이 모두 포괄된 건국준비위원회나 그들이 함께 전개하고 있는 좌우합작운동이 해방정국의 정치적 주도권을 확보하게 될 경우에 대비하여 대한민국임시정부를 추대하고자 하였다. 자신들이 임시정부의 민족적 정통성의 계승자임을 주창하여 정치적 정당성의 토대로 삼고자 하였다. 다시 말해서 식민지시기의 타협적 민족주의 세력이 참가하지 않은

---

21) 진덕규. 1977. "한국 정치사회의 권력구조에 관한 연구." 연세대학교대학원 박사학위 논문 참조.

정치운동인 좌우합작운동이나 민족 통일운동이 해방정국의 주도권을 장악하게 된다면 식민지시기의 친일문제나 물산장려운동을 통해서 드러났던 경제문제 해결방식의 차이 등 자신들이 처하게 될 현실적인 문제들을 정치적으로 고려하지 않을 수 없었다. 역사를 현재적 관점에서 결과론적으로 보아서는 안 되지만 그와 같은 혐의는 한국전쟁을 거치며 현재화된 바와 같다.

해방 직후 표출된 그와 같은 민족적 균열구조가 미국과 소련의 분할점령이라는 해방정국과 맞물리게 된 한민족이 독립 민족국가를 건설하기 위하여 내딛는 첫 걸음이었다. 그것은 한민족이 주체가 되는 새로운 정부를 수립하는 주도권을 확보하기 위한 정치적 경쟁이 식민지시기 민족운동의 연장선에서 해방정국에서 구조화되는 것이었다. 그러한 정치이념적인 민족적 균열 구조는, 스스로 독립하지 못하고 해방을 맞이할 수밖에 없었던 해방정국의 미·소 분할 점령과 맞물려서 형성되었다. 통일 민족국가 건설을 위한 통합적 민족주의의 정립과 민주공화주의로 표방된 민주주의 정치의 실시가 주창되면서도 역설적으로 그것이 통일 민족국가 건설을 위한 민족주의 이념체계의 모색으로 전개되지 못하고 오히려 정치적으로 공산주의와 자유민주주의 이념으로 분열되어 대결하는 구도가 전개되었다.

정치이념적인 민족적 균열구조가 현실 정치의 공산주의와 자유민주주의 이념의 대결구도로 본격적으로 현재화되기 시작한 것은, 1945년 9월 6일 '조선인민공화국'이 선포되면서였다. 여운형의 건국준비위원회에 함께 했던 박헌영·이강국·최용달·정백 등 식민지시기 2세대 공산주의자들이[22] 건국준비위원회를 장악하고 조선인민공화국을 선포함으로써 변화

---

22) 전상숙, 2004, 『일제시기 한국 사회주의 지식인 연구』, 서울: 지식산업사, 3장 3·4절 참

가 생겼다. 그들은 대한민국임시정부를 수립하고 신간회라는 항일 민족통일전선체를 결성했던 식민지시기 1세대 공산주의자들과는 정치이념적으로 구별되는 공산주의혁명운동에 주력했던 공산주의자들이었다. 조선인민공화국의 선포는, 식민지시기 민족운동 선상에서 한국인의 민족의식과 민족주의 정서에 기초하여 수용된 민족주의적 공산주의가 청산되는 의미를 갖는 것이었다. 공산주의운동은 식민지 조건 속에서 공산주의운동세력의 세대가 바뀌고 이념 또한 민족운동으로부터 공산주의 혁명운동으로 변화되어 갔어도 민족독립운동의 연장선상에서 전개될 수밖에 없었다. 또한 민족운동의 일환으로 전개되며 그 속에 공산주의 이념의 편차가 내재될 수밖에 없었다. 이제 공산주의자들은 항일민족운동 속에 내포되었던 공산주의운동의 이념적 편차를 청산하였다.

  기본적으로 그 변화는 식민지 민족운동이나 해방정국에서 민족문제를 놓고 사실상 정치이념을 달리했던 진보적 민족주의세력과 공산주의세력이 실질적으로 정치·사회적으로 분화된 것이었다. 또한, 공산주의자 세력이 조선인민공화국을 선포한 것은 일종의 정부를 선포한 것과 같은 것이었다. 임시정부를 추대하며 민족주의 진영이 정부 조직을 구상하는 것에 대하여 대안적인 의미를 갖는 것이었다.[23] 나아가, 일본군의 항복을 정식으로 접수하고 38선 이남에 대한 통제권을 행사할 미군이 이틀 후면 인천에 상륙하게 될 것에 대비하는 의미를 갖는 것이기도 하였다. 그러므로 이러한 조선인민공화국의 선포에 대응하여 민족진영 또한 9월 7일에 앞서서 4일에 조직했던 '대한민국임시정부 및 연합군 환영준비위원회'를

조.
23) 김남식. 1984. 『남로당연구』. 서울: 돌베개, 49-50; 서중석(2004), 220.

'국민대회준비위원회'로 개편하였다. 다시 8일에 한민당 발기인 결의문을 채택하여 정권 장악을 위한 정당 결성을 선포하였다.

한민당은, 첫 결의문을 통해서 임시정부만이 민족적 정통성을 갖는다고 선언하였다.

"독립운동의 결정체이요 현하 국제적으로 승인된 임시정부 외에 소위 정권을 참칭하는 일체의 단체 및 그 행동은 그 여하한 종류를 불문하고 이것을 단호히 배격한다"[24)]

고 하였다.

한민당은 첫 결의문을 통해서 해방정국에서 임시정부의 정통성을 인정하는 자신들만이 민족적인 정통성을 계승하는 유일한 정치단체라고 주장하였다. 대한민국임시정부가 국외에 수립된 이래, 국내에서 정치이념을 불문하고 항일 민족통일전선체로 민족유일당 결성운동을 진개해온 공산주의자들은 물론이고 비타협적 민족주의세력까지도, 해방정국에서 임시정부의 정통성을 인정하지 않는 여운형의 건국준비위원회에 함께 했다는 이유로 모두 배제하였다. 자신들이 유일한 항일민족운동의 정통성을 계승한 정치단체라는 것이었다. 박헌영 등 공산주의세력이 건국준비위원회를 장악하고 조선인민공화국을 선포할 때 배제되었던 안재홍이 임시정부 지지를 선언하며 조선국민당을 발족시켰지만 이 또한 포함시키지 않았다. 그리고 9월 16일 천도교 기념관에서 한민당은 창당대회를 개최하였다.

이와 같이 1945년 8월 15일 직후 해방정국은 표면적으로는 대한민국임시정부의 정통성 인정 여부를 놓고 정치세력이 미·소 양군의 분할점령에

---

24) 김도연, 1968.『나의 인생백서』, 서울: 강우출판사, 158; 허정(1979), 103.

조응하며 이념적으로 균열되었다. 이러한 해방정국에서 11월 23일 임시정부 요인들이 귀국하였다. 귀국한 임시정부 인사들은 임시정부만이 식민지 민족해방운동과정에서 전 민족적인 합의로 이루어진 '망명정부'라는 점을 역설하였다. 10월 23일 미국무성 극동국장의 신탁통치 발언이 보도되자25) 이를 임시정부의 정통성을 앞세운 민족 통일운동으로 전개하였다. 임시정부 인사들은 해방정국에서 유리한 입지를 장악하고자 전국적으로 반탁운동을 주도하며 '정부'의 역할을 담당하려 하였다.26) 그러나 미군정의 기본적인 정책 방침과 미국무성의 신탁통치 발언을 세심하게 검토하지 않은 채 대내외적으로 거족적으로 단행한 임시정부세력의 정치적인 행보는 그 정당성을 인정하지 않는 미군정에 의해서 제압될 수밖에 없었다. 그 첫 행보가 컸던 만큼 그 타격 또한 컸다. 이후 임시정부세력의 민족적 상징성은 물론이고 해방정국에서의 정치적 입지 또한 현격히 위축되었다.

임시정부세력이 정부의 역할을 자처하며 전개한 전국적인 반탁운동은 미국무성이 미군정에 보낸 서한에서 한국 민중이 "공산주의적 강령만이 희망을 준다고 믿는 민중"27)이라고 할 정도로 한국 민중에 대한 인식을 악화시켰다. 다른 한편으로 식민지시기 내내 관철된 항일민족운동을 통해서 한국인들의 기대와 지지를 받고 있던 공산주의세력이 찬탁으로 입장을 전환한 것은, 신탁통치문제를 놓고 전 민족이 단결을 꾀할 수 있었던 소통의 기회조차 현실 정치에 의해서 압도되어 상실되고 마는 결과를 가져왔다.

강렬한 한민족의 통일 민족국가 건설의 의지를 억압할 수만 없었던 미

---

25) 『매일신보』(1945. 10. 23).
26) 조병옥. 1959. 『나의 회고록』. 서울: 민교사, 165-168.
27) HUSAFIK, Vol. 2, Ch. 2, 91-92; Ch. 4, 147; FRUS, 1946 Vol. 8, 645.

군정이 중도파를 통한 좌우합작운동을 시도하기도 했지만, 해방정국은 이미 조선인민공화국과 한민당의 결성을 통해서 드러난 바와 같이 구조화되어갔다. 미·소의 민족 분할 점령이라고 하는 국제적인 냉전구조와 맞물려서 전개되었다. 그리하여 식민지시기 민족운동 선상에서 내재된 정치이념적 균열이 한민족 내부의 정치 경쟁 구조로 자리 잡게 되었다.

전 민족적인 통합의지가 현실적, 정치적으로 작동하던 좌우합작운동이 실패한 후 공산주의이념은 물론이고 항일 민족해방운동의 영향으로 가장 큰 영향을 미치고 있던 공산주의세력도 38선 이남의 정치로부터 일절 배제되었다. 미군정의 호의 속에서 해방정국의 주도권은 식민지시기의 타협적 민족주의 우파세력의 연장선상에 있는 '민족주의 우파'에게 주어졌다. 그리고 1947년 초 이승만의 정읍발언 이후 38선 이남에 단독 정부를 수립하는 것이 기정사실화되었다. 1948년 5월 10일 총선거가 실시되고 8월 15일 대한민국정부가 수립되었다.

이와 같이, 한민족이 맞이한 해방은 독립 민족국가의 건설이 대한민국임시정부로 결집되었던 해방의 의미를 실현하는 방향으로 전개되도록 놔두지 않았다. 미·소의 한반도 분할점령으로 야기된 민족의 분할은 미·소를 양 축으로 하는 냉전체제와 함께 공산주의와 자유민주주의라고 하는 대립적인 정치이데올로기에 기초한 민족 분단정부의 수립으로 이어지고 구조화되었다. 그러므로 해방정국에서 분출한 민족담론이 그 과도기적인 논의를 거쳐서 통일 민족국가를 건설하는 한민족 민족주의 이념체계로 구축될 수 없었다.

그렇지만 다른 한편으로 보면, 해방으로부터 한국전쟁이 발발할 때까지 민족통일에 대한 요구와 민족통일을 통한 식민지시기에 정립된 독립 민족국가의 정향인 '민주공화국'을 실현하는 민주주의 정치에 대한 요구는 지속적으로 관철되었다. 이 사실은, 근대 민족주의가 세계사적인 보편적 현상으로 추동된 원동력인 인민주권과 평등사상이 한국사회에 내재되었다는 의미였다. 인민주권, 자유와 평등에 대한 인식과 민중적 요구가 해방된 한국사회에서 자리하고 있었다. 다시 말해서 해방정국을 거치면서 한국 근대 민족주의 이념체계와 민주주의가 정립될 수 있는 기본 토대가 갖춰지고 있었다.

민주공화국의 실현을 요구하는 민주주의 정치의 내용은, "전민족적인 통일정부를 조직해야 한다"는 의미의 "민주주의혁명"이나28) "봉건제도를 청산하는" "민주개혁"을29) 요구하는 것이었다. 또한 친일반민족 문제를 해결하고 평등한 인권이 보장되는 통합 민족국가를 만들자는 지극히 보편적인 민주주의 민주공화주의를 요구하는 것이었다.

> "해방된 금일에 있어 그 進發동일한 이상 각계각층이 절대의 동등으로 동일 계급에서 協進하지 안으면 안될 것이요 또 영원히 균등협조하지 안으면 안된다"30)

거나 "반민족적인 부분을 제외한 온갖 계급을 총칭하는 의미"의 인민 정권이 실현되는 정치형태로서 민주주의를 요구하는 것이었다.31)

> "뿌르조아 · 데모크라시의 이념인 기회균등을 실현하려면 그냥 덮어

---

28) 박헌영. 1945. 12. "민족통일정부를." 『백민』 1-1.
29) 김오성. 1947. 8. "민주개혁과 남북통일." 『개벽』 9-1.
30) 엄우룡(1946. 1), 55.
31) 안재홍. 1946. 1. "내외정세와 건국전망." 『대조』 1-1, 15-16.

놓고 뭉치자는 식의 자유방임주의만 가지고는 불가능한 것이다. 민족의 이름으로 봉건주의와 일본제국주의 잔재를 소탕하지 않고는 불가능할 것이다…자, 이제부터는…차별이 없이 똑같이 하나의 인권을 가질 수 있는 나라를 만들자"32)

는 것이었다.

이와 같은 민주주의 정치에 대한 요구는, 1947년 7월 3일 조선신문 기자회가 서울에서 실시한 여론조사와 미군정 공보국이 서울시와 경기도에서 실시한 조사를 통해서 알 수 있는 것처럼,33) 식민지시기 공산주의 '민족해방'운동을 통해서 갖게 된 한국인들의 광의의 사회주의적 지향이 반영된 것이었다고 할 수 있다. 민주주의 정치에 대한 요구는 해방 이후 분출된 민족담론 속에도 포함되어 있었다. 식민지시기 민족운동의 영향으로 근대적인 계급적·사회적 평등에 대한 요구가 폭넓게 수용되어 있었다. 한민당의 강령까지도 건국준비위원회나 조선인민공화국의 그것과 크게 다를 바 없을 정도였다. 사회적으로 전근대적인 봉건적 잔재와 친일문제를 청산하고 개개인의 인권과 자유가 보장되어 균등한 경제적 조건을 가질 수 있는 정치가 민주주의에 대한 요구로 제시되었다. 3·1운동을 통해서 발현된 민족주의의 귀결인 민주공화국의 민주공화주의 이상을 구현해야 한다는 요구와 기대가 보편적이었다. 이것이 근대 한국 민족주의의 기본 토대였다.

이렇게 해방 당시 한국사회에는 통일 민족국가를 건설할 민족주의 이념체계가 구축될 수 있는 기초가 나름대로 마련되어 있었다고 할 수 있다.

---

32) 金東錫. 1946. 8. "민족의 자유." 『신천지』 1-7, 48.
33) 전상인. 1999. "1946년경 남한주민의 사회의식." 『미군정기 한국의 사회변동과 사회사』. 춘천: 한림대학교 아시아문화연구소.

그럼에도 불구하고 항일 민족운동과정에서 정치이념적으로 분열된 정치세력은 국제적인 냉전의 역학관계 속에서 기꺼이 그 역학관계에 조응하였다. 신생 독립국가 건설의 주도권을 장악하기 위한 정치경쟁에 몰입하였다. 그 결과 민족이 정치이념적으로 분열되는 결과가 가속화 되었다. 그리하여 해방정국에서 한민족의 통일을 핵심으로 하는 민족문제가 최우선이 되지 못하였다. 정치이념적으로 분단된 분단체제의 분단정부를 구축하는데 그치고 말았다. 그로 인하여 통일 민족국가를 전망한 민주공화주의의 민족주의이념도 하나의 통합적인 체계적 이념체계로 정립되지 못하고 이분화 되었다.

해방정국은 민주공화국과 민주공화주의의 독립 민족국가 건설을 염원했던 한민족의 민족주의 의식과 항일 독립운동의 정통성을 계승한 대한민국 수립으로 이어졌어야 했다. 그러나 현실은 민주공화국과 민주공화주의의 이상이 민주주의라는 이름으로 표명되고 자유민주주의 정치가 실시되었음에도 불구하고 민족을 통합하는 통합의 이데올로기가 되어야 할 민족주의 이념체계의 정립으로 이어지지 못하였다. 오히려 민족주의는 민족분단체제의 정치이데올로기로 작동하였다.

해방정국에서도 민족주의와 민주주의에 대한 이해 방식은 세계사적인 근대의 맥락에서 이루어졌다. 그러나 현실의 민족주의와 민주주의는 그 이해방식과 같이 실현되지 않았다.

> "세계사적으로 보아 민주주의는 봉건적 노예적 강권주의에 피압박 계급이 대항하야 발전한 약소민족이것이오 민족주의는 침략적 제국주의에 반대하야 성장한 것으로 인류사회의 일대진보를 의미한다"[34]

민족주의이념에 대한 올바른 이해와 민족주의이념체계를 정립해야 할 필요는 역설되었다.

> "사회관적 근거는 자유주의 및 민주주의에 있다. ... 우리에게 있어서 필요한 것은 민족주의의 사회관적 근거가 민주주의에 있음을 깊이 자각하는 동시에 일반 민중에게 이것을 주지시킬 것 그것이다."35)

정부가 수립된 이후에도 정부 수립의 주역이 된 민족주의 우파세력이 갖는 정치이념에 대하여 그 내용과 실체가 과연 있기는 한지 의문하며 걱정하는 논의가 사라지지 않았다.

> "민족진영에는 이론이 빈약하다. 체계가 서 있지 못하다. 지도이념이라 할 만한 것이 없다."36)

오히려 정부를 수립한 민족진영이 과연 대한민국을 이끌어가는 지도이념이라고 할 만한 것이 있기나 한지 불만이 팽배하였다. 이러한 비판은 해방 이후에도 지속된 '민족주의'를 표방하는 정치세력들이 갖는 이념적 무정형성, 비이념적 정치적 실용주의가 감추어지지 않은 현실을 반영한다고 할 수 있다.

정치적으로 생존하여 기득권을 유지한 민족주의 우파세력이 중심이 되어서 수립한 정부의 민족주의가 과연 무엇인지 이제라도 그 이념체계를

---

34) 함상훈. 1949. 9. "민족·민주·공산주의."『민족문화』 1-1, 19.
35) 이종우. 1949. 9. "민족주의의 이론적 구조."『민족문화』 1-1, 9.
36) 박종화, 오종식 외. 1949. 19. "민족정신의 이념과 그 앙양방법론(좌담회)."『민족문화』 1-1, 13.

민족의 이름으로 민중의 평등한 인권을 보장하는 방식으로 체계화할 것이 요구되었다. 나름의 이론체계를 갖추고 38선 이북에서 자유민주주의와 대척점에 있는 공산주의 정치체제를 건설한 공산주의적 민주공화주의를 극복할 수 있는, 자유주의적 민주공화주의의 내용을 구체적으로 구현할 수 있는 민족주의 이념체계의 수립이 요구되었다.

  일본 제국주의의 항복을 접수하기 위하여 38선을 기준으로 미·소 양군이 38선 이남과 이북을 점령하고 수립된 남과 북에서 분단정부가 수립되었다. 처음에 본 바와 같은 '해방'의 의미 곧 탈식민이라는 민족적 과제인 자주적 독립 민족국가 건설은 현실적 정치적으로 어긋나고 말았다. 동시에 독립 민족국가 건설을 위한 민족주의 이념체계의 정립 또한 어렵게 되었다. 저항적 항일 민족의식을 대한민국임시정부의 수립으로 현재화시켰던 근대 한국 민족주의가, 통일 민족국가 건설이 아닌 주어진 38선을 경계로 한 두 개의 분단정부 수립으로 인하여, 전 민족을 통합하는 이념체계를 갖추지 못하고 대립적인 두 개의 정치이념으로 분열되고 말았다. 그 결과 한국사회의 민족주의와 민족국가가 불일치하게 되었다. 한국 사회에서 민족주의는 민족통합의 이념체계를 갖추지 못한 채 조작적인 정치이데올로기가 되었다. 보수와 진보를 막론하고 정치·사회 세력이 '민족주의'를 정치적으로 활용하는 결과가 초래되었다.

결론

해방 전후의
연속성 속에서 본
한국 민족주의 재고

近現代韓國知性史大系叢書 3

⋮

　한반도는 제2차 세계대전의 종결 결과 일본 제국주의의 식민지배로부터 '해방(解放)'되었다. 해방공간에서 분출된 민족담론에는 러일전쟁 이후 일제의 한국 식민화 야욕을 실질적으로 체험하면서 자각되기 시작한 항일 민족의식이[1] 대자적인 저항적 민족주의로 발달된 역사적 경험이 투사되었다. 주지하듯이 한국은 개국 이래 전근대적인 국가체제를 근대적으로 개혁하고자 모색하는 단계에서 일본 제국주의에 '병합'되었다. 일본 제국주의의 한국병합은 섬나라의 한계를 극복하고 '대일본제국 대륙국가'로 팽창하려는 분명한 국가적 목적을 갖고 단행되었다.

　일본 제국주의의 식민지배는 자국의 위로부터의 근대화에 국가 통합의 상징으로서 구심점 역할을 한 왕실의 정치적 활용가치를 사전에 싹을 없애버리며 시행되었다. 일본은, 전통적으로 섬나라 일본에 대하여 문화적 우월감을 갖고 있던 조선왕조의 맥을 잇는 대한제국 황실이 병합 이후 한민족의 항일운동에 정치적 상징이 되어 구심점역할을 할 수 있는 여지를 일본 황실과의 결혼을 통해서 말살해 버렸다. 또한 기득권 세력에 속했던

---

[1] 김영명, 전상숙. 2013. "전통적 공동체 의식의 변화와 근대 '민족' 인식의 형성: 민족 개념 형성의 계기들." 『사회이론』 43.

보수적인 전통적 지배층은 물론이고 개국 이래 영향력을 확산해온 '신지식' 층과 신진 지배층을 회유, 포섭하는 한민족 분열정책을 전개하였다. 한민족 대중에 대하여는 일시동인의 동화주의를 표방하며 '내선일체'로 상징되는 민족말살정책을 시행하였다.

전통적인 한민족의 왕실을 정략적으로 일본황실과의 혼인을 통해서 형해화하고, 조선인의 사상을 박멸하는 일본 제국주의의 전사회적인 통제체제는 항일운동을 모색하는 한국인들이 한반도를 떠나 국외에서 독립의 방략을 모색하게 하였다. 다른 한편으로 공산주의가 러시아혁명의 성공과 뒤이은 민족자결선언에 고무된 3·1운동 이후 세계사조의 하나로 국내에서 급속히 수용되기 시작하였다. 공산주의는 항일 민족독립운동의 새로운 방략으로 받아들여졌다. 이후 식민지시기 민족운동이 정치·이념적으로 분화되는 결과를 낳았다.

그러므로 식민지시기에 한민족은 일본 제국주의의 무단적 군부통치체제나 자칭 '일본제국'을 표방하는 일본 국가의 성장을 담보하기 위해서 기획, 실행된 한국사회의 예속적 근대화와 수탈에 적극적으로 대항할만한 체계적이고 일체화된 지도체계나 중심세력이 없었다. 민족적인 이념 체계도 형성하기 어려웠다. 그럼에도 불구하고 일본 통감부시기 러일전쟁을 경험하면서 각성되기 시작한 대자적인 민족의식은 서서히 한반도를 터전으로 생활해온 민족공동체로서의 존재의식과 자존의식으로 확산 강화되었다. 러시아혁명 이후 '민족자결선언'을 계기로 하여 전민족적인 민족독립의 의지가 표출되었다.

3·1운동을 통해서 국내외에서 분출된 민족독립의 의지는 민족의 독립과 독립 민족국가를 수립해야 한다는 한민족 전체의 지향이 반영된 대한

민국임시정부의 수립을 가능하게 하였다. 대한민국임시정부는 민주공화국을 장래 독립될 한민족의 국가 형태라고 선언하였다. 대한민국임시정부의 수립을 가능하게 한 3·1운동은, 보호국화 이래 민족의식이 각성되고 있었음에도 불구하고 일본 제국주의의 무단통치 아래서 침묵하고 있던 한민족 개개인의 민족의식이 '우리', '민족'이라고 하는 공동체로서의 민족의식으로 새롭게 각성되게 하였다. 식민지시기 항일 민족독립운동으로 전개되는 전환점이 되었다.

3·1운동으로 대한민국임시정부가 수립된 것은, 결과적으로 한민족의 공동체로서의 민족의식이 민족주의로 발현된 것이었다고 할 수 있다. 개국 이래 전개된 자주적 근대화의 노력 속에서 모색된 한말의 민주정으로부터 대동단결선언을 통해서 구체화되어가고 있던 인민주권과 평등한 인권을 핵심 내용으로 하는 '민주공화국'이 민족의 이름으로 선언된 것이었다. 3·1운동을 통해서 발현된 민족주의의 결과물이라고 할 수 있는 대한민국임시정부가 선언한 민주공화국은 한국 근대 민족주의가 보편적 민중의 평등한 인권과 주권을 실현하는 민주공화주의를 내용으로 하는 민족주의의 기본 틀을 규정한 것이었다고 할 수 있다.

그러한 귀결은 식민지시기 항일 민족운동을 통해서 그리고 해방 이후 비록 분단체제이기는 하더라도 38선 이남과 이북에서 수립된 남과 북의 정부가 모두 민주공화국을 선언하고 대한민국임시정부의 정통성을 표방한 것으로 이미 기정사실화되었다. 한민족은 한말로부터 식민지시기를 거치면서 서양 국민국가의 자본주의 경제변화를 배경으로 한 부르주아 민주주의혁명과는 다른 형태의 반봉건주의·반제국주의 민족독립운동을 전개하였다.

한말 민주정에 대한 신지식인들과 진보적인 지식인들의 지향은, 서양의 부르주아 민주주의 혁명과 비교해 보면, 넓은 의미에서 기존의 지배세력에 속했던 지배세력 내부의 주변인(내부적 주변인)에 의한 부르주아 민주주의혁명을 지향한 것이었다고 할 수 있다. 민주정을 논했던 내부적 주변인들은 서양사회의 부르주아와 같은 경제적 배경은 갖고 있지 않았지만 근대화를 통한 자본주의적 근대화를 지향하며 입헌군주제의 민주정으로 정치혁명을 일으키고자 하였다. 내부적 주변인들은 전근대적인 정치사회적 환경 속에서 군주를 부정하지는 않았다. 그러나 지배하지 않는 군주, 상징 군주제를 상정하며 법률에 의거하여 신지식을 가진 신진관료들이 민권을 대변하는 민주정치를 시행하는 민주정을 논하였다. 그러한 민주정을 통해서 그들이 말하는 민권은 일차적으로는 내부적 주변인들을 통해서 부르주아 민주주의혁명의 내용성을 담보하게 된다. 이후 그들의 지도를 통해서 계몽된 일반 민중으로까지 민권이 이행되고 확산되는 민주주의가 시행될 것이라는 것이 민주정의 내용이었다.

그렇지만 일본 제국주의의 병합으로 인한 식민지화는, 그러한 민주정의 문제는 차치하고, 민주정을 논할 수 있는 여지조차 제거해 버리고 말았다. 자치와 참정을 논하는 것을 제외하고는 병합 이후 10여 년간 식민지 조선의 한민족은 공식적으로 침묵하지 않을 수 없었다. 그러나 식민지배체제의 무단통치와 침묵의 이면에서 전개되고 있던 민족주의 이념체계를 정립하기 위한 노력은 3·1운동으로 거족적으로 강력하게 분출된 한민족의 민족의식과 접합되었다. 그리고 대한민국임시정부를 통해서 민주공화국을 선포함으로써 근대 한국 민족주의의 내용이 한민족 민중 개개인의 평등한 인권과 주권을 실현하는 민주공화주의가 되어야 한다고 선언하였다.

3·1운동 이후 민족적 항거의 힘을 체험한 한국인들은 일본 제국주의의 침략과 억압적이고 차별적인 식민지배체제에 대응하여 반식민·반제국주의 저항적 민족의식을 응축하여 공동체로서의 민족적 정체성을 환기시키는 저항적 민족주의를 형성해갔다. 거기에는 러시아혁명 이후 세계사조의 하나로 확산되고 있던 공산주의도 일조하였다. 공산주의는 3·1운동을 통해서 실망하게 된 자유민주주의 서양 열강에 대한 기대감을 대체하며 '프롤레타리아'와 '농민' 대중을 대상으로 한 '해방'의 이념이자 반제국주의 반식민 민족운동의 지도이념으로 받아들여지며 큰 영향을 미쳤다.

　아직 그 내용이 일반 대중에게까지 확산되고 알려졌다고 하기는 어렵지만 민주공화국을 대한민국임시정부가 장래 독립 민족국가의 형태로 선언한 것은, 개국 이래 지속된 근대 세계체제에 적응하기 위한 노력이 한말 민주정의 정치체제 개혁으로 전개된 것과 연장선에 있었다. 자주적인 민족의 독립과 독립 민족국가를 수립해야 할 필요에서 민족주의 이념체계를 수립하고자 모색한 노력의 귀결이었다. 식민지시기를 거치면서 더해진 '민족해방'의 공산주의 민족운동은 지식인과 민족운동을 지도하는 세력들에게 한정되어 있던 민권 곧 보편적 인권과 인민주권 의식이 항일 민족운동 과정에서 확산되고 내재하게 되는 영향을 미쳤다고 하지 않을 수 없다.

　식민지 상태에 처한 민족의 독립을 최우선의 과제로 한 민족운동에서, 아직 전근대로부터 근대로 경제는 물론이고 사회적인 변화도 채 이루어지지 않은 과도적인 식민지 민족의 민족운동에서 민족구성원 개개인의 민권이나 평등한 주권은, 식민지시기 민족주의 운동세력의 문화운동을 통해서 알 수 있는 바와 같이 화두로 제기되기 어려웠다. 그러한 식민지 민족운동의 허점을 러시아혁명을 통해서 실재화된 공산주의 프롤레타리아 국제혁명 이념의 민족운동 지원과 전략이 파고들었다.

세계사조의 하나로 전파되고 있던 공산주의는 자유민주주의 열강의 민족자결선언에 대한 실망을 대체하며 반제국주의 민족의식과 접합되어 민족의 독립을 약속하는 복음과 같이 받아들여졌다. 러시아혁명 이후 공산주의가 민족운동으로 전개된 것은 식민지 사회에서는 보편적인 현상이었다. 식민지 사회에서 공산주의가 민족운동의 일환으로 적극적으로 받아들여져서 급속히 광범위하게 확산될 수 있었던 것은, 식민지 민족구성원의 대다수를 차지하는 민중의 보편적 인권과 평등한 주권을 이른바 프롤레타리아혁명이라는 개념을 통해서 약속하고 보장한 것이 큰 영향을 미쳤다.

공산주의 '민족해방' 운동은 민족주의 세력의 민족 독립운동에서 한걸음 더 나아가 민족구성원 개개인의 민권 곧 보편적 인권과 평등한 주권을 약속하는 것이었다. 3·1운동을 통해서 수립된 대한민국임시정부의 '민주공화국'은 한말 민주정으로의 정치체제 개혁론에서 유보되었던 한민족 구성원 개개인의 보편적인 민권이 시행되는 독립 민족국가를 선언한 것이었다. 대한민국임시정부의 수립을 통해서 선언된 민주공화국의 민주공화주의 민족주의의 기본 프레임을 일반 민중의 차원으로까지 전파한 것이 민족의 '해방'을 민족독립과 함께 주창한 식민지시기 민족해방운동이었다고 할 수 있다.

이러한 의미에서 식민지시기 민족운동에서 공산주의가 민족운동의 일환으로 적극적으로 받아들여져서 급속히 광범위하게 확산될 수 있었다. 또한 동시에 민중의 보편적 인권과 평등한 주권을 약속하는 프롤레타리아혁명운동이 민주공화국으로 선포된 민주공화주의가 일반 대중 속에서 민족주의의 기본 틀로 인식되는데 큰 영향을 미쳤다고 할 수 있다.

이러한 사실은 해방정국에서 분출된 민족담론 속에 내재한 민족주의의 지향과 각기 대척적인 지점에 있던 정치이념으로 분열된 정치세력들이 공히 경제적으로는 진보적인 사회주의적 경제정책을 표방한 것으로도 알 수 있는 바와 같다. 그러므로 식민지시기 천황제를 활용한 일본의 제국주의적 내셔널리즘이 한국인에 대한 일본인화를 강제하는 식민정책을 강화할수록 한국인의 종족적 또는 에쓰닉 민족의식이 강화되며 저항적 민족주의와 민주공화주의가 실현되는 민족 독립국가에 대한 욕구는 증폭되어 갔다고 할 수 있다.

식민지시기 민족운동 특히 민족해방운동은 한국인 일반이 "국가의 주권과 구성원의 인권을 빼앗긴 상황에서 민족해방운동의 주체로서 자각하는 과정"이었다.[2] 식민지시기 민족운동과 민족해방운동은 한국인의 민족적 자각이 심화·확산되는 과정이었다.[3] 대한민국임시정부의 수립을 통해서 표출된 저항적 민족주의의 기본 내용이 민주공화주의로 선포되어서 한국사회에 내재화되는 과정이었다.

해방공간에서 분출된 민족담론은 그와 같이 식민지시기에 인종적 또는 에쓰닉 민족의식 위에서 형성된 저항적 민족주의의 민주공화주의 연장에서 전개되었다. 간간히 보이는 민족은 단순한 종족적, 인종적 존재가 아니고 사회적 존재라고 제기하는 주장도[4] 한민족의 에쓰닉한 성격을 부정하는 것은 아니었다. 많은 한국인들은 민족을, 한말 이래 식민지시기를 거치며 받아들여진 사회진화론과 제국주의 타민족에 대항하는 저항적 민족의

---

2) 정태헌. 2003. "일제 하의 노동자 인식." 역사학회. 『제46회 전국역사학대회 자료집』, 70.
3) 오타 타카코(大田高子). 2003. "한국 내셔널리즘에 대한 고찰: 내셔널리즘 이론에서 본 한국 '민족주의'." 『한일민족문제연구』 5, 19.
4) 朴宇天. 1946. 4. "전민일체론: 우리의 민족이념과 계급문제 瞥見." 『개벽』 8-2.

식의 연장선상에서 형성된 인종적 또는 에쓰닉한 의식 위에서 인식하였다. 민족은 "같은 피" 곧 "순수한 단일 혈통" 공동체이거나5) 언어와 풍습 등을 공유하는 역사공동체, 지역공동체로 인식되었다.6)

식민지시기를 거치며 형성된 저항적 민족주의의 그와 같은 민족에 대한 인식은 외부로부터 침략해온 타자를 나와는 다른 민족·민족국가로 상대화하여, 한민족도 민족적으로 독립하여 근대적인 민족국가를 건설하는 민족의 해방을 이루어야 한다는 것이었다. 그러므로 "잠시도 우리 민족의 염두를 떠나지 안는 민족국가창건의 대의를 완성"하기 위한 "초인적 努力"이 역설되고, 전 민족이 총결집해 완전한 통일을 이루어야 한다는 것이 강조되었던7) 것이다. 그런데, 그와 같은 "全民一體"에 대한 강조는8) 민족주의의 주체인 민중 개개인의 주권과 평등한 인권에 앞서서 국가적인 독립이 우선되어야 하는 것이었다.

다른 한편으로 일본 제국주의의 항복과 한민족의 해방은 예상했던 것보다 갑작스럽게 주어졌다. 1945년 8월 15일 일본 천황이 항복을 선언할 당시 한국사회는 독립국가를 이룰 준비가 되어있지 않았다. 3·1운동을 통해서 민족이 독립운동의 주체라는 인식이 대중 차원으로까지 확산되고 정착되는9) 한편 민족적 정부기구인 대한민국임시정부가 수립되어 민족주의와 주권재민의 공화주의에 대한 인식이 확산되고 있었지만 그것이 일본 제국주의의 패망을 준비하며 독립 국가를 구축할만한 준비를 갖춘 것

---

5) "서설." 1947. 손진태. 『조선민족사개론』. 을유문화사.
6) 전봉덕. 1947. 『법학통론』. 국제문화관, 67; 이인영. 1947. 1. "민족의 정의." 『대조』 2-2; 안재홍. 1947. 12. "역사와 과학과의 신민족주의." 『한성』.
7) 嚴雨龍. 1946. 1. "신민족주의와 신민주주의." 『개벽』 8-1, 54
8) 朴宇天(1946. 4), 20.
9) 박찬승. 2010. 『민족·민족주의』. 소화, 91-93.

은 아니었다.

해방의 상황을 맞이하게 된 한민족은 해방을 맞이할 나름의 민족적 조직체제나 새로운 독립 국가를 건설하기 위한 구체적 방안을 갖고 있지 못하였다. 일본의 조선총독정치체제 아래서 그것을 대체할 만한 체계적이고 일체화된 지도체계나 중심적인 지도세력을 형성하기 어려웠던 한민족은 일본의 갑작스런 항복선언의 결과 주어진 해방에 적극적으로 임했지만 체계적으로 대응하지는 못하였다.

당시 한 논자가 해방되던 날 건국하지 못했다고 한탄했던 것은 많은 것을 시사한다. 민족 스스로 독립되지 못하고 주어진 해방을 맞이해야 했던 한민족은 해방과 더불어 독립 민족국가를 건설하기는커녕 패전한 일본 지배체제를 대체하며 38선을 중심으로 미국과 소련이라는 두 국가의 군대가 주둔하는 현실과 마주해야 하였다. 해방은, "그 지긋지긋한 다른 민족의 통치"가 앞으로 얼마나 더 걸릴지도 모르는 군정으로 이어졌다.10)

비록 식민지배체제에 체계적으로 저항하지는 못했을지라도 한민족 누구도 해방이 38선을 중심으로 한반도가 남과 북으로 분리되어 강대국의 군정으로 이어질 것이라고는 상상도 할 수 없었다. 3·1운동으로 천명했던 독립 민족국가 건설의 의지는, 제국주의와 그에 대항할 유일한 길로 인식된 주권에 대한 인식과 결합된 민족주의, 그리고 민족주의의 주체로서 국가 주권을 행사하는 민족정신의 공유자로 국민화 된 민족에 대한 인식이 응집된 것이었다. 3·1운동의 결과 수립된 대한민국임시정부가11) 인민주권의 공화주의를 천명한 것은 그와 같은 한민족의 자주적인 민족국가

---

10) 金翠汀. 1946. 1. "민족반역자진단." 『대조』 1-1, 136.
11) 전상숙. 2010. "세계대전기 대한민국임시정부 외교활동의 현재적 고찰." 고정휴 외. 『대한민국임시정부의 현대사적 성찰』. 나남, 437.

건설에 대한 지향과 한민족의 평등한 자유와 주권에 대한 소망을 결집한 것이었다.12) 그러므로 한민족에게 해방은 구체적이지는 않았을지라도 그러한 '대한민국'을 건설하는 것이었다.

그런데, 해방을 맞이한 한국인들은 미·소 양 군정이 실시된 해방공간의 현실을 정확하게 파악하기 보다는13) 해방에 도취되고 말았다. 다양한 민족담론을 분출하며 갑론을박할 뿐 이념을 불문하고 머리를 맞대고 민족독립 국가를 건설하기 위한 방안을 모색하며 의견의 일치를 보거나 하지 못하였다.14) 그리하여 해방이 일본 제국주의의 철수를 가져왔지만 38선 분할점령이라는 생각할 수도 없는 사태로 달음질치는데 일조하는 결과를 낳았다. 정치이념이 대립하는 미·소 강대국의 분할점령과 분할점령 체제 아래서 시행되는 군정에 조응하는 각 정치세력의 정치행태는 준비되지 않은 해방을 맞이한 한민족의 실정과 정립되지 못한 한국 민족주의의 실체를 여실히 드러내었다.

맞이한 해방정국은, "우리 민족사상 稀有의 國難"을 주어 "세계 최강의 양대국 군대가 우리 국토의 인민을 반분하야 점거하고 각자의 주관적 정책을 실시"한다는15) 한탄이 절로 나오는 실정이었다. 미국과 소련으로 대표된 자유민주주의와 공산주의의 이대 사조가 한반도에서 대치한 가운데 일찍이 유례가 없을 정도로 다양한 주장과 이념이 정당 사회단체를 통해서 분출하며 갑론을박하였다. "가지각색의 물고기(사상사조-필자)가 조선

---

12) 강만길. 1982. "독립운동과정의 민족국가건설론." 강만길, 송건호 편.『한국민족주의론 I』. 창작과비평사, 102-107.
13) 嚴雨龍(1946. 1), 54.
14) 憂國樵夫. 1946. 4. "자주독립에 備할 기본국책으로 본 '민족통일'의 가능성: 국민건의 제2호.『개벽』8-1, 80.
15) 安東赫. 1948. 3. "민족의 흥망과 공업."『개벽』10-2, 41.

민족의 관념 속에서 헤엄"치고16) 있었다.

해방공간의 한민족은 모두 민족 자주 독립국가를 건설하여 완전한 독립을 이루는 것이 급선무라는 것을 잘 알고 있었다.17) 물론 새롭게 건설할 민족 자주 독립 국가는 38선의 경계가 없는 결단코 통일된 국가였다.18) 그러나 연합군으로 함께 했어도 러시아혁명 이후 구조화되기 시작한 국제적인 냉전의 기본 구조가 현재화된 것이 한반도의 해방 상황이었다. 국제적인 이념적 냉전의 구조화는 일체화된 체계나 중심세력을 갖지 못한 한국사회가 다양한 민족담론을 통해서 역설했던 해방의 의미나 민족주의의 지향을 현재화하는데 현실적, 정치적인 장애이자 한계로 작용하였다.

한국인들은 이념과 정치적인 입장의 차이를 불문하고 독립 민족국가 건설을 주창하였다. 그러나 미국과 소련의 분할점령이라는 국제적 냉전의 상황은 한민족의 독립국가 건설이 대한민국임시정부로 결집되었던 해방의 의미를 실현하는 방향으로 전개되도록 놔두지 않았다.

자유민주주의를 대표한 미군의 주둔과 군정의 실시는, 철수하는 일본이 진공상태에 이르게 될 공권력에 대신하여 치안질서의 유지를 요청했을 때 선뜻 나서지 않았던 식민지시기 민족주의 우파 지도세력들을 일선에 나서게 하였다. 해방공간에서 친일의 비판으로부터 자유로울 수 없어서 침묵하던 민족주의 우파세력은 피압박 한민족의 민족적 과제의 해결보다 자유

---

16) 金東錫. 1946. 8. "민족의 자유." 『신천지』 1-7, 40.
17) 안재홍. 1946. 1. "내외정세와 건국전망." 엄우룡(1946), 54; 우국초부(1946), 80; 백남운. 1946. 『조선민족의 진로』. 신건사, 25.
18) 崔垣烈. 1948. 1. "세계약소민족과 조선." 『개벽』 10-1, 27; 김구. 1948. 5. "조국흥망의 關頭에 임하야: 남하한 이북동포에게 告함." 『개벽』 10-3, 10.

민주주의의 수호를 우선시 한 미국과 미군정에 의해서 정치 일선에 재등장하며 반공 자유민주주의의 수호자가 되었다.

한편 임시정부 인사들은 임시정부만이 식민지 민족해방운동과정에서 전민족적인 합의로 이루어진 망명정부라는 점을 역설하며 '정부'의 역할을 담당하려 했지만 그 역시 여의치 않았다. 임시정부수립 이후 전개된 파벌투쟁이 문제시되었다. 대한민국임시정부 수립 당시 가졌던 민족을 대표하는 정부기구로서의 정당성에 이의가 제기되었다. 대한민국임시정부의 대표를 표방한 정치세력이 해방정국에서 주창한 민족대표로서의 정당성이 정치세력들에 의해서 받아들여지지 않았다. 또한 국제법상 임시정부로서의 자격 요건을 갖추지 못했던 임시정부는 미군정의 인정도 받을 수 없었다. 그런 가운데 임시정부 대표가 전국적으로 미군정이 인정하지 않는 반탁운동을 전개함으로써 정치적으로 위축되었다.

결국 미국과 미군정은 반공 자유민주주의의 동아시아 보루를 만들기 위한 대한정책을 충실히 이행하였다. 식민지시기 민족주의 우파세력의 연장선상에 있는 정치세력에게 해방정국의 주도권이 돌아가게 하였다. 그리하여 연합군이 일본 제국주의의 항복을 접수하기 위하여 38선을 기준으로 미·소 양군이 이남과 이북을 점령하고 수립된 남과 북의 분단정부는, '해방'의 의미, 탈식민이라는 민족적 과제를 총체적으로 상징하는 자주적 독립 민족국가의 건설을 현실적으로 어긋나게 하였다. 한말 애국계몽운동 이래 식민지시기를 거치며 민족해방운동의 정신적 지주와도 같이 되풀이되고 각인되었던 단일민족공동체의 자주적 생활권으로서의 근대적 민족국가 건설에 대한 기대는 이념적으로 대립하는 두 정치공동체의 출범으로 좌절되었다.

38선 이남과 이북의 분단정부 수립은 한민족의 새로운 독립국가 건설을 통해서 정립되어야 할 민족주의의 파행을 야기하였다. 한말 사회진화론에 기초한 '자강(自强)'을 화두로 하여 국사와 국어를 연구하고 보급한 것으로부터 조선학운동 등에 이르기까지 민족적 독립정신과 국가 관념을 환기시키며 형성되어온 민족주의가 분열되었다. 분단정부의 수립과 분단체제의 구축은 식민지시기를 거치면서 역설되어온 한반도의 한민족, 단일 민족국가와 해방 이후 실제로 수립된 정치공동체가 불일치하는 상황을 초래하였다.

　식민지시기를 거치며 내재화된 '민족이 해방'된 민주공화주의 민주공화국의 이상이 자유민주주의와 공산주의라고 하는 대립적인 두 정치이데올로기에 의거하여 분화되었다. 대한민국임시정부의 수립을 통해서 공포된 민주공화국의 민주공화주의라고 하는 민족주의의 기본 내용이 자유주의적 민주공화주의와 공산주의적 민주공화주의로 분화되었다. 근대 한국 민족주의는, 식민지시기의 이념적 균열을 해방정국을 통해서 극복하지 못하였다. 오히려 국제적 냉전의 지역화를 통한 이념적 분단체제의 구축으로 귀결되어 양분되었다.

　그 결과 근대 한국 민족주의의 민주공화주의라는 프레임은 그 역사성과 존재의 의미를 갖고 있으면서도 그 내용이 체계적인 이념으로 정립되지 못하고 38선 이남과 이북에서 각각 정치적으로 굴절되었다. 현대 한국 사회에서 민족주의는 통합 민족국가를 수립하는 이념체계로 자리하기 보다는, 현실 정치의 역학관계에 따라서 조작적으로 정의되고 활용되는 조작적 정치이데올로기화 되었다고 할 수 있다

　사실 한국사회에서 근대 민족주의는, 서양에서 그것이 생활공동체의 구

성원들을 '국민'으로 재조직하며 국민(민족)국가체제를 구축했던 것과는 대조적이었다. 외세 곧 타자의 침입에 대응하며 각성되기 시작한 공동체로서의 민족의식이 식민지시기를 거치며 전형적인 저항적 민족의식, 민족주의로 발전하였다. 한말 이래 형성된 저항적 민족의식의 핵심은 유구한 역사와 문화를 갖고 있는 단일 민족으로서 한민족의 정체성을 각인시키며 한민족이 타 민족국가의 침입과 속박으로부터 자유로울 수 있도록 단결하여 스스로 힘을 길러서 자주적인 민족국가를 수립해야 한다는 것이었다. 그 저항적 민족주의는, 어떻게 민족의 힘을 기르고 어떠한 민족국가를 수립해야 할지 모색하던 중, 민족주의의 내용이 일정한 체계를 갖추지 못한 가운데, 공산주의의 영향을 받으며 정치 이념적으로 분화되었다. 오직 항일 민족해방만이 분명한 최고의 목적으로 설정되었다.

그러므로 서양과 같은 근대 국민국가체제를 구축하기 위한 한국의 민족주의는 민족의 해방을 통해서, 다른 민족국가에 대항하며 촉구되어온 민족적 독립정신과 민족국가 관념을 구현할 수 있는 민족국가를 건설하는 과정에서 체계화되고 완성될 것이었다. 통일 민족국가의 건설을 통해서 민족주의 이념체계 또한 체계적으로 정립될 것이었다.

그러나 일본 제국주의에 대항하는 통일적인 민족운동체계도 구심력도 형성하지 못했던 한국사회는 맞이한 해방공간에서도 해방의 현실을 정확히 파악하여 그에 대처하기 위한 구심점을 구축하거나 전략적인 체계를 갖추는데 어려움이 많았다. 오히려 각 정치세력은 연합군으로 함께 했던 미·소의 분할 점령으로 한반도에서 현재화되기 시작한 국제적인 냉전의 기본 구조에 민족적으로 대응하기보다는 주어진 해방공간을 정치적 현실적으로 활용하였다.

타 민족국가를 상대로 하여 형성되었던 저항적 민족의식과 민족주의는 해방공간에서 한민족 전체를 대상으로 한 새로운 민족국가를 건설하는 '국민' 만들기의 이념으로 정립되어야 했지만 그렇지 못하였다. 저항적 민족주의는 대립적인 이념을 토대로 한민족이 분할되어 수립된 같은 민족의 다른 정치공동체를 서로 비난하며 민족적 정통성을 정치적으로 주창하는 이데올로기가 되었다. 분단체제에서 분열된 민족주의는 각 분단정부가 대내외적으로 각 분단정부를 공고히 하는데 활용되었다.

해방정국에서 근대 한국의 저항적 민족주의는 조리있는 일정한 이론체계로 수립되지 못하였다.19) 저항적 민족주의는 단지 제국주의 침략자에 대한 저항적 민족운동에 불과하였다. "침략자에 대한 한 개 해방운동에 불과한 것"이 되었다.20) 해방공간에서 국제적 냉전구조를 정치적으로 이용한 정치세력의 정략적인 대응과 혼합된 저항적 민족주의는 "덮어 놓고 뭉치자"고만 하였다. 그러므로 민족주의는 38선을 경계로 한 해방과 함께 당면 과제로 민족 앞에 놓인 민족의 '통일'이라는 '민족문제'를 해결하는 토대가 되지 못하였다. 통일 민족국가를 수립하기 위한 방안을 제시할 수도 없는 공허한 관념적인 정치이데올로기가 되었다. 사상적인 체계나 현실적인 전략을 갖추지 못한 공허한 민족주의는 38선을 경계로 나뉘어져서 지향하는 정치이념이 다른, 같은 민족의 정치공동체를 상호 비난하였다. 한편으로 대내적으로는 한민족의 탈식민 정서를 자극하며 정치적 주도권을 확립하기 위한 정치적 동원의 이데올로기로 활용되었다.

이러한 점에서 한국 근대 민족주의는 서양의 근대 민족주의와 같은 맥

---

19) 최재희. 1948. 5. "민족주의 비판." 『민성』 4-5, 12.
20) 김동리. 1948. 8. "민족문학론." 『대조』 3-3, 104.

락에서 논하기 어려운 근대사의 역사적 궤적 속에서 독특한 성격을 갖게 되었다고 할 수 있다. 근대 국민국가체제를 구축하는 이념적 토대가 된 서양의 민족주의에 비추어 볼 때 한국사회의 근대 민족주의는 근대 국민국가체제를 구축하기 위한 해방의 이념이기는 했지만, 민족 분단체제의 구축과 함께 일 민족 일 국가의 국민만들기 이념이 되지 못하였다. 해방 공간에서 국민/민족국가체제를 구축하는 이념적 토대로 정립되지 못한 한국 민족주의는 미완의 상태로 부유하며 민족주의라는 이름이 정치적, 사회적으로 역설되며 정치·사회 세력의 목적에 따라서 정치적, 사회적으로 활용되었다.

그러므로 한말 이래 식민지시기를 거치며 대한민국임시정부의 공화정으로 상징되었던 한민족 민중의 주권인식과 결합된 민족주의와 그 민족주의의 주체로서 국가 주권을 행사하는 민족정신의 공유자로 국민화 된 민족에 대한 민중의 인식이 과연 정치지배세력의 그것과 같은 것이었는지 의문하지 않을 수 없다. 또한 3·1운동의 결과 수립된 대한민국임시정부가 천명한 인민주권의 공화주의, 한민족 민중의 자유와 주권의 평등이라는 가치관이 근대 한국 민족주의에 자리하여 관철되었는지도 의문하지 않을 수 없다.

이러한 의문이 제기되는 것은, 해방공간에서 38선을 경계로 상반된 정치이념에 의거하여 한 민족 두 정치공동체가 수립된 후 침략자에 대한 민족해방운동의 동력으로 형성된 저항적 민족주의가 일관된 가치관과 그것을 토대로 한민족의 정체성을 체계적으로 정립하여 완전 독립된 통일 민족국가를 수립하고 유지하는 이론체계를 갖출 수 있는 여지가 사실상 사상되었다고 할 수 있기 때문이다.

원천적으로, 스스로 독립하지 못하고 주어진 해방공간에서 해방군으로 맞이한 연합군을 대표하는 미·소 양 군의 한반도 분할 주둔은 러시아혁명 이후 잠재된 국제적 이념갈등이 현재화될 가능성을 내재한 것이었다. 또한 이념적으로 대립적인 정치공동체를 확립한 미·소 양 군정의 실시는 식민지시기 민족해방운동 내부의 이념적 균열과 무관할 수 없는 것이었다. 사실 그와 같은 미·소의 점령은 식민지시기를 거치며 형성된 한민족의 저항적 민족주의가 지상 목표로 했던 근대적 민족국가 건설에 그림자를 드리운 것이었다.

그런데 일본 제국주의의 항복소식과 함께 맞게 된 그러한 해방공간에서 건국준비위원회를 필두로 각 정치세력들은 해방의 상황과 조건을 정확히 파악하지 못하였다. 공화정을 실현시키기 위해서 머리를 맞대고 민족적 통합과 민족주의의 사상적 논리체계를 수립하기 위하여 함께 모색하지 못하였다. 그보다는 민주공화국을 건설하기 위한 정치적 주도권을 장악하는데 주력하였다. 인구수보다도 많다고 할 정도로 많은 정당·사회단체를 결성한 민중들도 크게 다르지 않았다. 이러한 현상은 일제의 민족말살정책이 얼마나 효과가 있었는지 보여준다. 또한 박탈되었던 주권을 회복하게 된 데 들떠서 참정권을 행사하고 싶은 욕구가 분출되었다고 할 수 있다. 새로운 근대적인 독립 민족국가를 건설하는 주역으로서 국가 건설에 참여하고 싶은 욕구가 컸다.

그러나 다양한 민족담론 속에서 주창되었던 완전한 통일 민족 독립국가를 건설해야 한다는 지상 목표는 실행되지 않았다. 38선 이남과 이북에서 각각 수립된 분단정부는 각 군정이 전제했던 이념적 토대 위에서 각기 다른 정치공동체를 수립하였다. 그리고 그 정치공동체의 안정을 위하여 민족주의를 정치적으로 활용하였다. 이것이 해방 이후 한국 민족주의의 내용과 특징을 규정하게 되었다.

그 이념적 체계를 갖추지 못한 채 민족이 남과 북으로 나뉜 분단정부체제에서 각 체제의 안정화를 위하여 정치적으로 활용된 내용이 일 민족 일 국가를 근간으로 하는 근대 국민국가체제의 민족주의 이념체계를 이룬다고 할 수는 없을 것이다. 이 점에서 분단의 문제 곧 민족 통일의 문제를 민족 정체성과 그에 기초한 국민국가체제의 확립과 결부시켜서 사상적으로나 논리적으로 또는 현실적으로 체계화 하지 않는 한 한국 근대 민족주의는 여전히 미완이고 그 미완성이 특징이라고도 할 수 있을 것이다. 이제 분단체제의 문제를 공론화하여 한국민족주의의 문제를 민족 통일 문제 및 다문화의 현실과 함께 총체적으로 다시 논의하여 정립해야 한다. 연후에 '탈민족'이나 '탈민족주의'도 세계사의 보편적 흐름 속에서 자유롭게 논의될 수 있을 것이다. 분단체제의 미완의 민족주의는 지배체제의 안정을 위한 정치적 이데올로기로 활용되는 악순환으로부터 자유롭기 어렵다.

참고문헌

1. 1차 자료

(1) 신문·잡지

『개벽』
『공제』
『기호흥학회월보』
『대동학회월보』
『대조선독립협회회보』
『대한매일신보』
『대한유학생회학보』
『대한자강회월보』
『대한협회회보』
『대한흥학보』
『독립신문』
『동아일보』
『매일신보』
『법정학계』
『서광』
『서북학회월보』
『소년한반도』
『신생활』
『제국신문』
『조선』
『조선교육연구회잡지』
『조선급만주』
『조선통치문제논문집』
『조선총독부관보』
『친목』

『친목회회보』
『태극학보』
『학지광』
『한성순보』
『호남학보』
『황성신문』

(2) 단행본

국가보훈처 편. 2002.『3·1운동 독립선언서와 격문』. 서울: 국가보훈처.
金斗憲. 1948.『民族理論의 展望』. 서울: 을유문화사.
김석길. 1948.『韓國 民族의 當面進路』. 서울: 建國實踐員養成所指導部.
문교부. 1949.『民主的 民族敎育硏究』. 문교부.
민족문제연구소 편. 2000.『日帝下 戰時體制期 政策史料 叢書 14』. 서울: ㈜한국학술정보.
_____. 2000.『日帝下 戰時體制期 政策史料 叢書 29』. 서울: ㈜한국학술정보.
_____. 2000.『日帝下 戰時體制期 政策史料 叢書 50』. 서울: ㈜한국학술정보.
朴鍾和. 1947.『民族 (前·後)』. 서울: 藝文閣.
백남운. 1946.『朝鮮民族의 進路』. 서울: 新建社.
백남운. 1947.『朝鮮民族의 進路 再論』. 서울: 民族文化硏究所.
선우훈. 1948.『民族의 受難』. 서울: 愛國同志援護會.
손진태. 1947.『朝鮮 民族 說話의 硏究: 民族說話의 文化史的 硏究』. 서울: 을유문화사.
_____. 1948.『朝鮮 民族文化의 硏究』. 서울: 을유문화사.
_____. 1948.『우리민족이 걸어온 길』. 서울: 국제문화관.
안재홍. 1945.『新民族主義와 新民主主義』. 서울: 民友社.
_____. 1949.『韓民族의 基本進路』. 서울: 朝洋社出版部.
안호상.『民族의 소리』. 文化堂. 1949.
양우정. 1947.『싸우는 民族의 理論』. 서울: 民族文化出版委員會.
양주동. 1946.『民族文化讀本 上·下』. 서울: 靑年社.
오기영. 1947.『民族의 悲願』. 서울: 서울신문사.
유철. 1946.『三八以北의 實況과 우리民族의 覺悟』. 서울: 大韓日報社.
이간송. 1947.『민족의 진로』. 서울: 國民文化社.
이범석. 1947.『民族靑年論說集: 講演』. 서울: 朝鮮民族靑年團 宣傳部.

_____. 1948. 『民族과 青年』. 서울: 白水舍.
이재훈. 1950. 『民族文化와 世界文化』. 서울: 寶文出版社.
작자미상. 1949. 『민족정기의 심판』. 서울: 革新出版社.
조병옥. 1948. 『民族運命의 岐路』. 南朝鮮過渡政府 警務部警察公報室.
_____. 1959. 『나의 회고록』. 서울: 민교사.
조선역사연구회. 1948. 『朝鮮民族史』. 서울: 三義社.
최재희. 1946. 『조선민족의 갈길』. 서울: 大成出版社.
편집부 편. 1971. 『유길준전서1 서유견문』. 서울: 일조각.

姜德相 編. 1967. 『現代史資料 (三・一運動編 1)』. 東京: 精興社.
朴慶相 編. 1982. 『朝鮮問題資料叢書』第7巻. 東京: アジア問題研究所.
渡部學, 阿部洋 編. 1991. 『日本植民地教育政策史料集成: 朝鮮篇 16』. 東京: 清溪書舍.
姜德相, 梶村秀樹 編. 1982. 『現代史資料』第2巻. 東京: みすず書房.
山崎丹照. 1943. 『外地統治機構の研究』. 東京: 高山書院.
山本四郎 編. 1984. 『寺內正毅關係文書-首相以前』. 京都: 京都女子大學出版部.
釋尾東邦. 1926. 『韓國併合史』. 京城: 朝鮮及滿洲社.
鈴木武雄. 1939. 『大陸兵站基地論解說』. 京城: 綠旗聯盟.
宇垣一成. 1968. 『宇垣一成日記 2』. 東京: みすず書房.
外務省 編. 1965. 『日本外交年表竝主要文書 上』. 東京: 原書房.
朝鮮總督府. 1938. 『朝鮮總督府時局對策調查會諮問答申書』.
朝鮮總督府警務局. 1936. 『共産主義運動ニ南スル』文獻集.
樽井藤吉. 1893. 『大東合邦論』. 東京: 築摩書房.
倉知鐵吉. 1939. 『倉知鐵吉氏述 韓國併合ノ經緯』. 東京: 外務省調查部四課.
青柳綱太郎. 1928. 『總督政治史論』. 京城: 京城新聞社.
黑田甲子郎. 1920. 『元帥寺內伯爵傳』. 東京: 元帥寺內伯爵傳記編纂所.
朝鮮總督府. 『朝鮮總督府官報』.
幣原垣. 1919. 『朝鮮教育論』. 東京: 大明館.

2. 저서

강재언. 1985. 『한국의 근대사상』. 서울: 한길사.
강동진. 1980. 『일제의 한국침략정책사』. 서울: 한길사.

_____. 1987.『일본 언론계와 조선 1910-1945』. 서울: 지식산업사.
금인숙, 문상석, 전상숙. 2010.『한국 민족주의와 변혁적 이념체계』. 서울: 나남.
김도형. 1994.『대한제국기의 정치사상연구』. 서울: 지식산업사.
김영모. 1982.『한국사회계층연구』. 서울: 일조각.
김영작. 2006.『한국 내셔널리즘의 전개와 글로벌리즘』. 서울: 백산서당.
르누뱅 삐에르 저·김용자 역. 1985.『제1차 세계대전』. 서울: 탐구당.
리차드 로빈슨·정미옥 역. 1988.『미국의배반』. 서울: 과학과사상.
박경식. 1986.『일본제국주의의 조선지배』. 서울: 청아.
박찬승. 1992.『한국 근대정치사상사 연구』. 서울: 역사비평사.
_____. 2007.『민족주의의 시대: 일제하의 한국 민족주의』. 서울: 경인문화사.
_____. 2010.『민족·민족주의』. 서울: 소화.
방기중 편. 2004.『일제 파시즘 지배정책과 민중생활』. 서울: 혜안.
배링턴 무어·진덕규 옮김. 1985.『독재와 민주주의의 사회적 기원』. 서울: 까치.
백영서. 1995.『근대 국민국가와 민족문제』. 서울: 지식산업사.
벨러 한스 울리히 저·이용일 역. 2007.『허구의 민족주의』. 서울: 푸른역사.
서중석. 1989.『한국 근현대의 민족문제 연구』. 서울: 지식산업사.
송남헌. 1985.『해방3년사 I』. 서울: 까치.
슈미드 앙드레 지음·정여울 옮김. 2007.『제국 그 사이의 한국』. 서울: 휴머니스트.
신용하. 1982.『박은식의 사회사상연구』. 서울: 서울대학교출판부.
_____. 1985.『한국 민족독립운동사 연구』. 서울: 을유문화사.
_____. 1991.『신채호의 사회사상연구』. 서울: 한길사.
野澤豊 외 저·박영민 역. 1988.『아시아 민족운동사』. 서울: 백산서당.
이광린. 1986.『한국개화사의 제문제』. 서울: 일조각.
_____. 1999.『한국개화사연구』. 일조각.
이균영. 1994.『신간회연구』. 서울: 역사비평사.
이재화, 한홍구 편. 1989.『한국민족해방운동사자료총서』4. 서울: 경인문화사.
조덕송. 1991.『증언 2』. 서울: 다다미디어.
전상숙. 2004.『일제시기 한국 사회주의 지식인 연구』. 서울: 지식산업사.
_____. 2012.『조선총독정치연구: 조선총독의 '상대적 자율성'과 일본의 한국지배정책 특질』. 파주: 지식산업사.
_____. 2017.『한국인의 근대 국가관, '민주공화국' 재고: 식민지시기 국가의 이중성과

민족문제의 상관관계를 중심으로』. 서울: 선인.
전복희. 1996.『사회진화론과 국가사상: 구한말을 중심으로』. 서울: 한울.

정재철. 1985.『일제의 對한국식민지교육정책사』. 서울: 일지사.
진덕규. 1983.『현대민족주의 이론구조』. 서울: 지식산업사.
푸코 저·이정우 역. 1993.『담론의 질서』. 서울: 새길.
한영우. 1994.『한국민족주의 역사학』. 서울: 일조각.
할 테루유키 지음·서대숙 엮음. 1989.『소비에트 한인 백년사』. 서울: 태암.

金洛年. 2002.『日本帝國主義下の朝鮮經營』. 東京: 東京大學出版會.
駒込式. 1996.『植民地帝國日本の文化統治』. 東京: 岩波書店.
佐藤由美. 2000.『植民地敎育政策仲の硏究: 朝鮮 1905-1911』. 東京: 龍溪書舍.
武藤秀太郎. 2009.『近代日本の社會科學と東アジア』. 東京: 藤原書店.
山室信一. 2001.『思想としてのアジア』. 東京: 岩波書店.
小熊英二. 1998.『'日本人'の境界』. 東京: 新曜社.
小林道彦. 1996.『日本の大陸政策』. 東京: 南窓社.
井上淸. 1975.『日本の軍國主義: 軍國主義の展開と沒落 III』. 東京: 現代評論社.
竹內好. 1963.『アジア主義』. 東京: 筑摩書房.
村田陽一 編. 1979.『コミンテルン資料集』第6券. 東京: 大月書店.

Bailey, Thomas. A. 1955. *A Diplomatic History of the American People*. New York: Appleton-Century Crafts, Inc.,.
E. Grant Meade. 1951. *Amerian Militry Government in Korea*. New York: King's Crown Press, Columbia University.
Greenfeld, Liah. 1992. *Nationalism: Five Roads to Modernity*. Harvard University Press.
Hayes, Carlton J.H. 1926. *Essays on Nationalism*. New York: The Macmillan Co..
Hunt, Lynn. 2004. *Politics, Culture, and Class in The French Revolution*. Berkeley: University of California Press.
Kedourie, Elie. 1978. *Nationalism*. London: Hutchinson.
Mckenzie, F.A. 1975. *The Tragedy of Korea: Yonsei University Reprint Series*. Seoul: Yonsei University Press.

Oliver, Robert T. 1960. *Syngman Rhee: The Man Behind The Myth*. New York: Dodd Mead and Company.

Shafer, Boyd C. 1972. *Nationalism: Myth and Reality*. Harcourt Brace & World.

Sills, David L. and Merton Robert K., eds. 1968. *International Encyclopedia of the Social Sciences*. The Macmillan Company and The Free Press.

Smith, Anthony D. 1998. *Nationalism and Modernism*. London: Routledge.

Smith, Anthony D. 1978. *Nationalism in the Twentieth Century*. London: Martin Robertson.

Suh, Dae-sook. 1970. *Documents of Korean Communism 1918-1948*. New Jersey: Princeton Univ. Press.

United States Armed Forces in Korea. 1988. *History of United States Armed Forces in Korea*. 서울: 돌베개.

3. 논문

강만길. 1982. "독립운동 과정의 민족국가 건설론." 송건호, 강만길 편. 『한국 민족주의론 I』. 서울: 창작과비평사.

강재언. 1984. "아시아주의와 일진회." 『한국사회연구』 2.

강정인, 정승현. 2013. "한국 현대정치의 이념적 지형: "민족주의의 신성화"." 『한국과 국제정치』 29-4.

권보드래. 2007. "근대 초기 '민족' 개념의 변화: 1905-1910년대 『대한매일신보』를 중심으로." 『민족문학사연구』 33.

권태억. 2001. "동화정책론." 『역사학보』 172.

_____. 2007. "1920, 30년대 일제의 동화정책론." 『한국사론』 53.

_____. 2008. "1910년대 일제의 조선 동화론과 동화정책." 『한국문화』 44.

김경태. 1975. "불평등조약 개정교섭의 전개: 1880년대 전후의 대일 '민족문제'." 『한국사연구』 11.

김도형. 1986. "한말 애국운동의 정치론 연구." 『한국사연구』 54.

김동노. 2010. "한국의 국가 통치전략으로서의 민족주의." 『현상과 인식』 34-3.

김동성. 1989. "韓國知識人과 大學生의 民族主義 意識構造." 『한국정치학회보』 23-1.

_____. 2006. "해방 직후 민족주의의 행태적 특성: 건준·인공·반탁운동의 현대적 함

의." 『신아세아』 13-1.
김영란. 2013. "한국민족주의의 역사 민족 정체성." 『한국정치외교사논총』 34-2.
김현숙. 1997. "구한말 고문관 데니의 『청한론』 분석." 『이화사학연구』 23·24 합호.
_____. 2006. "한말 '민족'의 탄생과 민족주의 담론의 창출." 『한국동양정치사상사연구』 5-1.
나카바야시 히로카즈(仲林裕員). 2013. "1910년대 조선총독부의 통치논리와 교육정책: '동화'의 의미와 '제국신민'화의 전략." 『한국사연구』 161.
마쓰다 도시히코. 2005. "일본 육군의 중국대륙침략정책과 조선(1910-1915)." 권태억 외 『한국근대사회와 문화』. 서울: 서울대학교출판부.
박명규. 2000. "한국전쟁과 민족주의." 『아시아문화』 16.
박명림. 2009. "대한민국 건국과 한국 민족주의 : 김구 노선을 중심으로." 『한국정치외교사논총』 31-1.
박상섭. 1985. "민족의식 정립을 위한 이론적 모색: 민족주의와 국제 커뮤니케이션의 갈등을 중심으로." 『세계정치』 9-1.
박양신. 2008. "근대 일본에서의 '국민' '민족' 개념의 형성과 전개-nation 개념의 수용사." 『동양사학연구』 104.
박의경. 2015. "한국민족주의의 전개." 『민주주의와 인권』 15-3.
박종린. 2003. "1920년대 전반기 사회주의사상의 수용과 물산장려논쟁." 『역사와현실』 47.
_____. 2006. "일제하 사회주의사상의 수용에 관한 연구." 연세대학교대학교대학원 사학과 박사학위 논문.
박찬승. 1992. "항일운동기 부르주아민족주의세력의 신국가 건설구상." 『대동문화연구』 27.
_____. 2000. "일제 지배하 한국 민족주의의 형성과 분화." 『한국독립운동사연구』 15.
박한용. 1999. "한국의 민족주의." 『정신문화연구』 77.
방기중. 2002. "1930년대 물산장려운동과 민족·자본주의 경제사상." 『동방학지』 115.
백동현. 2001. "러일전쟁 전후 '민족' 용어의 등장과 민족의식." 『한국사학보』 10.
_____. 2008. "대한제국기 한국민족주의의 형성과 그 특성: 지식인층의 민족담론 분석을 중심으로." 『한국민족운동사연구』 55.
오미일. 2001. "1920년대 부르주아민족주의 계열의 물산장려운동론." 『한국사연구』 112.

오타 타카코(大田高子). 2003. "한국 내셔널리즘에 대한 고찰: 내셔널리즘 이론에서 본 한국 '민족주의'." 『한일민족문제연구』 5.

이균형. 1989. "김철수 친필 유고." 『역사비평』 5.

이마이 히로미찌(今井弘道)·김창록 역. 2003. "긴급권국가로서의 '메이지 국가'의 법구조." 『법사학연구』 27.

유영익. 2000. "갑오경장." 『한국사』 40.

윤덕영. 2010. "1920년대 전반 동아일보계열의 정치운동 구상과 '민족적 중심세력'론." 『역사문제연구』 24.

이성시. 1999. "黑板勝美(구로이타 가쯔미)를 통해 본 식민지와 역사학." 『한국문화』 23.

이윤상. 2007. "일제하 '조선 왕실'의 지위와 이왕직의 기능." 『한국문화』 40.

이태진. 1985. "안확(1881-1946?)의 생애와 국학세계." 고병익선생회갑기념사학논총간행위원회 편. 『역사와 인간의 대응』. 한울.

_____. 1997. "서양 근대 정치제도 수용의 역사적 성찰." 『진단학보』 84.

이한기. 1980. "한국 및 일본의 개국과 국제법." 『학술원논문집 인문사회과학편』 19.

이형식. 2005. "조선귀족과 일본귀족과의 관계에 대한 자료조사 및 해제." 친일반민족행위진상규명위원회. 『친일반민족행위진상규명위원회 2005년도 보고서』.

장규식. 2010. "20세기 전반 한국 사상계의 궤적과 민족주의 담론." 『한국사연구』 150.

전상숙. 2004b. "제1차 세계대전 이후 국제질서의 재편과 민족 지도자들의 대외 인식." 『한국정치외교사논총』 26-1.

_____. 2003. "물산장려논쟁을 통해서 본 민족주의세력의 이념적 편차." 『역사와현실』 47.

_____. 2009. "'평화'의 적극적 의미와 소극적 의미: 3·1운동기 심문조서에 드러난 '민족대표'의 딜레마." 『개념과소통』 4.

_____. 2010. "세계대전기 대한민국임시정부 외교활동의 현재적 고찰." 고정휴 외. 『대한민국임시정부의 현대사적 성찰』. 나남.

_____. 2010a. "일제하 한국 민족주의와 사회주의의 접합." 전상숙, 문상석, 금인숙. 『한국 민족주의와 변혁적 이념체계』. 파주: 나남.

_____. 2011. "한국 식민지시기 전후의 연속성 속에서 본 한·일 독도문제의 역사성과 정치적 함의." 『영토해양연구』 1.

_____. 2012a. "한말 '민권' 인식을 통해 본 한국 사회의 '개인'과 '사회' 인식에 대한 원

형적 고찰: 한말 사회과학적 언설에 나타난 '인민'관과 '민권' 인식을 중심으로." 『한국정치외교사논총』 33-2.

_____. 2012b. "유교 지식인의 '근대' 인식과 서구 '사회과학'의 이해." 『사회이론』 42.

_____. 2012c. "근대 '사회과학'의 동아시아 수용과 메이지 일본 '사회과학'의 특질: 블룬칠리 국가학 수용을 중심으로." 『이화사학연구』 44.

_____. 2012e. "한말 신문 잡지 언설을 통해 본 근대 서양 '사회과학' 수용의 역사정치적 성격-한국 초기 '사회과학' 형성의 문제의식과 특성." 『담론201』 15-2.

_____. 2013. "근대 전환기 한국 '사회과학' 수용의 특징과 유산: 근대 국가 지향과 일본을 통한 간접 수용." 『아시아연구』 16-2.

전상숙, 김영명. 2013. "전통적 공동체 의식의 변화와 근대 '민족' 인식의 형성." 『사회이론』 43.

전상숙, 노상균. "병합 이전 한국 정부의 근대적 교육체제 개혁과 관학." 『동양정치사상사』 12-1.

전재호. 2011. "한국 민족주의의 반공 국가주의적 성격에 관한 연구: 식민지 시기 "부르주아 우파" 국가형성 초기 "이승만 세력"을 중심으로." 『사회과학연구』 35-2.

정연태. 2005. "조선총독 데라우치(寺內正毅)의 한국관과 식민통치: 점진적 민족동화론과 민족차별 폭압정책의 이중성." 권태억 외. 『한국 근대사회와 문화 II: 1910년대 식민통치정책과 한국사회의 변화』. 서울대학교출판부.

정준영. 2006. "1910년대 조선총독부의 식민지교육정책과 미션스쿨: 중·고등교육의 경우." 『사회와 역사』 72.

정태헌. 2003. "일제 하의 노동자 인식." 역사학회. 『제46회 전국역사학대회 자료집』.

진덕규. 1976. "민족주의의 전개와 한계." 진덕규 편. 『한국의 민족주의』. 서울: 현대사상사.

_____. 1976. "한국 정치사회의 권력구조에 관한 연구." 연세대학교대학원 박사학위 논문.

_____. 1979. "미군정의 정치사적 인식." 송건호 외. 『해방전후사의 인식』. 서울: 한길사.

_____. 1992. "현대 한국정치 변동과 민족주의의 변용에 대한 연구서설." 『韓國文化研究院 論叢』 60-2.

최갑수. 1995. "서구에서 근대 국민국가의 형성과 민족주의." 한국사연구회 편. 『근대 국민국가와 민족문제』. 서울: 지식산업사.

한영우. 1980. "1910년대의 민족주의적 역사서술." 『한국문화』 1.
홍인숙. 1985. "건국준비위원회의 조직과 활동." 『해방전후사의 인식 2』. 한길사.
홍태영. 2015. ""'과잉된 민족'과 "찾을 수 없는 개인": 일민주의와 한국 민족주의의 특수성." 『한국정치연구』 24-3.

姜德相. 1967. "日本帝國主義の朝鮮支配とロシア革命." 『歷史學研究』 329.
山田央子. 1992. "ブルンチュリと近代日本政治思想-'國民'觀念の成立とその受容(下)." 『東京都立大学法学会雑誌』 33-1.
安田浩. 1992. "近代日本における'民族'觀念の形成-國民・臣民・民族." 白石書店 編. 『思想と現代』 31.
劉孝鐘. 1987. "極東ロシアにおける10月革命と朝鮮人社會." 『ロシア史研究』 45.

Bruce Cumings. 1974. "American Policy and Korean Liberation." Frank Baldwin ed., *Without Parallel: The American Korean Relationship Since 1945*. New York: Pantheon Books.
Han-mu Kang. 1970. "United States Military Government in Korea, 1945-1948: An Analysis and Evaluation of Its Policy." Ph.D. dissertation. Univ. of Cincinnati.
Samuel Finer. 1975. "State and Nation-Building in Europe: the Roles of the Military." Charles Tilly ed., *The Formation of National States in Western Europe*. Princeton: Princeton University Press.

색인

■ 주제색인 ■

㉠

강화도조약 42, 47~49, 52~53, 59, 74, 103, 113

개국 17, 19, 27, 35, 39~42, 47~53, 55~57, 59, 63, 77, 81, 86~87, 93~94, 97, 107, 171, 173, 178, 219~220, 270, 272, 292, 315~317, 319

개조론 149~150, 159, 175~178, 180~182, 187, 236

건국 267, 269, 276, 323

건국준비위원회 267, 295~296, 298~299, 302~303, 305, 309, 331

공산주의 23~24, 182, 184~190, 192, 194, 196~198, 213~215, 225, 232, 235~239, 241~242, 245, 247, 254, 256, 259, 261, 271~272, 279, 286, 292, 296~299, 303~304, 307, 312, 316, 319~320, 324, 327~328

공화 75, 84, 155

공화정 84~85, 105~106, 330~331

공화제 84~85, 87, 90

공화주의 157, 163, 193, 275~276, 322~323, 330

국가 16~17, 22, 25, 28, 39, 43, 48, 52, 55, 58, 61, 68~69, 72, 74~78, 80~82, 84~86, 88~90, 92~93, 95~97, 107~108, 116, 118~119, 135, 145, 151~152, 154~157, 160, 163, 167~168, 172, 187, 204~207, 212, 215~218, 221, 227, 231~233, 246, 266~268, 273~274, 276, 281, 284, 286~288, 299, 302, 317, 321, 323, 325, 327, 330~332

국가주의 82, 94, 150, 225

국권 51~53, 56, 61, 69, 72, 74, 77~79, 81, 85, 87~94, 97~99, 103, 105, 110, 121, 136~139, 144, 148~151, 154~155, 157~159, 171, 176, 180, 201~203, 219~220, 233, 245, 268

국기 16, 59

국민 17~20, 23, 54~56, 69, 78, 80, 82~83, 89, 92~93, 97, 117~119, 121, 125~126, 129, 133, 139~140, 145, 149, 153~154, 156, 158, 162, 181, 204~207, 216, 218~219, 222~

223, 229, 256, 284, 328~330

국민국가　17, 163, 217~218, 220~225, 233

국민주의　215~219

국수　62, 158, 162, 229~230

국세법　40~41, 47, 50, 52~53, 55, 57~58, 74

군사독재　20~21

귀족령　144

근대　24, 27, 29~31, 39, 288, 292, 310, 319

근대적 개혁　40, 42, 53, 57, 63, 74, 78, 85~87, 95~96, 98, 106~107

근대주의　29~31

근대화　5, 17~19, 22, 28~31, 35, 39~42, 44, 48~52, 56, 62~63, 74~75, 86~87, 93~94, 107~108, 141, 150, 178~179, 185, 213, 228, 230~235, 246, 268, 272, 283, 315~318

ⓝ

나폴레옹전쟁　15~16, 19~20, 24~25, 39

내부적 주변인　107~108, 318

내선융화　128~129, 133~135, 138

내선일체　129, 133~136, 138, 316

내셔널리즘　15~20, 25, 273, 321

내지연장주의　127~128, 130~131, 134, 137

네이션　17, 19, 54~56, 118

ⓓ

대내적 평등　20

대동단결선언　155~157, 160~161, 163, 167, 229, 317

대한민국　193, 268, 278, 282, 286, 291~292, 307, 310~311, 324

대한민국임시정부　105, 137, 161~163, 167~170, 174~176, 189~191, 193~195, 198, 208, 212~213, 229, 233, 235, 244~245, 261, 266, 268, 270, 272, 275~278, 280, 282, 288, 291~292, 295, 298~300, 302, 304~305, 307, 312, 316~323, 325~327, 330

대한제국　28, 59, 77~79, 85, 95, 104~105, 109, 115, 145~146, 155~157, 161, 163, 203, 208, 231, 276

대한제국 황실　145~149, 157, 270~271, 315

독립국가 건설　137, 157, 174, 272,

280, 295, 325, 327

독립선언서 159~160, 172~173

동양주의 150~151

동화 115~116, 119~120, 126, 128, 130~131, 133, 138, 141

동화주의 111, 114~115, 120, 125~132, 136, 138, 140, 142~143, 147~149, 159, 170, 205, 271, 316

ⓒ

러시아혁명 23, 159, 176, 182, 186~187, 198, 215, 217, 225, 232, 235, 238~239, 242, 245, 248, 271~272, 294, 316, 319~320, 325, 331

러일전쟁 61, 64~65, 69, 72, 98, 103~105, 118, 124, 151, 161, 171, 191, 270, 272, 315~316

ⓜ

만국공법 41

맑스레닌주의 187, 238, 242, 245~247

메이지유신 17, 42, 44, 48, 54, 62~63, 86~87, 93~95, 99, 107, 111~112, 131, 145

문화주의 178, 184~185, 228, 236, 244

민권 32, 77, 79, 81, 87~91, 93~96, 99, 108~109, 154, 157, 169, 212, 229, 245, 318~320

민정 82~83

민족 15~21, 23~24, 26~27, 29~36, 39, 44, 53~56, 60~62, 65~72, 97~99, 105~106, 108~110, 118~119, 128, 151~154, 157~158, 160~162, 172~174, 180~181, 183~184, 187~189, 193, 195, 198~205, 207~208, 210, 212~219, 222~230, 232~235, 240, 243, 246~248, 253, 256, 260, 265, 267~278, 280, 282~292, 294, 300, 302, 307, 309~310, 312, 316~317, 319~323, 326~330, 332

민족개조론 182~184, 243

민족국가 19, 21, 25, 30~31, 34, 40, 68, 99, 109, 152~153, 158, 160~163, 167, 171, 175, 187, 189, 191, 193, 214~218, 220~221, 225, 270, 272, 274, 277, 289, 291, 312, 322~323, 328~329, 331

민족담론 268~270, 273~274, 276, 279~288, 290, 294~295, 297, 299, 301, 307, 309, 315, 321, 324~325, 331

민족대표 161, 172~174, 191, 208, 284, 326

민족독립운동 24, 147, 162, 170, 174, 184~187, 189~192, 194~195, 198, 230~231, 237~238, 242, 246, 249, 260, 297~298, 304, 317, 320

민족문화 180~181, 205, 226~229, 286~288, 290

민족운동 24~25, 149, 173, 175, 179~180, 182~184, 186, 189~190, 192, 194, 198, 208, 212~213, 223, 230~231, 233~235, 237, 239, 246~247, 255, 260, 267, 273, 279, 290, 296, 298, 300, 303~304, 307, 309, 316, 319~321, 329

민족의식 18~19, 22, 25, 27~28, 32, 54, 72~73, 103, 105~106, 109, 124~125, 133, 141, 143~144, 148~149, 152, 157, 161~163, 167, 169~171, 174, 182, 189, 191, 193, 198, 203, 206~207, 211~212, 214, 219~223, 226, 229~231, 233~235, 242, 260~261, 267~268, 270~272, 274, 277~278, 283, 286~287, 302, 304, 316~319, 321, 328~329

민족자결선언 23, 159, 172~173, 182, 197, 235, 242, 271, 316, 320

민족자결주의 176, 214, 283~284, 289

민족적 정체성 5, 33, 119, 124~125, 148~149, 158, 162, 171, 273, 286~289, 319

민족주의 5, 15~27, 29~31, 33~36, 39~40, 44, 72~73, 98, 103, 105~106, 109~110, 143, 151~153, 157~159, 162~163, 167~176, 186, 188~198, 203, 205~209, 213~223, 225, 227~234, 242, 245, 266~268, 270, 272~275, 277~280, 284, 286, 288~289, 292, 297~298, 301, 303~304, 307, 309~312, 315, 317, 319~323, 325, 327~332

민족주의의 역설 25, 218

민족주의자 188~192, 196~197, 213, 234, 239

민족해방운동 168, 183~186, 197~198, 214, 223, 225, 231, 235, 237~238, 242, 247~249, 254, 260~261, 273, 321, 326, 330

민주공화국 167, 169~170, 174, 190, 193~195, 198, 208, 212, 219, 244~245, 260~261, 266~268, 272, 277~278, 282, 284, 288, 291~292, 308~310, 317~320, 327, 331

민주공화주의 167~170, 174~176, 189~190, 193, 195, 197, 208, 212~214, 230, 235, 245, 261, 266, 268, 272~277, 279, 284, 292, 303, 310,

312, 317~318, 320~321, 327

민주정 74, 77, 79, 83, 85, 87, 90, 95, 106, 109, 154, 163, 167, 317~320

민주정체 78

민주정치 77, 83, 318

민주주의 5, 34, 284, 308~311, 318

민중 19, 21, 29, 31~33, 35~36, 40, 85, 87~88, 97, 107~109, 123, 149, 169, 242~246, 260~261, 271, 306, 311~312, 317~318, 320, 322, 330~331

ⓑ

박애 15~16

반공산주의 191, 234

반나폴레옹 16

반제국주의 19, 24, 150, 170, 182, 186, 191, 198, 230~231, 235, 246, 248, 256~257, 319~320

반제국주의 반봉건 241, 250~251, 253, 317

반제국주의운동 15, 24, 159, 257

반탁운동 306, 326

범인간적 민족주의 205~207, 221

베르사이유조약 23, 177, 181

변질된 민족주의 19~21, 25

변혁이념 5

병합 19, 28, 72, 103~106, 109, 111~120, 124~127, 129~133, 136~137, 139~148, 154~157, 159, 161, 163, 167~168, 171~173, 176, 189, 191, 193, 203, 206, 208, 212~213, 220, 231, 233, 235, 266, 268, 270, 283, 315, 318

보호국 80, 85

분단체제 292~294, 310, 317, 327, 329, 332

분열 21, 110, 171, 185

비서구사회 24~25, 30~31

비타협적 민족주의 197~198, 209~214, 217, 219~225, 229~230, 233, 244~246, 290, 299~300, 302, 305

ⓢ

사회개조론 178, 180, 184, 236

사회주의 5, 175, 183~184, 186~188, 190, 192, 197, 205, 213, 236~237, 297

삼일운동(3·1운동) 105, 127~128, 132~133, 137, 143, 159~163, 167~168, 170, 172, 174~177, 182~186,

189~191, 193, 195, 197~198, 208, 231, 233, 235, 237, 239, 242, 249, 266, 268~272, 275, 277~278, 300, 309, 316~320, 322~323, 330

서구 중심주의 22, 29, 31

서세동진 39

세력균형 22, 39~41, 50, 181

시모노세키 조약 58~59

시민 16~17, 20~21

시민권 27

시민사회 22, 27, 94~97

시민혁명 15, 19, 21, 25, 27, 32, 39~40

시세와 민도 123, 129, 136, 139~141

식민지 18~19, 22, 26~27, 41, 72, 104~106, 110~111, 114, 117~119, 128, 131, 140~142, 152, 158, 161~163, 172, 174, 176, 189~191, 194~195, 197~198, 218, 221, 233~234, 239, 242~243, 245, 248, 252, 256, 260~261, 266~267, 269, 271, 273~274, 276, 279, 282~283, 285, 288~291, 294, 296~297, 299~304, 306~307, 309, 316~317, 319~322, 325, 328, 330~331

신간회 223~224, 246~249, 294, 304

실력양성 185, 187, 193, 209, 226~227, 229, 232

실용주의 301~302, 311

쓰시마 점거 45~46

ⓞ

아시아연대 61, 63, 65, 150~151

아시아주의 61~63, 65, 99, 118

아편전쟁 17, 39~44, 46~47, 51, 56, 60, 63

애국가 16

애국계몽운동 88, 92, 105, 110, 125, 144, 157, 163, 167, 229~230

애국주의 16

에스니시티 17~19

외지 105, 129, 139~141, 268, 271

우애 32~33, 44

우파 185~187, 192, 196~197, 201~202, 205~206, 208, 212, 214, 219, 221, 228, 239, 243, 299~302, 307

의화단사건 61, 63~64

이왕가 145, 149

인민주권 20, 25, 27, 29, 31, 33~34, 74, 78, 98, 105~106, 109, 155, 157, 160, 163, 167, 189, 218~219, 229,

268, 273, 277, 308, 317, 323, 330

일본유학생 48~49, 93, 107, 149, 176

일시동인 109, 111, 114, 117, 120, 123~129, 131~136, 138~143, 145, 147~149, 159, 170, 205~206, 271, 316

입헌군주제 80, 84~85, 87~88, 95, 109, 318

㉿

자연권 76, 79, 83, 87, 108

자유 15~16, 24, 35, 77, 83, 90, 92, 162~163, 167, 177, 212, 244, 256, 260, 265~266, 277, 280, 282~284, 299, 308~309, 324, 330

자유주의 90, 182, 185, 187, 189, 194, 226, 237, 279, 286, 311

자치 33, 195, 197~199, 208, 220, 230, 243, 318

정치공동체 32, 40, 105, 267, 326~327, 329~331

정치이데올로기 20~21, 44, 110, 175, 187, 218, 245, 307, 310, 312, 327, 329

제1차세계대전 22~24, 150, 159, 168, 176~178, 181, 186, 197, 235

제2차세계대전 29, 142, 265, 279, 315

제3세계 29

제국 17, 24, 79, 86, 105, 113~114, 116, 135, 139, 146, 157

제국주의 18, 25, 65, 110, 118, 133, 149~152, 158, 162, 176, 182, 184, 188, 211~214, 223, 231, 235, 243~244, 246, 248, 250~252, 260, 277, 310, 323

조국 16, 19~21, 44, 288

조선교육령 121~125, 128~129, 133~134, 136, 138, 140

조선문제 45~48, 52, 142, 283~284

조선물산장려운동 184~185, 201, 209, 237, 239~241

조선정신 226~229

좌우합작운동 291, 298, 302~303, 307

좌파 185, 192, 197, 214, 218~219, 221, 223~224, 230~241, 243~244, 246~247, 255, 260, 276, 297, 299, 302

주권 15, 20~21, 27, 33~34, 36, 43~44, 47, 58, 65, 77~78, 80, 84, 87~88, 90, 98, 105~106, 109, 151~157, 160, 163, 167~170, 174, 179, 193~

색인 349

194, 230, 233, 239, 246, 260, 265~
267, 273, 277, 280, 284, 317~324,
330~331

중화사상 49, 52, 59, 85~86, 150

중화체제 17, 42~43, 50~51, 56, 58,
64, 69, 86

진보적 지식인 87~88, 90, 92, 176

ⓒ

참정권 141, 179, 208, 220, 265~
267, 331

청일전쟁 49, 52, 58, 64, 77, 111~
112

청한론 58

ⓚ

코민테른 238~239, 245, 247~249,
253, 255~260

ⓔ

타협적 민족주의 197~198, 201~203,
205~206, 210~212, 214, 219~222,
225~230, 232, 243~245, 290, 299,
301~302, 307

토산장려 210~211, 213, 223

통합 21, 25, 32, 44, 72, 103, 145,
153, 171, 175, 188, 272, 285, 292,
310, 331

ⓟ

파리강화회의 23, 181, 186, 194

평등 15~16, 20, 24, 27, 34~35, 106,
162, 212, 299, 308~309, 330

평등권 20~21, 31, 44, 98, 109, 187,
193, 218~219, 273

평등사상 27, 29, 36, 105~106, 218,
308

프랑스혁명 15~17, 20, 24~26, 29, 34

ⓗ

한민족 27, 98, 105, 120, 124, 127~
128, 132, 145~157, 161~163, 167~
174, 176, 180~190, 204~205, 220~
221, 233, 245, 266~269, 271~272,
274~279, 281, 284, 286~289, 291,
293, 295, 298~299, 303, 306~307,
310, 315~318, 320~325, 327~331

한반도 28, 46~47, 52, 56, 65~66, 68,
72, 74, 86, 98, 104~105, 109, 113,
115, 119, 121, 132, 139, 142, 144,
148, 155, 157, 171, 173, 191, 208,
231, 265, 267~268, 271~272, 277~

282, 286~289, 291~292, 294~296, 315~316, 323~325, 327~328

항일 민족주의   168, 175, 183

해방   29, 35, 110, 159, 193, 197, 201, 232, 239, 242~243, 245, 248, 260, 265~269, 271, 274~279, 281, 285, 288~289, 293~295, 298~300, 302~303, 307, 309, 311~312, 315, 317, 319~320, 322~332

혁명   16, 23, 93~94, 99, 109, 187~188, 191, 240~241, 250~253, 257, 259

혁명의 정치원리   20~21, 27, 98, 109

화이관   56~60, 63, 85

34

루소   15, 84, 154~155

ㅂ

블룬칠리   54~56, 58, 61, 94

ㅅ

신채호   70~71, 84, 151~152, 155, 209

ㅇ

안소니 스미스(Anthony D. Smith)   15, 26

양계초   55~56

여운형   291, 297~299, 302~303, 305

윌슨대통령   23, 159, 173

이광수   182~184, 195

■ 인명색인 ■

ㄱ

가토 히로유키   54~55, 61

ㄹ

리아 그린펠드(Liah Greenfeld)   33~

ㅋ

칼턴 헤이스(Carlton J.H. Hayes)   24, 26, 31